Easy Learning

Service Management

쉽게 배우는 서비스 경영

Easy Learning Service Management

쉽게 배우는 서비스 경영

문희정 · 김정은 · 이수정 · 박은혜 공저

(주)백산출판사

PREFACE

우리는 매일 서비스 환경 속에서 살아갑니다. 따뜻한 인사, 기다림 없는 신속한 서비스, 나에게 맞춘 맞춤형 정보 제공까지, 서비스는 단순히 '받는 것'을 넘어, '느끼고 기억하는 경험'으로 그 의미가 확장되고 있습니다. 서비스의 질은 이제 경쟁력의 핵심 요소로 자리 잡았으며, 이를 관리하고 개선하는 과정은 기업과 조직의 지속가능한 성장을 위한 필수적인 요소가 되었습니다.

『쉽게 배우는 서비스 경영』은 서비스 경영의 개념을 처음 배우는 학습자들이 서비스의 본질을 이해하고, 이를 실무에 어떻게 적용할 수 있을지 체계적으로 설명하는 내용입니다. 생활 속 친숙한 예시부터 최신 디지털 트렌드와 기업 현장의 전략까지 아우르며, 서비스 경영의 흐름을 명확하고 쉽게 전달합니다. 특히, 서비스가 제공하는 감정적 가치와 실무적 관점을 연결하여 학생들이 서비스의 본질을 더 깊이 이해할 수 있도록 돕습니다.

1장에서는 일상에서 접할 수 있는 다양한 서비스 사례를 통해 서비스의 본질적 의미와 경영적 가치를 새롭게 제시합니다. 2장에서는 빠르게 변화하는 서비스 트렌드, 즉, 무인화, 디지털화, 지속가능성 등을 서비스 경영 전략에 어떻게 반영할 수 있는지를 설명합니다. 3장에서는 고객의 정의와 유형을 체계적으로 정리하고, 고객 심리를 이해하는 방법을 통해 맞춤형 서비스 전략을 수립할 수 있는 방법론을 제시합니다. 4장과 5장에서는 고객 만족과 경험관리이론을 심도 있게 설명하고, 실제 기업 사례를 통해 고객 중심 서비스 전략을 구현하는 방법을 다룹니다. 6장부터 8장까지는 서비스 품질, 서비스 실패와 회복, 고객의 소리 반영 등 고객 평가 및 대응 전략을 구체적으로 다루며, 고객 요구에 민첩하게 대응할 수 있는 전략적 접근을 제시합니다. 9장과 10장에서는 서비스 산업에서 요구되는 필수 역량과 직무 태도, 그리고 변화하는 서비스 환경에서 서비스 인재로서 어떻게 준비할 것인지에 대해 다룹니다.

이 책은 단순히 서비스 이론을 나열하는 교재가 아닙니다. 서비스의 본질과 중요성, 그리고 더 우수한 서비스를 창출할 수 있는 방법을 끊임없이 고민하고 탐구할 수 있도록 돕는 안내서입니다. 독자들은 이 책을 통해 서비스의 가치를 실무에서 어떻게 구현할 수 있을지에 대한 구체적인 해답을 찾을 수 있을 것입니다.

2025년 7월

저자 일동

CONTENTS

제 1 장

생활 속의 서비스

학습목표

1. 일상 속 다양한 서비스를 이해하고, 서비스의 의미를 생각할 수 있다.
2. 서비스의 다섯 가지 특징을 알고, 실제 사례를 통해 쉽게 설명할 수 있다.

우리는 매일 '서비스'라는 말을 일상에서 사용하고 있다. 그러나 그 의미를 정확하게 이해하기는 쉽지 않다. 서비스는 식당에서 음식을 먹거나 온라인에서 주문한 물건이 제때 도착하는 경험처럼 눈에 보이는 편리함으로 인식되기 쉽다.

하지만 서비스는 단지 무엇인가를 받는 행위만을 뜻하지 않는다. 말 한마디의 배려, 불편함을 줄여주는 설명, 스스로 해결할 수 있도록 돕는 시스템까지 서비스에 포함된다. 이 활동을 통해 기존의 서비스 개념을 돌아보고, 그 의미를 깊이 있게 이해하고자 한다.

1 서비스에 대한 나의 생각 정리

나의 인식 돌아보기

지금까지 내가 '서비스'라고 인식했던 것에 체크해 보세요. (복수 선택 가능)

☐ 직원이 손님에게 인사하는 것
☐ 카페에서 음료를 가져다주는 것
☐ 호텔 프런트에서 체크인 도와주는 것
☐ 기내에서 승무원이 음료를 주는 것
☐ 백화점에서 안내 도와주는 것
☐ 누군가 나를 배려해 줄 때
☐ 불편한 상황에서 진심으로 사과받았을 때
☐ 내가 예상하지 못한 친절을 받았을 때
☐ 디지털 화면을 통해 무인으로 받는 정보
☐ 기다림 없이 빠르게 처리된 경험

→ 내게 가장 먼저 떠오른 '서비스'는 무엇이었나요?

→ 그 서비스는 나에게 어떤 감정을 남겼나요?/그 경험이 좋았던 이유는 무엇인가요?

서비스, 다시 보기

[척도 : 1점 매우 아니다 ~ 5점 매우 그렇다]

질문	1점	2점	3점	4점	5점
1. 서비스는 누군가를 기분 좋게 도와주는 행동이라고 생각한다.					
2. 서비스는 마음과 따뜻한 배려가 담겨 있다고 생각한다.					
3. 서비스는 고객과 직원이 함께 만들어가는 것이라고 생각한다.					
4. 서비스는 눈에 보이지 않아도 오래 기억에 남는다고 생각한다.					
5. 서비스는 일하는 분야에 따라 제공 방식과 목적이 달라진다고 생각한다.					
6. 서비스는 친절함뿐만 아니라 문제를 해결하는 힘도 필요하다고 생각한다.					
7. 기술을 통해 제공되는 정보나 도움도 서비스라고 생각한다.					
8. 고객의 기분과 상황에 따라 같은 서비스라도 다르게 느껴질 수 있다고 생각한다.					
9. 서비스는 감정과 상황을 함께 살피며 제공해야 한다고 생각한다.					
10. 좋은 서비스는 작은 행동에서도 느껴질 수 있다고 생각한다.					
합계					

서비스 인식 수준 진단 결과 해석

- **41~50점: → 서비스에 대한 이해도가 매우 높음**

  감정, 상황, 문제 해결, 기술적 측면까지 통합적으로 이해하고 있음. 서비스 직무에 적합한 태도를 지님

- **31~40점: → 서비스에 대한 기본 개념은 잘 이해하고 있음**

  다만 실무 적용이나 고객 유형별 응대에 대한 인식에는 보완이 더 필요함

- **21~30점: → 서비스를 단순한 친절 개념으로만 이해하고 있을 가능성 있음**

  서비스 산업의 다양성과 고객 중심적 사고에 대한 학습이 요구됨

- **10~20점: → 서비스 개념 자체에 대한 이해가 낮은 수준**

  서비스의 정의, 특징, 실제 사례 중심의 기초 교육부터 필요함

나의 생각 정의하기

→ 내가 생각하는 서비스는 ______________________________________이다.

(예: 서비스는 상대방의 입장에서 행동하는 태도라고 생각한다.)

1) 일상생활 속의 서비스 이해하기

우리는 일상의 다양한 상황에서 '서비스'라는 말을 사용하고 있다. 가게에서 덤으로 받은 물건을 서비스라고 하고, 식당에서는 직원의 친절한 태도를 고객 서비스라고 부른다. 또한 통신 요금제를 사용할 때는 통신 서비스를 이용한다고 말한다. 서비스는 혜택, 친절한 응대, 덤으로 주는 것, 애프터 서비스 등 여러 의미로 사용된다. 이처럼 서비스는 하나로 고정된 개념이 아니라, 상황과 맥락에 따라 다르게 해석되는 특징이 있다.

오늘날 서비스는 단순한 행동이나 말 이상의 의미를 가진다. 기술이 발전하고, 소비자가 중심이 되는 사회로 바뀌면서 서비스의 모습은 점점 더 다양하고 복잡하게 변화하고 있다. 사람의 감정을 읽고 반응하는 정서적인 서비스부터, 무인 키오스크나 챗봇처럼 자동화된 디지털 서비스까지 그 범위는 매우 넓어졌다.

- 음식점에서 요청한 대로 맵기와 양념을 조절해 음식을 만들어줌
- 안경점에서 안경을 구입한 후 무료로 수리나 세척을 받을 수 있음
- 온라인 쇼핑몰에서 원하는 배송 날짜를 선택해 주문함
- 택배기사가 부재 중인 고객을 위해 원하는 장소에 물건을 놓아줌

→ 이러한 서비스들은 고객의 구체적인 요구와 상황에 맞춰 제공된다.

(1) '덤'에 담긴 서비스의 의미

가게에서 물건을 사고 점원이 음료를 하나 더 줄 때, "서비스예요"라는 말을 듣는다. 이 경우, '서비스'는 추가로 제공되는 혜택이나 덤을 의미한다.

그러나 실제 서비스 개념에서 말하는 서비스는 단순히 물건을 더 주는 것이 아니라, 제공자의 친절한 태도나 세심한 배려에 있다. 즉, 서비스는 물건 자체보다는 고객이 느끼는 감정이나 만족감과 더 밀접하게 연결된다.

(2) 'A/S' 서비스의 또 다른 모습

전자기기나 제품에 문제가 발생했을 때, 우리는 흔히 'A/S를 받는다'고 말한다. A/S는 '애프터 서비스(After Service)'의 줄임말로, 제품을 구입한 후 발생한 문제나 고장에 대해 제공받는 관리 서비스를 의미한다. A/S는 서비스의 한 형태지만, '서비스 = 고장이 났을 때 고쳐주는 것'이라고만 생각하면 서비스의 개념을 너무 좁게 이해하는 것이다. 서비스는 그보다 훨씬 더 다양한 형태로 고객의 기대를 충족시키고 가치를 전달하는 활동을 포함한다.

(3) '봉사'와 '서비스'의 차이

누군가가 무언가를 무료로 또는 자발적으로 제공할 때, '서비스를 제공했다'는 표현을 사용하기도 한다. 그러나 봉사는 대가 없이 자발적으로 기여하는 활동에 가까운 반면, 서비스는 고객의 기대에 응답하며 가치를 교환하는 활동이라는 점에서 차이가 있다. 즉, 봉사는 주는 사람의 의도나 기여가 중요하고, 서비스는 고객과 제공자 간의 상호작용과 가치 교환이 핵심이다.

(4) 친절한 행동이 서비스가 되는 이유

호텔에 머무를 때, 직원이 밝은 미소로 인사하고 세심하게 배려하는 모습을 쉽게 볼 수 있다. 많은 사람들이 이를 '친절한 서비스'라고 부른다. 실제로 친절은 고객이 서비스를 경험할 때 느끼는 만족과 신뢰를 높이는 핵심적인 요소이다. 그러나 친절만으로 서비스가 완성되지는 않는다.

친절은 고객의 기대에 응답하고 긍정적인 감정을 이끌어내는 중요한 수단이지만, 서비스는 친절을 포함하여 고객이 원하는 가치와 경험을 충족시키는 더 넓은 과정을 의미한다. 따라서 친절은 좋은 서비스를 만드는 데 필수적이지만, 서비스의 전부는 아니다.

(5) 서비스를 구분하는 이유

일상생활에서 우리는 다양한 상황을 '서비스'라고 부른다. 가게에서 받은 덤, 전자제품 수리, 자발적인 봉사활동 등은 모두 서비스로 여겨지곤 한다. 하지만 이러한 표현들은 서비스의 전체 의미를 충분히 담아내지는 못한다. 우리가 말하는 '서비스'는 단순한 행동을 넘어, 고객의 기대에 응답하고 특별한 경험을 만드는 과정을 포함한다.

서비스의 본질은 고객의 요구와 기대에 적극적으로 응답하고, 고객이 만족스러운 경험을 하도록 설계하며, 이를 통해 감정적이고 심리적인 만족을 주는 일련의 과정이다. 따라서 일상에서 쓰이는 여러 가지 '서비스' 표현을 정확하게 구분하고 그 차이를 이해하는 것은 서비스의 개념을 정확히 파악하는 첫걸음이 된다.

PLUS 들여다보기

기계가 대신해도, 마음까지 대신하진 못해요

요즘은 무인 키오스크, 챗봇, 자동응답 시스템처럼 사람 없이도 서비스를 받을 수 있는 시대예요. 하지만 기술이 좋아졌다고 해서, 사람의 마음을 읽고 공감해 주는 서비스까지 기계가 대신할 수는 없어요.

그래서 기계가 많아질수록, 오히려 고객을 위한 배려와 설명, 안내, 작은 친절이 더 중요해지고 있어요. 서비스는 기계로도 제공할 수 있지만, 진짜 감동은 사람의 마음에서 나온답니다.

2) 서비스의 다양한 의미

서비스(service)라는 단어는 현대사회 곳곳에서 폭넓게 사용되고 있다. 학교, 병원, 은행, 식당, 공공기관 등 다양한 공간에서 사람들은 자연스럽게 서비스를 주고받으며 살아간다. 하지만 우리가 흔히 쓰는 이 말의 뿌리를 살펴보면, 단순한 '도움'이나 '혜택'을 넘어서는 더 깊은 의미가 담겨 있다.

(1) 서비스의 어원

서비스는 라틴어 servitium에서 유래했는데, 이는 누군가를 위해 일하거나 돕는 행동, 또는 종속된 위치에서의 봉사를 뜻했다. 과거에는 한 사람이 다른 사람을 위해 일하는 것을 '서비스'라고 불렀고, 이 개념은 시대가 흐르며 '도움을 주는 다양한 활동'으로 점차 확장되었다.

(2) 사전적인 서비스의 의미

- 표준국어대사전 → "타인을 위하여 편의를 제공하거나 도움을 주는 행위" → "재화를 제외한, 활동 그 자체를 상품처럼 제공하는 것"
- 영어사전 → "누군가를 돕거나, 그를 위해 어떤 일을 수행하는 행위" → "공공의 필요를 충족시키기 위한 체계(system)"

(3) 현대사회에서 서비스의 의미

사람들은 단순히 물건을 사는 것이 아니라, 좋은 경험과 기분 좋은 순간을 원한다. 같은 물건이라도 응대하는 태도나 말투에 따라 서비스 만족도가 달라진다.

❶ 고객의 경험이 중심이 되었다.

요즘 사람들은 단순히 '물건'을 사는 것이 아니라, 좋은 경험과 기분 좋은 순간을 원한다. 같은 물건이라도 친절하게 응대받았는지, 내 상황에 맞춰주었는지에 따라 서비스 만족도가 달라진다.

❷ 사람뿐 아니라 기술도 서비스를 제공한다.

키오스크, 챗봇, 무인 점포 등 다양한 기술이 사람을 대신해 서비스를 제공하고 있다. 하지만 중요한 것은 여전히 고객의 편리함과 감정에 대한 배려이다.

❸ 서비스는 모든 분야에서 중요하다.

서비스는 이제 식당이나 백화점 같은 장소뿐 아니라, 교육, 병원, 은행, IT, 공공기관 등 모든 분야에서 중요한 역할을 한다. 사람과 사람, 사람과 기술이 서로 연결되고 이해하는 과정이 바로 서비스이다.

PLUS 들여다보기

단어는 변해도, 본질은 그대로

'서비스'라는 말은 시대에 따라 의미도 달라지고, 그 모습도 많이 변해왔어요.
예전에는 사람이 직접 해주던 일을 지금은 키오스크나 챗봇이 대신하는 경우도 많죠.
하지만 서비스의 본질은 변하지 않았어요.

그건 바로, 고객이 필요할 때, 그 상황에 맞게 경험을 설계하고 만족을 주는 거예요.
기계가 일을 대신할 수는 있어도, 고객의 감정을 공감하고 마음을 움직이는 서비스는 여전히 사람의 역할이 중요해요.

3) 산업의 변화와 함께 발전한 서비스

서비스는 한 가지 모습에 머무르지 않는다. 기술이 발전하고 사회 환경이 변화하면서, 사람들이 기대하고 필요로 하는 서비스의 형태도 함께 변화해 왔다. 과거에는 물건을 직접 전달하거나, 단순히 도움을 주는 행위가 서비스의 주요 모습이었다. 하지만 시간이 흐르면서 서비스는 단순한 '도움'을 넘어, 고객의 편리함을 높이고, 감정적인 만족까지 고려하는 방향으로 발전해 왔다.

특히 산업혁명을 거치면서 생산성과 효율성이 강조되었고, 정보화 시대에 접어들면서는 속도와 개인화된 서비스가 중요해졌다. 현대사회에서는 단순히 '무언가를 제공하는 것'만으로는 충분하지 않다. 고객의 기대를 세심하게 읽고, 심리적 · 감정적 가치를 제공하는 것이 서비스의 핵심이 되었다.

이제부터 우리는 시대별 산업 구조의 변화에 따라 서비스가 어떤 방식으로 발전해 왔는지를 살펴보려 한다. 이를 통해 서비스가 단순한 '행동'이 아니라, 사회 변화와 함께 끊임없이 진화해 온 '가치 전달 과정'임을 이해할 수 있을 것이다.

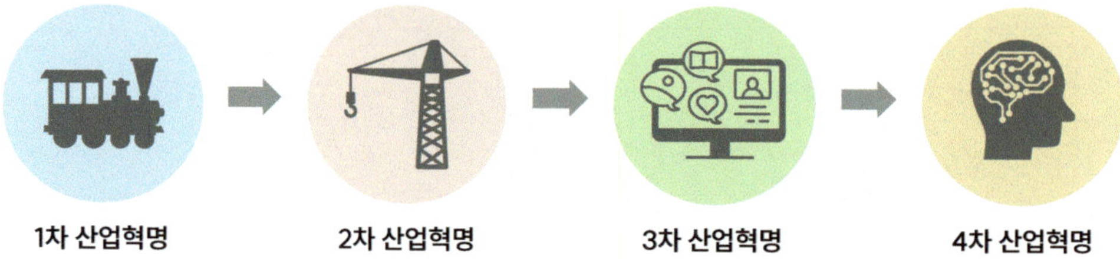

산업의 변화

(1) 제1차 산업혁명

▶ **18세기 후반~19세기 초반(1760년~1820년)**

- **핵심 변화**: 증기기관의 발명으로 기계가 사람의 손을 대신하기 시작했다. 농업 중심 사회에서 공장 중심의 사회로 바뀌며 대량 생산이 가능해졌다.
- **서비스 변화**: 상점이 생기고, 상품을 판매하는 활동이 늘어났다. 사람과 상품을 이동시키는 운송 서비스, 우편, 은행 서비스 등 기본적인 서비스 구조가 처음으로 만들어졌다.
- 예시 마차를 이용한 우편 배달, 철도역의 매표소, 은행의 기본 창구 업무

(2) 제2차 산업혁명

▶ **19세기 후반~20세기 초반(1870년~1914년)**

- **핵심 변화**: 전기와 철강, 화학 산업이 발전하고, 대기업과 도시화가 본격화되었다. 많은 사람이 도시로 모이면서 대량 소비 사회가 시작되었다.
- **서비스 변화**: 손님을 전문적으로 응대하는 방식이 생겼다. 호텔, 백화점 같은 대형 서비스 공간이 생기고, 서비스 업종도 점점 세분화되기 시작했다.
- 예시 호텔에서 손님의 짐을 옮겨주는 직원, 백화점에서 고객을 안내하는 서비스 직원

(3) 제3차 산업혁명

▶ **20세기 후반(1970년~1999년)**

- **핵심 변화:** 컴퓨터와 인터넷, 정보통신기술(ICT)이 발전했다. 일의 자동화가 가능해지고, 정보를 빠르게 전달할 수 있는 시대가 되었다.
- **서비스 변화:** 전화나 인터넷으로 예약하고, 고객이 직접 정보를 확인하거나 요청할 수 있는 서비스가 늘어났다. 서비스의 속도와 편리함이 중요한 경쟁력이 되었다.
- 예시 항공권 온라인 예약, 은행의 ATM 기기, 콜센터를 통한 고객 응대

(4) 제4차 산업혁명

▶ **21세기 현재(2010년~현재)**

- **핵심 변화:** 인공지능(AI), 사물인터넷(IoT), 빅데이터 같은 기술이 실생활에 들어왔다. 사람의 행동과 취향까지 분석해 주는 기술이 발전하면서, 맞춤형 서비스가 가능해졌다.
- **서비스 변화:** 고객이 직접 말하지 않아도, 필요한 것을 먼저 예측하고 제안하는 개인화된 서비스가 등장했다. 또한 비대면, 무인 서비스도 빠르게 확산되고 있다.
- 예시 AI 챗봇 상담, 무인 키오스크 주문, 고객 데이터를 활용한 맞춤형 마케팅, 앱으로 조명 · 온도 · 서비스를 조절하는 스마트 호텔

산업의 변화와 서비스 발전

시대	핵심 변화	서비스 변화	예시
제1차 산업혁명 (18세기 후반~19세기 초)	증기기관 발명, 공장 중심 사회로 전환	운송·우편·은행 등 기본 서비스 등장	마차 우편, 철도 매표소, 은행 창구
제2차 산업혁명 (19세기 후반~20세기 초)	전기·철강 발전, 대도시 형성	호텔·백화점 등장, 서비스 전문화	호텔 벨보이, 백화점 안내
제3차 산업혁명 (20세기 후반)	컴퓨터·인터넷 보급, 정보화 사회	예약·결제 자동화, 빠른 고객 응대	항공권 온라인 예약, ATM, 콜센터
제4차 산업혁명 (21세기 현재)	AI·IoT·빅데이터 기술 확산	맞춤형·비대면· 무인 서비스 확대	AI 챗봇, 무인 키오스크, 스마트 호텔

PLUS 들여다보기

서비스가 바뀌면, 직업도 바뀐다?

서비스가 달라지면, 그걸 만드는 사람들의 일도 달라져요. 예전에는 사람이 직접 손님을 맞이하고 물건을 옮겨주는 게 서비스의 전부였다면, 버튼 몇 번으로도 원하는 도움을 쉽게 받을 수 있는 시대가 되었지요.
변화하는 사회 속에서 새로운 형태의 서비스 일자리가 꾸준히 생겨나고 있어요.

예를 들어, 이런 직업들!

예전에는 마차를 끌던 사람,
호텔에서 짐을 옮겨주던 직원,
백화점에서 "무엇을 도와드릴까요?"라고 물어보던 안내 직원이 있었죠.

그러다 인터넷이 생기고,
전화로 상담해 주는 콜센터 상담사,
항공권이나 숙소를 예약해 주는 여행 상담원 같은 일도 생겼었어요.

그리고 지금은?
챗봇 기획자: 말 잘하는 AI 비서를 만드는 사람
무인매장 관리자: 키오스크와 앱으로 가게를 운영하는 매니저
데이터 마케터: "이 고객은 이런 걸 좋아하겠군요!" 하고 알아서 추천해 주는 사람

세상이 바뀌면, 서비스도 바뀌고, 그 안에서 일하는 사람의 모습도 바뀌어요.
앞으로 우리가 어떤 사회에서 살게 될지는 아무도 모르지만, 하나 확실한 건 있어요.
새로운 서비스가 나올 때마다, 새로운 일을 할 사람이 꼭 필요하다는 거죠.

2 서비스의 특징

1) 무형성(Intangibility)

서비스는 상품과 달리 형태가 없는 활동이나 혜택을 제공한다. 소비자는 서비스를 구매하기 전에 직접 보고, 만지거나 냄새를 맡는 등의 감각을 통해 품질을 평가할 수 없다.

따라서 서비스는 물리적인 물건이 아니라, 행위(Deed), 수행(Performance), 노력(Effort)과 같은 과정을 통해 경험된다.

이러한 무형성은 여러 가지 문제를 발생시킨다.

첫째, 서비스를 구매하기 전에 품질을 명확히 확인하기 어렵기 때문에 소비자는 불확실성을 느낄 수 있다.

둘째, 서비스는 저장하거나 전시할 수 없어, 판매나 마케팅 과정에서 실체를 보여주기 어렵다.

셋째, 가격 책정이 복잡해진다. 서비스는 형태가 없는 가치이기 때문에 원가를 기준으로 명확히 산정하기 어려우며, 고객의 인식에 따라 가격의 적정성이 좌우된다.

(1) 무형성 문제 해결방안

서비스는 형태가 없어 눈에 보이지 않기 때문에, 고객이 믿고 선택할 수 있도록 '보이는 단서'를 제공하는 것이 중요하다. 이를 '실체적 단서(Tangible Cues)' 제공이라고 한다.

❶ 눈에 보이는 환경이나 장비로 신뢰를 높인다.

서비스 장소의 청결함, 인테리어, 직원의 복장, 장비의 상태 등은 고객에게 '이곳은 믿을 수 있다'는 이미지를 준다.

예시 병원의 하얀 가운, 호텔 로비의 분위기, 항공사의 유니폼

❷ 고객 후기나 경험을 보여준다.

이용 후기를 게시하거나, 실제 이용자 사례를 소개하면 서비스의 만족도를 간접적으로 전달할 수 있다.

예시 카페 리뷰, 여행사 블로그 후기

❸ 직원의 태도와 언행으로 신뢰를 만든다.

직원은 서비스를 대표하는 사람이기 때문에, 친절한 인사, 자신감 있는 설명, 공감하는 태도가 서비스의 품질을 간접적으로 보여주는 중요한 요소가 된다.

예시 객실승무원의 친절한 미소, 병원 접수 직원의 공손한 안내

❹ 눈에 보이는 자료나 상징을 활용한다.

이용 안내 책자, 자격증, 인증 마크, 브랜드 로고처럼 보이는 정보나 상징은 서비스의 신뢰도를 높이는 데 도움을 준다.

예시 서비스 품질 인증마크, 브랜드 로고와 수상이력, 병원 전문의 자격증

무형성 문제 해결방안

해결방안	설명	예시
눈에 보이는 환경 제공	공간, 장비, 복장 등으로 신뢰 형성	병원 가운, 호텔 로비, 유니폼
후기와 경험 공유	다른 사람의 이용 경험을 보여줌	카페 리뷰, 여행 후기
직원의 태도와 언행	말투, 행동으로 서비스 인상 전달	친절한 인사, 정확한 설명
시각 자료와 상징 활용	로고, 인증 등 시각적 정보로 신뢰 제공	자격증, 브랜드 로고, 인증 마크

2) 이질성(Heterogeneity)

서비스는 제공자, 시간, 장소, 고객 상황에 따라 품질이 달라질 수 있다.

같은 서비스라도 누가, 언제, 어떤 환경에서 제공하느냐에 따라 고객이 경험하는 만족도나 평가가 달라진다. 이는 서비스가 표준화되기 어렵고, 항상 일정한 품질을 유지하기 힘든 이유가 된다.

이질성으로 인해 발생하는 주요 문제는 다음과 같다.

첫째, 서비스 품질의 변동성이 크다. 고객은 기대한 것보다 높은 만족을 얻을 수도 있지만, 반대로 실망할 수도 있다.

둘째, 서비스 제공자의 태도나 능력에 따라 고객경험이 좌우되기 때문에, 인적 서비스 품질 관리가 필수적이다.

(1) 이질성 문제 해결방안

❶ 서비스 매뉴얼과 표준 절차 마련

서비스를 일정한 방식으로 제공할 수 있도록 표준화된 서비스 절차(서비스 매뉴얼)를

개발하고, 모든 직원이 이를 따르도록 교육한다.

예시 호텔 프런트 직원의 응대 매뉴얼, 항공 승무원의 서비스 단계별 절차

❷ 직원 교육과 서비스 마인드 강화

직원의 태도, 언어, 표정, 응대 방식이 고객경험에 큰 영향을 주므로, 정기적인 서비스 교육과 피드백을 통해 인적 역량을 지속적으로 높여야 한다.

예시 정기적인 고객 응대 워크숍, 롤플레잉 실습

❸ 고객 피드백을 반영한 서비스 개선

고객의 평가나 불만을 적극적으로 수집하고, 이를 바탕으로 서비스 방식이나 직원 응대 태도를 개선한다.

예시 고객 만족도 조사, 리뷰 분석 후 서비스 수정

❹ 우수 직원을 통한 모델링과 코칭 운영

서비스를 잘 수행하는 직원을 모범 사례로 공유하거나, 멘토 역할을 부여하면 새로운 직원에게 긍정적인 영향을 줄 수 있다.

예시 '이달의 서비스 직원', 선배 직원의 멘토링 제도

이질성 문제 해결방안

해결방안	설명	예시
서비스 매뉴얼과 절차 마련	서비스 제공을 일관되게 하기 위한 표준화된 절차 마련	호텔 프런트 응대 매뉴얼, 항공사 표준 서비스 단계
직원 교육과 서비스 마인드 강화	직원의 서비스 태도와 역량강화를 위한 정기 교육 진행	고객 응대 교육, 롤플레잉 실습
고객 피드백 반영	고객 의견 수집 및 서비스 개선 반영	만족도 조사, 고객 리뷰 반영
우수 직원의 코칭과 롤모델 활용	우수 직원 사례 공유 및 멘토 운영	이달의 직원 선정, 선배 멘토링

3) 비분리성(Inseparability)

서비스는 생산과 소비가 동시에 이루어진다. 즉, 서비스를 제공하는 과정과 고객이 서비스를 경험하는 과정이 분리되지 않고, 실시간으로 함께 진행된다.

이로 인해 고객은 서비스 제공 과정에 직접적인 영향을 미친다. 고객의 태도나 반응에 따라 서비스 경험이 긍정적으로도, 부정적으로도 변할 수 있다.

또한 서비스 제공자의 태도, 전문성, 즉각적인 대응 능력 역시 고객 만족에 큰 영향을 준다.

비분리성은 서비스가 단순히 제공자의 노력으로만 이루어지는 것이 아니라, 고객과 제공자가 함께 만들어가는 공동 생산물임을 의미한다.

따라서 서비스 품질 관리는 더욱 복잡해진다.

(1) 비분리성 문제 해결방안

❶ 고객과의 상호작용 교육 강화

서비스는 고객과 함께 이루어지기 때문에, 직원이 단순히 절차만 익히는 것이 아니라 고객 응대 능력, 상황 대처력, 감정 조절 능력도 함께 길러야 한다.

예시 상황별 고객 대응 실습, 감정노동 예방 교육

❷ 서비스 전 고객 기대 관리

고객이 서비스에 대해 과도하게 기대하거나 잘못 이해하고 있으면 서비스 과정에서 갈등이 생길 수 있다. 이용 전 충분한 안내나 정보 제공을 통해 고객이 서비스 흐름과 내용을 미리 이해하도록 도와야 한다.

예시 호텔 체크인 시 서비스 구성 설명, 항공사 탑승 전 절차 안내

❸ 실시간 피드백 체계 마련

서비스가 이루어지는 순간에 문제를 인식하고 개선할 수 있도록 고객 반응을 빠르게 파악하고 대응하는 시스템이 필요하다.

예시 현장 설문, QR코드 피드백, 실시간 응대 기록

❹ 고객 참여 인식 강화

서비스는 공동으로 만들어가는 것이기 때문에 고객의 예절, 협력, 기본적인 참여 태도도 중요하다. 이를 자연스럽게 유도할 수 있는 친절한 안내 문구나 환경 조성도 필요하다.

예시 "여러분의 협조가 더 나은 서비스를 만듭니다" 안내 문구, 대기 중 시청할 안내 영상 제공

비분리성 문제 해결방안

해결방안	설명	예시
고객 응대를 고려한 직원 교육	직원의 상황 대처력과 감정 조절 능력을 함께 교육	상황별 응대 실습, 감정노동 예방 교육
서비스 전 고객 기대 조율	서비스 내용 및 흐름 사전 안내로 고객 기대 조율	호텔 체크인 시 서비스 안내, 항공 탑승 절차 설명
실시간 피드백 체계 마련	고객 반응 실시간 확인 및 대응 시스템 운영	현장 설문, QR 피드백, 응대 기록 시스템
고객의 역할 인식 유도	서비스가 함께 만들어지는 과정임을 고객에게 안내	협조 요청 문구, 대기 중 안내 영상

4) 소멸성(Perishability)

서비스는 생산된 후 저장하거나 재고로 보관할 수 없다. 시간이 지나면 사용되지 않은 서비스는 소멸되고, 다시 판매하거나 활용할 수 없다.

예를 들어, 항공기의 빈 좌석, 공연장의 비어 있는 좌석, 미용실의 예약되지 않은 시간은 시간이 지나면 그대로 사라지는 자원이 된다.

상품처럼 창고에 쌓아두었다가 수요가 생길 때 판매할 수 있는 것이 아니라, 제공할 순간을 놓치면 그 가치 자체가 소멸되는 것이다.

이러한 소멸성은 수요가 일정하지 않은 서비스 산업에서 특히 큰 문제를 초래한다. 수요가 몰리는 시간대에는 과잉 수요로 인해 서비스 품질이 저하될 수 있으며, 수요가 적은 시간대에는 인력과 시설이 낭비되는 문제가 발생할 수 있다.

(1) 소멸성 문제 해결방안

❶ 예약제도와 시간 분산 유도

고객이 많이 집중되는 시간을 피하도록 예약 시스템을 운영하고, 고객에게 시간대별 혜택이나 할인을 제공해 수요를 고르게 분산시킨다.

예시 병원 진료 예약제, 영화관 조조 할인, 항공사의 비수기 할인

❷ 인력과 자원의 유연한 운영

고객이 많은 시간대에는 인력을 추가 배치하고, 한산한 시간대에는 운영을 축소하거나 교육 등 내부 활동에 배치한다.

예시 주말에 아르바이트 인력 추가, 평일 오전엔 직원 교육 진행

❸ 수요 예측 시스템 도입

고객 방문 패턴, 계절, 요일, 시간대 등의 데이터를 분석해 수요를 예측하고, 이에 맞게 자원을 사전에 배치한다.

예시 빅데이터 기반 매장 운영 스케줄 조정

❹ 대체 서비스 제공방안 마련

예약이 꽉 찼을 때나 수요가 몰리는 경우에 대비해 비슷한 대체 서비스나 시간대를 안내하고 비대면 서비스로 전환할 수 있는 시스템을 마련한다.

예시 전화 상담 대신 챗봇, 매장 이용 대신 배달 서비스 제공

비분리성 문제 해결방안

해결방안	설명	예시
예약제도와 시간 분산 유도	예약제와 시간대별 혜택을 통해 수요를 분산시킴	조조 할인, 예약제 진료, 항공 비수기 할인
인력과 자원의 유연한 운영	수요에 맞춰 인력과 자원을 탄력적으로 조정	주말 추가 인력 배치, 평일 오전 직원 교육

수요 예측 시스템 도입	고객 방문 데이터를 분석해 수요를 예측하고 대비	매장 방문 패턴 분석 후 인력 조정
대체 서비스 제공방안 마련	혼잡 시 대체 시간대나 비대면 서비스를 안내	전화 대신 챗봇, 매장 대신 배달 서비스

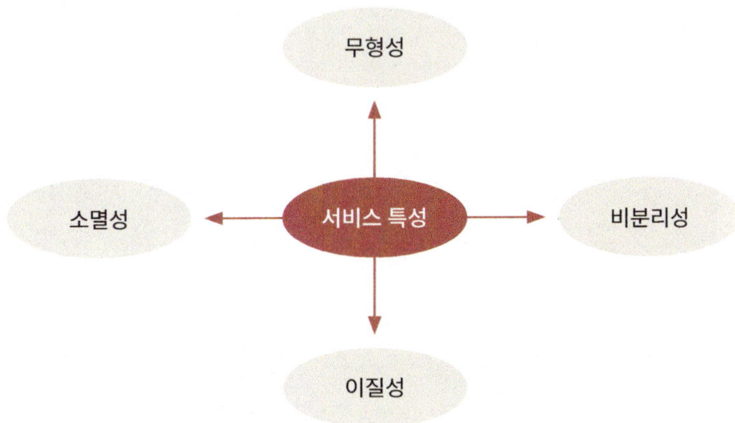

PLUS 들여다보기

제조업과 서비스의 차이를 알아볼까요?

제조업은 손에 잡히는 물건을 만드는 일이에요.
자동차나 음료처럼 미리 만들어 놓고, 나중에 소비자가 구매하죠.
반면에 서비스는 눈에 보이지 않지만, 경험을 통해 가치를 전달하는 일이에요.
호텔 안내나 항공기 승무원의 응대처럼, 고객과 만나는 순간에 이루어지죠.

제조업은 생산과 소비가 따로 일어나지만, 서비스는 제공되는 동시에 소비돼요.
또한, 제조업은 같은 품질의 제품을 반복해서 만들 수 있지만, 서비스는 상황이나 사람에 따라 달라지기 때문에 똑같이 제공하기 어려워요.

예를 들어, 마트에서 음료를 사는 건 제조업이고, 카페에서 커피를 받고 응대받는 건 서비스죠.
관광서비스산업에서는 물리적인 제품과 함께, 무형의 서비스가 동시에 이루어지는 경우가 많아요.

3 서비스와 상품의 차이

우리가 흔히 생각하는 상품은 손에 잡히는 물건이다. 예를 들어 자동차, 옷, 가구처럼 눈에 보이고 만질 수 있는 것들이 상품에 해당한다. 이런 상품은 공장에서 미리 만들어 놓고, 창고에 쌓아두었다가 사람들이 필요할 때 팔 수 있다.

하지만 서비스는 다르다.

서비스는 눈에 보이지 않고, 형태도 없다. 예를 들어 호텔에 머무는 경험, 식당에서 음식을 먹는 것, 비행기를 타는 과정처럼 우리 몸과 마음으로 직접 겪는 것이 서비스다. 이런 서비스는 '지금 이 순간' 제공되며, 바로 그 자리에서 소비된다. 미리 만들어서 쌓아둘 수는 없다. 또한 상품은 주로 물건의 품질로 평가받지만, 서비스는 고객이 느낀 만족감이 중요하다.

같은 커피를 마셔도, 바리스타의 말투나 매장의 분위기에 따라 느끼는 기분은 달라진다. 이처럼 상품은 '물건'을 중심으로 하지만, 서비스는 '경험'을 중심으로 이루어진다. 이것이 서비스가 상품과 가장 다른 점이다.

1) 손에 잡히는 물건 vs. 몸으로 느끼는 경험

우리가 생각하는 상품은 자동차, 휴대폰처럼 눈에 보이고 손에 잡히는 물건이다. 이런 상품은 공장에서 미리 만들어 창고에 보관해 두었다가 필요할 때 팔 수 있다. 반면 서비스는 병원 진료나 비행기 탑승처럼 직접 경험해야 하는 활동이다. 눈에 보이지 않고, '바로 그 순간'에만 제공되고 소비된다.

2) 시간차 vs. 즉시성

상품은 생산, 유통, 소비의 시간이 분리되어 있다. 하지만 서비스는 생산과 소비가 동시에 일어난다. 식당에서 음식을 주문하고 먹는 것처럼, 고객의 경험 속에서 완성되는 것이 서비스다.

3) 기준 평가 vs. 감정 평가

상품은 품질 기준이나 성능 지표로 평가받는다. 하지만 서비스는 고객이 느낀 만족감, 직원의 태도, 공간의 분위기 등 감정적인 요소에 따라 평가된다.

4) 표준화 가능성 vs. 맞춤 응대

상품은 동일한 제품을 대량 생산할 수 있다. 그러나 서비스는 고객의 상황이나 요구에 따라 유연하게 달라져야 한다. 출장 고객과 가족 여행 고객에게 필요한 호텔 서비스가 다르듯, 서비스는 일률적으로 제공되기 어렵다.

5) 자본 중심 vs. 사람 중심

상품은 기계 및 설비 같은 자본이 중심이다. 반면 서비스는 사람의 태도, 전문성, 공감능력이 핵심이다. 서비스의 품질은 결국 사람의 행동에서 결정된다.

상품과 서비스의 차이

항목	상품	서비스
형태	눈에 보이고 손에 잡히는 물건	눈에 보이지 않는 활동이나 경험
사용 시기	미리 만들어두고, 필요할 때 사용	제공되는 순간 바로 사용함
평가 기준	기능이나 품질로 평가함	느낌이나 만족감으로 평가함
제공 방식	같은 걸 많이 만들기 쉬움	사람마다 다르게 제공될 수 있음
중요한 요소	기계나 공장 같은 시설	사람의 태도나 말투, 행동 등

PLUS 들여다보기

물건보다 경험이 더 기억에 남는 이유는 무엇일까?

새 운동화를 샀을 때보다, 친구와 함께 여행을 다녀온 기억이 더 오래 남는 경우가 많죠. 왜 그럴까? 상품은 형태가 있고, 손에 잡히는 것이지만, 서비스는 우리의 감정, 시간, 관계와 연결되어 있기 때문이에요.

서비스는 단순히 '무언가를 해주는 것'이 아니라, 고객의 하루, 기분, 인상을 바꾸는 경험으로 남아요. 커피 한 잔을 마셔도, 친절한 말 한마디와 따뜻한 분위기가 더해지면 그 순간은 단순한 소비를 넘어 하나의 좋은 기억이 될 수 있죠. 이처럼 서비스는 사람과 사람 사이에서 만들어지는 가치이며, 눈에 보이지 않아도 오랫동안 마음에 남게 돼요.

Check Point!

① 서비스는 일상 속 관계에서 시작된다.

서비스는 특별한 기술이나 형식이 아닌, 사람과 사람 사이의 태도에서 비롯된다.
인사 한마디, 눈을 마주치는 표정, 작은 배려가 서비스의 출발점이 된다.
서비스는 직업인만의 영역이 아니라, 누구나 일상에서 실천할 수 있는 존중과 배려의 행동이다.

② 서비스 마인드는 상황을 판단하고 행동하는 기준이 된다.

서비스는 정해진 방식만으로 이루어지지 않는다.
상황에 따라 고객의 요구가 달라지고, 이에 따라 반응도 달라져야 한다.
표정, 말투 하나가 고객의 인상에 영향을 주며, 예상치 못한 상황에서는 기계적인 대응보다 유연한 판단과 행동이 필요하다. 좋은 서비스는 매뉴얼 암기가 아니라, 상황을 이해하고 적절히 대응하는 태도에서 나온다.

③ 서비스 마인드는 신뢰와 기억을 남기는 힘이 있다.

서비스는 눈에 보이지 않지만, 고객의 마음에는 분명히 남는다. 진심 어린 태도는 고객의 기대를 넘어서는 만족으로 이어지고, 그 경험은 하나의 이미지로 기억된다.
좋은 서비스를 받은 고객은 감동을 느끼고, 다시 그 서비스를 찾게 된다. 결국 서비스 마인드는 고객과의 신뢰를 형성하고 관계를 이어가는 바탕이 된다.

제 2 장

서비스 트렌드의 이해

학습목표

1. 현대사회의 서비스 트렌드를 이해할 수 있다.
2. 시대에 요구에 따른 서비스 인재를 파악할 수 있다.

우리가 경험하는 서비스는 빠르게 바뀌고 있다. 단순한 응대보다, 고객이 어떤 경험을 했는지가 더 중요해졌다. 이제는 정해진 절차만 따르는 인재보다, 상황을 파악하고 유연하게 대응하는 인재가 필요하다. 디지털 기술을 활용하고, 감정을 공감할 줄 아는 태도도 중요해지고 있다. 이 장에서는 현대사회의 서비스 변화와 함께 기업이 요구하는 서비스 인재상과 직무의 변화에 대해 살펴본다.

우리는 매일 다양한 형태의 서비스를 경험하고 있다. 하지만 그 안에서 무엇이 바뀌고 있는지, 왜 달라졌는지를 인식하고 있는 사람은 많지 않다.

서비스는 단순한 친절을 넘어서, 고객의 경험, 기술의 융합, 그리고 사회적 가치까지 포함하는 방향으로 진화하고 있다.

지금부터 배우게 될 다섯 가지 서비스 트렌드를 살펴보기 전에, 먼저 여러분이 현재 서비스를 어떻게 이해하고 있는지 스스로 점검해 보자. 이 진단은 학습을 시작하기 전에 나의 서비스 감각을 깨우는 출발점이 될 것이다.

서비스의 트렌드 이해 셀프 체크

[척도 : 1점 매우 아니다 ~ 5점 매우 그렇다]

		1점	2점	3점	4점	5점
1	서비스는 시대와 기술에 따라 계속 바뀐다고 생각한다.					
2	고객은 단지 '결과'보다, '서비스 받는 과정의 경험'을 더 중요하게 여긴다고 생각한다.					
3	기업들은 고객마다 다른 취향과 상황을 고려한 맞춤형 서비스를 제공하려고 노력한다고 느낀다.					
4	요즘은 키오스크, 챗봇, 앱 등을 활용한 디지털 서비스가 일상적으로 사용된다고 생각한다.					
5	서비스 인재는 예전처럼 매뉴얼대로만 일하는 사람이 아니라, 상황에 따라 유연하게 판단하는 사람이라고 생각한다.					
6	서비스 기업에서는 고객 데이터를 분석해 더 나은 서비스를 제공하려 한다고 알고 있다.					
7	서비스 직무는 단순 반복보다 창의적 판단과 문제 해결이 더 중요해지고 있다고 생각한다.					
8	내가 최근 이용한 서비스 중 디지털 기술이 접목된 경험이 떠오른다.					
9	요즘은 비대면 환경에서도 예의와 감정 표현이 중요하다고 느낀다.					
10	미래의 서비스 인재는 디지털 기술과 감성을 모두 갖춘 사람이 되어야 한다고 생각한다.					
합계						

- **40점 이상**: 서비스 트렌드에 대한 인식이 매우 높습니다. 실제 사례와 연결해 보며 이해를 확장해 보세요.
- **30~39점**: 기본 개념은 잘 알고 있습니다. 수업을 통해 체계적으로 정리해 보는 것이 좋습니다.
- **29점 이하**: 아직 서비스 트렌드에 대한 인식이 낮은 편입니다. 이 장의 학습을 통해 기초부터 차근차근 익혀봅시다.

1 모바일 기반과 무인 서비스

스마트폰과 디지털 기술은 우리의 생활뿐만 아니라 서비스 방식도 빠르게 바꾸고 있다. 오프라인 중심이던 서비스는 모바일과 온라인을 통해 시간과 장소의 제약 없이 제공되기 시작했다. 특히 무인 시스템이 확산되면서, 고객 스스로 서비스를 선택하고 이용하는 방식이 일상화되고 있다.

1) 모바일 기반 서비스

모바일 기기는 이제 현대인의 일상에서 빠질 수 없는 도구가 되었다. 많은 사람들은 아침에 눈을 뜨자마자 가장 먼저 스마트폰을 확인하며 하루를 시작하고, 하루의 마지막 순간까지도 모바일 기기와 함께한다.

이처럼 디지털 기기가 생활 전반에 깊숙이 자리 잡으면서, 서비스 산업에서도 디지털 전환(Digital Transformation)이 본격화되고 있다. 디지털 전환이란, 기존의 오프라인 중심 서비스 방식에서 벗어나 모바일, 온라인, 인공지능, 데이터 기반 기술을 활용하여 서비스 제공 방식을 새롭게 바꾸는 흐름을 의미한다. 이는 단순히 기술의 사용을 넘어 고객의 이용 방식과 기업의 운영 방식까지 변화시키는 근본적인 전환이라 할 수 있다.

PLUS 들여다보기

서비스의 공간과 시간이 달라졌다

디지털 전환은 서비스의 '공간'과 '시간' 개념을 완전히 바꾸어 놓았어요.
모바일 기반 서비스가 대표적인 예죠.
스마트폰이나 태블릿을 이용하면 언제 어디서나 원하는 서비스를 바로 이용할 수 있어요.
예전에는 은행 창구를 찾아가야 했던 업무도,
지금은 모바일 뱅킹 앱 하나로 계좌 조회부터 대출 신청까지 모두 해결돼요.

모바일 기반의 서비스로 인해 현대사회에 나타나는 특징은 다음과 같다.

(1) 언제 어디서나 가능한 서비스

모바일 서비스는 시간과 장소의 제약 없이 이용할 수 있다. 예를 들어, 밤늦게 도서관에서 공부하던 학생이 간단히 배달 앱으로 야식을 주문하거나, 지하철을 타고 이동하는 짧은 시간에 모바일 뱅킹으로 송금 업무를 처리할 수 있다. 이동 중, 대기 중에도 효율적인 생활이 가능하게 되는 것이 가장 큰 장점이다.

(2) 개인 맞춤형 서비스

모바일 서비스는 사용자의 위치, 검색 기록, 이용 이력 등을 바탕으로 가장 적합한 정보를 자동으로 추천한다.

예시 음악 스트리밍 앱 → 선호 장르 추천
쇼핑 플랫폼 → 관심 상품 자동 노출

개인화된 서비스는 고객의 만족도와 재방문율을 높이는 핵심 요소다.

(3) 즉각적인 응답과 실행이 가능한 서비스

모바일 서비스는 대기 시간 없이, 손끝의 터치만으로 즉시 반응한다. 배달 주문, 차량 호출, 콘텐츠 스트리밍 등 다양한 서비스가 실시간으로 이루어지며, 즉각적인 반응 속도가 고객의 기대 수준을 충족시키고 반복 이용으로 이어진다. 모바일 기반 서비스는 우리의 생활을 더욱 편리하고 효율적으로 만들어주고 있다. 정보 접근성이 높아지고, 선택의 폭이 넓어지며, 시간 활용의 유연성도 커졌다. 하지만 동시에, 디지털 기기에 대한 과도한 의존, 개인정보 노출, 기술 격차에 따른 소외 문제 등 새로운 사회적 과제도 함께 등장하고 있다.

모바일 서비스와 함께하는 24시간

시간대	활동예시	주요 모바일 서비스 유형
07:00 ~ 08:00	기상 후 뉴스 확인, 날씨 앱, 알람 끄기	날씨, 뉴스, 알람앱
08:00 ~ 09:00	통학 중 음악 스트리밍, 메신저 사용, 시간표 확인	음악 스트리밍, 메신저, 시간표앱
09:00 ~ 12:00	수업 중 LMS 확인, 온라인 강의신청, 자료검색	LMS, YouTube, 자료 검색포털
12:00 ~ 13:00	모바일 앱으로 점심 주문, 배달앱 사용	배달앱, 간편결제
13:00 ~ 17:00	과제 제출, 강의 복습, 도서관 좌석 예약	LMS, 도서관앱, 메모앱
17:00 ~ 19:00	SNS, 메신저, 카페 후기 검색, 운동앱	SNS, 지도앱, 리뷰앱, 운동앱
19:00 ~ 21:00	모바일쇼핑, OTT 콘텐츠 시청	쇼핑앱, OTT 서비스(Netflix 등)
21:00 ~ 23:00	메신저, SNS, 간단한 게임, 수면 관리 앱	SNS, 게임, 수면유도앱
23:00 ~ 00:00	다음날 일정 확인, 알람 설정, 스트레칭 앱	캘린더, 알람, 웰니스앱

2) 무인 서비스

모바일 기기의 보편화와 함께, 서비스 산업 전반의 디지털 전환도 빠르게 진행되고 있다. 그중에서도 가장 눈에 띄는 변화는 바로 무인 서비스의 일상화다. 사람을 직접 만나지 않고도 스스로 원하는 서비스를 선택하고 이용할 수 있는 환경이 이제는 매우 자연스럽고 익숙한 모습이 되었다.

요즘 우리는 무인 서비스를 특별하게 여기지 않는다. 패스트푸드점에서 키오스크를 이용해 메뉴를 고르고 카드로 결제한 후, 호출 벨을 받아 자리에 앉는 전 과정이 더 이상 낯설지 않은 '일상적인 서비스 경험'이 되었다. 무인 서비스는 카페, 편의점, 영화관은 물론, 기숙사 출입이나 도서관 출입까지 다양한 공간에서 적용되고 있다.

PLUS 들여다보기

왜 무인 서비스가 확산될까요?

무인 서비스가 빠르게 퍼지게 된 데에는 고객과 기업 모두에게 이득이 되는 구조가 있기 때문이에요.

- **고객 입장**

대기 없이 빠른 처리 가능
불필요한 대면 없이 편리한 이용 가능

- **기업 입장**

인건비 절감, 운영의 효율성 및 정확성 확보
반복 업무 자동화로 전체 서비스 품질의 균일성 유지

특히 코로나19 팬데믹 이후, '비대면'이 안전과 직결되면서 무인 서비스는 더 이상 선택이 아닌 기본 구조로 자리 잡게 되었어요.

무인 서비스 도입 후 현대사회에는 아래와 같은 다양한 측면의 변화가 나타나고 있다.

(1) 고객 응대 방식의 변화

과거의 서비스 현장에서는 대부분의 고객 응대가 직원 중심으로 이루어졌다. 직원의 표정, 말투, 눈맞춤, 응대 태도는 고객에게 따뜻함과 신뢰감을 전달하는 중요한 수단이었으며, 이러한 정성 어린 상호작용은 서비스의 전반적인 품질을 결정짓는 요소로 작용했다. 직원 한 사람의 태도가 고객의 만족도는 물론, 재방문 의사와 브랜드 이미지에까지 큰 영향을 미쳤던 것이다.

(2) 스스로 이용하는 서비스 구조

무인 시스템이 도입되면서 서비스의 구조는 크게 변화했다. 이제 고객은 더 이상 직원에게 직접 요청하지 않아도, 키오스크나 모바일 앱을 통해 메뉴를 고르고, 결제하고, 대기 순서를 확인할 수 있다.

서비스는 사람을 거치지 않고도 자동으로 흐르는 구조로 바뀌었고, 그 결과 응대의 속도와 효율성은 높아졌지만, 직원과 고객 사이의 정서적 연결감이나 유대감은 줄어들게 되었다.

(3) 놓치기 쉬운 서비스의 온도

무인 서비스가 빠르고 정확한 것은 분명하지만, '섬세한 응대'나 '감정 읽기' 같은 감성적인 부분은 기계가 대체하기 어렵다.

예를 들어,

- 단골 고객의 기분을 알아채는 눈빛
- 말하지 않아도 챙겨주는 친절함
- 고객 상황에 맞는 말투와 표현

이런 비언어적 서비스 요소들은 사람만이 줄 수 있는 경험이다.

무인 서비스가 확산되는 지금, 우리는 다시 '효율'과 '정서' 사이의 균형에 대해 고민해야 할 시점에 와 있다.

패스트푸드의 무인 서비스 등장 전후

구분	도입 전	도입 후
주문 방식	매장 직원에게 직접 말로 주문	키오스크에서 직접 터치해 주문
결제 방식	직원 POS에서 현금 또는 카드 결제	키오스크에서 카드·모바일 간편결제
대기 방식	주문 후 카운터 앞에 줄 서서 대기	주문번호를 받고 자리에 앉아 대기, 디스플레이에 번호표출
고객 응대	직원과의 대화 통해 선택·추천	추천 메뉴, 옵션 선택 모두 화면에 안내됨
서비스 속도	피크시간에는 줄이 길고 대기 길어짐	여러 명이 동시에 키오스크 주문 가능→ 회전율 증가
고객경험	대화과정에서 친근감, 소통가능	비대면으로 효율성은 높지만, 정서적 소통은 줄어듦
직원 역할	주문·결제·응대·정산 등 다수 역할 담당	조리, 매장청결 유지, 키오스크 보조 등 역할 재조정

PLUS 들여다보기

기술 중심 시대일수록 더 중요한 것

무인 서비스는 단순히 '사람이 없는 서비스'가 아니라,
고객이 스스로 선택하고 조작할 수 있도록 설계된 하나의 서비스 방식이에요.
따라서 기술이 중심이 되는 시대일수록
오히려 고객의 입장을 고려한 세심한 배려와 보완 장치가 더욱 중요해져요.

(4) 하이브리드 서비스의 등장

기술에 익숙한 고객에게 무인 서비스는 매우 편리할 수 있다. 그러나 다음과 같은 고객층에게는 오히려 장벽이 될 수 있다.

- 기계 조작에 익숙하지 않은 고령자
- 장애를 가진 고객
- 인간적인 소통을 원하거나 심리적 배려가 필요한 고객

이처럼 기계만으로는 완벽하지 않은 상황이 존재하기 때문에 최근에는 '하이브리드 서비스(hybrid service)'가 중요한 대안으로 주목받고 있다. 하이브리드 서비스란 무인 시스템과 직원의 응대가 적절히 결합된 서비스 방식이다.

- 키오스크 옆에 도우미 직원이 상시 대기해 사용법을 안내하는 경우
- 무인 계산 후, 고객의 요청에 따라 직원이 후속 응대를 제공하는 경우
- 셀프 체크인 도중 문제가 생기면 현장 직원이 바로 지원하는 구조

하이브리드 서비스 적용

- 키오스크 옆에 도우미 직원이 상시 대기해 사용법을 안내하는 경우
- 무인 계산 후, 고객의 요청에 따라 직원이 후속 응대를 제공하는 경우
- 셀프 체크인 도중 문제가 생기면 현장 직원이 바로 지원하는 구조

업종별 하이브리드 서비스 방식

업종	하이브리드 서비스 방식
패스트푸드점	키오스크로 주문하되, 옆에 직원이 설명·보조
호텔	모바일 체크인 후 로비 직원이 객실 안내 및 문의 응대
은행	비대면 창구(디지털 키오스크) + 직원 도움 데스크 병행
도서관	자가 대출 기기 + 자료 찾기 어려운 경우 사서 지원

3) 모바일 기반과 무인 서비스에 의한 고객 행동 변화

(1) 더 빠르게: 빠른 서비스가 기본이 된 시대

디지털 기술이 서비스에 적용되면서, 고객은 예전보다 더 빠르고 즉각적인 서비스를 기대하게 되었다. 배달 앱, 모바일 뱅킹, 택시 호출 서비스처럼 손 안에서 실시간으로 처리되는 경험에 익숙해진 고객은 기다림 자체를 불편하게 느끼는 경우가 많아졌다.

예전처럼 "조금만 기다려주세요"라는 말이 당연하게 받아들여지지 않고, 서비스 속도 자체가 품질의 기준이 되는 흐름이 생겨나고 있다.

(2) 더 주도적으로: 고객은 이제 스스로 선택하고 조작

이전에는 고객이 서비스를 일방적으로 제공받는 위치에 있었다면, 지금은 직접 메뉴를 선택하고, 옵션을 고르고, 앱을 통해 필요한 기능을 설정하는 등 서비스 이용을 스스로 조작하는 방식에 익숙해졌다.

내가 직접 고르는 서비스

- 커피 주문 시 시럽 추가
- 우유 종류 변경 등을 고객이 앱이나 키오스크에서 직접 설정하는 것
- 항공 탑승이나 호텔 체크인 역시 사전에 고객이 원하는 방식으로 준비

(3) 더 솔직하게: 감정 표현도 더 솔직하고 공개적으로

고객은 서비스에 대한 생각이나 감정을 리뷰, 별점, SNS 등 다양한 채널을 통해 바로 표현한다. 좋았던 점은 칭찬하고, 아쉬웠던 점은 공개적으로 남기며 다른 소비자와도 공유하는 문화가 일반화되었다. 기업 입장에서는 고객의 피드백이 실시간으로 공개되는 만큼, 하나의 작은 실수도 브랜드 이미지에 영향을 줄 수 있어 더욱 섬세한 고객 응대가 필요해지고 있다.

2 인공지능(AI)과 데이터 기반 추천 서비스

1) 인공지능(AI)으로 응대하는 서비스

(1) 텍스트 기반의 AI 응대: 챗봇(Chatbot)

최근 인공지능(AI)은 다양한 산업 분야에서 활용되고 있으며, 특히 고객 응대 영역에서 그 활용 범위가 빠르게 확대되고 있다. 고객은 이제 전화를 걸거나 직접 방문하지 않아도, 웹사이트나 애플리케이션 내에 탑재된 AI 기반의 챗봇(Chatbot)을 통해 정보를 얻고 문제를 해결할 수 있다. 챗봇(Chatbot)은 고객이 기업의 웹사이트나 모바일 애플리케이션을 통해 문자 기반으로 질문을 입력하면, 사전에 학습된 데이터에 따라 자동으로 답변을 제공하는 대화형 자동 응대 시스템이다.

챗봇은 주로 반복적으로 발생하는 문의에 대응하는 데 효과적이다. 예를 들어, 항공사에서는 항공편 조회, 수하물 규정 안내, 탑승 절차 문의 등을 24시간 빠르게 처리할 수 있도록 챗봇을 운영하고 있으며, 전자상거래 플랫폼에서는 배송 현황, 교환 · 환불 신청, 적립금 조회 등을 안내하고 있다.

챗봇의 가장 큰 장점은 고객의 문의를 대기 없이 즉시 처리할 수 있다는 점이며, 기업 입장에서는 고객센터 운영 비용을 줄이면서도 일관된 서비스 품질을 유지할 수 있다는 이점이 있다. 다만, 질문이 복잡하거나 고객의 의도가 명확하지 않은 경우 챗봇의 한계가 드러날 수 있으며, 이럴 때는 사람 상담원과의 연계가 필요하다.

PLUS 들여다보기

대한항공의 'KALi'라는 이름의 챗봇

항공편 조회 및 예약 안내

출발지, 도착지, 날짜 입력 시 항공편 정보를 안내함

수하물 규정 및 추가 수하물 요금 안내

기내 반입 가능 품목, 수하물 허용 중량 등 정보를 제공

탑승 수속 및 체크인 방법 안내

모바일 체크인 절차, 좌석 선택 방법 등을 설명

항공권 취소 및 변경 절차 안내

수수료, 일정 변경 가능 여부 등 자주 묻는 질문에 자동 응답

호텔 체인의 챗봇

객실 예약 안내 및 실시간 문의 응답

· 예약 가능 객실 확인
· 요금 및 혜택 안내
· 예약 취소 및 변경 규정 설명

부대시설 이용 안내

· 조식 운영 시간, 피트니스 센터, 수영장, 주차장 등 시설 이용 정보 제공
· 이용 가능 시간 및 위치 안내

체크인·체크아웃 절차 안내

· 모바일 체크인 방법 안내
· 얼리 체크인 및 레이트 체크아웃 가능 여부 확인

맞춤형 고객 응대 기능

· 투숙 이력 및 선호 정보를 바탕으로 개인 맞춤형 서비스 제안
· 프로모션, 룸서비스 추천 등 개인화 메시지 제공

다국어 대응 및 비대면 상담 기능

· 카카오톡, 전용 앱, 웹사이트 등 다양한 채널에서 24시간 응대
· 외국인 고객을 위한 자동 번역 기능 탑재 > 언어 장벽 완화

Expedia 챗봇의 주요 기능

예약 내역 및 일정 안내

항공권, 호텔, 렌터카 예약 정보와 체크인 시간 실시간 제공

여행 변경 및 취소 지원

일정 변경, 취소 절차 안내 및 수수료·환불 규정 자동 응답

맞춤형 여행 정보 추천

예약 이력과 선호 기반 여행지·숙소·할인 프로모션 제안

다양한 채널 연동

웹사이트 외 소셜미디어 메신저로 간편 접근 가능

24시간 비대면 대응

챗봇 자동응대 + 복잡한 요청 시 상담원 연결로 유연한 서비스 제공

(2) 음성 기반의 AI 응대: 보이스 어시스턴트(Voice Assistant)

보이스 어시스턴트는 사용자의 음성 명령을 인식하여 정보 제공이나 기능 실행을 자동으로 처리하는 AI 기반의 응대 서비스이다. 사용자는 단순히 음성으로 질문하거나 요청을 전달하면, 기기가 이를 해석해 적절한 응답을 제공한다. 예를 들어 "내일 날씨 알려줘", "오전 9시에 알람 맞춰줘", "강의실까지 가는 길 알려줘" 등의 요청이 여기에 해당한다.

이러한 서비스는 우리의 일상에도 이미 익숙하게 활용되고 있다. 아침에 스마트폰 음성 비서에게 오늘 수업 일정을 확인하고, 버스를 기다리는 동안 "가장 빠른 경로 알려줘"라고 묻거나, 시험 기간에 "다음 알람 50분 뒤에 설정해 줘"라고 요청하는 일들이 자연스럽게 활용되고 있다. 음성으로 정보를 검색하거나 앱을 실행하는 경험은 시간을

절약하고 편의성을 높여주는 중요한 수단이 되고 있다.

관광서비스 산업에서도 보이스 어시스턴트의 활용이 점차 확대되고 있다. 일부 호텔에서는 객실 내 AI 스피커를 통해 조명, 온도, 음악을 음성으로 조절할 수 있도록 하여, 고객이 리모컨이나 벽면 조작 없이도 편리하게 시설을 이용할 수 있도록 돕고 있다. 또한 항공사나 공항 앱에서도 "탑승 수속 알려줘", "짐 부치는 위치 알려줘"와 같은 음성 명령을 통해 탑승 관련 정보를 간편하게 확인할 수 있는 기능이 제공되고 있다.

음성 기반 응대 서비스는 특히 손을 자유롭게 사용할 수 없는 상황에서 유용하게 활용되며, 디지털 환경에 익숙하지 않은 고객에게도 직관적인 이용 경험을 제공한다. 그러나 발음, 억양, 언어 표현 방식에 따라 인식 오류가 발생하거나, 소음 환경에서는 정확도가 떨어질 수 있다는 점에서 아직 보완이 필요한 기술이기도 하다.

앞으로는 음성 응대 기술이 더 발전할 것으로 기대된다. 특히 '자연어 처리(Natural Language Processing, NLP)'라는 기술이 발달하면서 AI가 단순한 단어만 인식하는 것이 아니라, 사람이 말하는 흐름과 상황을 이해하고 그에 맞는 대답을 할 수 있는 능력도 점점 좋아질 것이다. 예를 들어, 단순히 "비행기 예약해 줘"라는 명령뿐만 아니라, "이번 주 금요일쯤 제주도 가는 비행기 예약해 줄래?"처럼 복잡한 문장이나 상황까지 이해해서 처리할 수 있는 시스템으로 발전하고 있다. 또한 앞으로는 문자, 음성, 실제 사람 상담원이 함께 연결되는 '다채널 고객 응대 시스템'이 더 많이 쓰일 것으로 보인다. 즉, 고객은 원하는 방식으로 서비스를 이용할 수 있고, 기계와 사람이 적절하게 역할을 나누는 구조가 서비스 산업의 새로운 기준이 될 것이다.

인공지능 서비스의 장점 및 한계

인공지능(AI) 서비스	장점	한계
챗봇 (Chatbot)	• 텍스트 기반으로 사용이 직관적임 • 자주 묻는 질문(FAQ)에 빠른 응답 가능 • 24시간 응대 및 인건비 절감 효과 • 기록이 남아 응대 이력 관리 용이	• 복잡한 문의나 문맥 이해에 한계 있음 • 감정적인 대응 부족 • 사전 등록된 질문 외 응답 어려움 • 사용자의 표현 방식 차이에 민감함
보이스 어시스턴트 (Voice Assistant)	• 손을 사용하지 않아도 조작 가능 • 직관적인 음성 명령으로 접근성 우수 • 이동 중 또는 바쁜 상황에서도 사용 가능 • 대화방식에 익숙한 사용자에게 편리함	• 억양·발음·속도에 따라 인식 오류 • 주변 소음에 민감 • 복합적인 요청 이해에 한계 • 프라이버시·개인정보수집에 대한 우려

2) 데이터 기반의 추천 서비스

"왜 내가 좋아하는 브랜드 할인 정보가 먼저 뜰까?"

"어떻게 내가 고민했던 숙소가 오늘 또 추천에 나오는 걸까?"

"언제 주문했는지도 기억 안 나는데, 앱은 내가 뭘 좋아하는지 알고 있는 것 같아."

요즘 우리가 자주 느끼는 이런 경험은 모두 데이터 기반 서비스 덕분이다. 기업은 고객의 클릭, 검색, 선택, 구매, 심지어 머무는 시간까지 세밀하게 기록된 데이터를 분석해, 무엇을 언제 보여줄지, 어떤 선택을 유도할지 예측하고 설계한다.

이렇게 만들어진 서비스는 단순한 편리함을 넘어, 고객을 이해하고 반응하는 똑똑한 시스템으로 발전하고 있다.

일상의 추천 서비스

온라인 매체	서비스
온라인 쇼핑몰	장바구니에 담아둔 상품의 가격이 인하되면 알림을 보내준다.
음식 배달 앱	사용자의 주문 시간대와 메뉴 선호도를 분석해, 익숙한 메뉴를 특정 시간대에 추천한다.
음악 스트리밍 앱	자주 듣는 장르나 아티스트를 기반으로 새로운 곡을 추천한다.
OTT 서비스	시청 이력을 분석해 사용자가 선호할 만한 콘텐츠를 자동으로 제안한다.
호텔	고객의 체크인 시간 패턴을 분석해 사전 얼리 체크인 서비스를 제안한다.
항공사	좌석 선택 이력을 기반으로 등급별 혜택이나 맞춤형 좌석 추천 서비스를 제공한다.
여행사	자주 검색한 지역과 이동 시기 데이터를 분석해, 고객에게 맞춤형 여행지, 숙소, 체험 상품을 추천한다.

이처럼 데이터는 기업의 효율적인 운영과 정밀한 마케팅 전략을 가능하게 하고, 고객에게는 개인화된 편리한 서비스 경험을 제공하는 핵심 자원이 되고 있다.

하지만 이 모든 과정에는 중요한 조건이 있다. 바로 고객의 신뢰와 이해다. 데이터 기반 서비스가 진정으로 '스마트'해지기 위해서는, 단순한 정보 제공을 넘어, 개인의 데이터가 어떻게 수집되고 활용되는지를 명확히 안내하고, 고객의 동의와 개인정보를 철저히 보호하려는 노력이 함께 이루어져야 한다. 고객이 신뢰할 수 있을 때, 데이터는 기업과 고객 모두에게 더 큰 가치를 만들어내는, 진정한 의미의 스마트한 서비스로 자리 잡을 수 있다.

3 고객경험 중심의 서비스 설계

1) 고객 입장에서 서비스 흐름 생각하기

과거에는 상품의 기능, 가격, 품질과 같은 결과 중심 요소가 서비스 선택의 기준이 되곤 했다. 하지만 이제는 '그 상품이나 서비스를 어떻게 경험했는가'가 더 중요한 판단

기준으로 떠오르고 있다. 단순히 결과가 좋았는가보다, 처음부터 끝까지 어떤 흐름과 느낌 속에서 서비스를 이용했는지가 고객의 만족도와 재이용 의사에 직접적인 영향을 준다. 이제 고객은 '구매'보다 '경험'을 통해 브랜드를 평가하고 기억한다.

예를 들어, 식당을 선택할 때 음식의 맛만으로 판단하지 않고, 앱 예약의 편리함, 대기 시간의 안내, 직원의 인사와 말투, 메뉴판의 디자인, 조명의 분위기까지 서비스 전체의 흐름과 감정적 인상을 종합적으로 느끼고 평가한다.

이처럼 고객은 서비스를 순간이 아니라 여정으로 인식하며, 각 단계가 어떻게 연결되고 어떤 감정을 주었는지가 중요해지고 있다. 따라서 서비스는 시작부터 마무리까지 끊김 없는 흐름을 설계하는 것이 매우 중요하다.

- 고객은 단순한 '결과'보다 경험의 전 과정을 더 중요하게 평가함
- 서비스는 예약 → 이용 → 마무리까지 흐름이 자연스럽게 이어져야 함
- 좋은 서비스는 편리함 + 감정 고려 + 단계별 끊임 없는 연결을 포함해야 함
- 서비스 흐름 전반은 브랜드 이미지, 고객 만족도, 재방문 여부에 직접적인 영향을 줌
- 설계되지 않은 흐름은 고객의 불편 · 혼란으로 이어져 브랜드 신뢰도 하락으로 연결될 수 있음

소비자 입장에서의 경험 중심 서비스

- 음식 주문 앱에서 주문~배달까지 소요 시간, 알림, 포장 상태까지 경험으로 평가
- 카페에서 음료 맛뿐 아니라 주문 방식, 인테리어, 직원의 미소까지 기억에 남음
- 병원 접수 시, 앱으로 순번 확인 가능 여부가 편의성과 신뢰도에 영향을 줌

단순 구매 중심 vs. 고객경험 중심

구분	단순 구매 중심	고객경험 중심
서비스 인식 방식	필요한 것을 사는 행위	브랜드와 감정을 공유하는 여정
고객의 역할	소비자	참여자, 공감자
중요한 요소	가격, 제품의 기능, 빠른 결과	전 과정의 만족도, 감정, 기억에 남는 순간
평가 기준	"싸고 괜찮았어"	"처음부터 끝까지 나를 배려해 줬어"
관계의 깊이	일회성 거래	지속적 관계, 브랜드 충성도 형성

2) 감성적 연결과 맞춤형 경험 제공하기

서비스는 단순히 물건을 사고파는 '거래'가 아니라, 사람 사이의 감정과 신뢰가 오가는 경험으로 변화하고 있다. 요즘 고객은 단지 기능적인 만족뿐 아니라 "나를 이해해 주고 배려해 주는 느낌"을 줄 수 있는 서비스를 기대한다. 예를 들어, 카페에서 주문한 커피가 늦게 나왔지만 직원이 "기다려주셔서 감사합니다"라는 따뜻한 말 한마디를 건넨다면 그 경험은 오히려 긍정적인 기억으로 남게 된다. 감정을 고려한 서비스는 단순한 응대 그 이상의 가치를 만들어낸다.

또한 고객마다 기대하는 바와 상황이 다르기 때문에, 최근에는 개인의 상황과 취향을 반영한 맞춤형 경험을 제공하는 서비스가 늘어나고 있다. 이러한 접근은 고객에게 '이 브랜드는 나를 아는구나'라는 감정적 연결을 만들어내며 브랜드에 대한 신뢰와 호감을 쌓는 데 효과적이다.

- **쇼핑몰**: 생일에 자동으로 쿠폰을 보내주는 브랜드
- **커피숍**: 고객 이름을 컵에 적거나, 개인의 커피 취향을 기록해 다음 방문 시 반영
- **항공사**: VIP 고객에게 선호 좌석, 식사 유형을 기록해 미리 배정
- **호텔**: 재방문 고객에게 지난 투숙 시 요청했던 베개나 온도 세팅을 동일하게 준비

4 지속가능성과 포용적 서비스

1) 환경을 생각하는 지속가능한 서비스

이제 기업은 단순히 상품을 잘 만들거나 가격 경쟁력을 갖추는 것만으로는 고객의 선택을 받기 어렵다. 많은 소비자들이 “이 회사가 사회에 어떤 긍정적인 영향을 주고 있는가?”에 더욱 주목하고 있기 때문이다. 특히 환경을 보호하거나, 소외 없는 서비스를 제공하는 기업일수록 신뢰와 지지를 얻고 있다. 이처럼 서비스 분야에서도 지속가능성(sustainability)과 사회적 가치(social value)를 중심으로 한 흐름이 점차 확대되고 있다.

고객은 단순한 만족을 넘어, ‘가치 있는 소비’, 즉 의미 있는 경험을 추구하고 있으며, 이에 따라 기업의 서비스도 그 방향에 맞춰 변화하고 있다.

요즘 많은 기업들이 환경을 보호하기 위한 다양한 서비스를 제공하고 있다. 예를 들어, 커피전문점에서는 텀블러를 가져오면 할인 혜택을 주고, 호텔에서는 일회용품 사용을 줄이기 위해 리필형 어메니티를 도입하고 있다. 음식 배달 서비스에서도 친환경 포장재를 사용하는 경우가 늘고 있다.

이런 서비스는 단순히 기업 이미지를 좋게 만들기 위한 것이 아니라, 실제로 환경에 긍정적인 영향을 주기 위해 설계된 것이다. 고객도 이런 서비스에 참여함으로써 ‘가치 소비’를 실천할 수 있다. 작은 실천이 모여 큰 변화를 만든다. 기업과 고객이 함께 참여할 때 지속가능한 미래가 만들어진다.

PLUS 들여다보기

대한항공의 착한 서비스 실천 사례에 대해 알아볼까요?

출처: 대한항공 뉴스룸

지속가능항공유(SAF) 도입

- 2017년 국내 최초로 SAF(지속가능항공유)를 사용한 시범 운항을 실시함
- 정기 노선에도 SAF를 점진적으로 확대 적용함
- 2021년 현대오일뱅크와 SAF 제조 및 공급 협약 체결
- 2026년부터 쉘(Shell)과 협력하여 아시아·중동 지역 공항에서 SAF 우선 공급 예정

고효율 친환경 항공기 도입

- A220, A321neo, B787-9, B737-8 등 연료 효율이 높은 항공기 도입
- 기존 항공기 대비 탄소 배출량 약 20~25% 절감 효과
- 2028년까지 총 90대의 친환경 신형기 추가 도입 예정

기내 일회용품 감축

- 단거리 노선에서 플라스틱 식기를 대나무 소재로 변경
- 식품 포장재를 종이(크래프트지)로 바꾸어 친환경화
- 연간 약 65톤의 플라스틱 사용량 절감 효과 달성

화물 부문 친환경 포장재 사용

- 화물 운송 시 재생 비닐을 50% 혼합한 친환경 포장재 사용
- 온실가스 배출량 감소에 기여

탄소중립을 위한 ESG 채권 발행

- 2021년, 국내 항공사 최초로 2,000억 원 규모 ESG 채권 발행
- 신형기 도입 등 친환경 프로젝트에 자금 활용

지역사회와 함께하는 환경 보호 활동

- 델타항공과 협력해 미국 산타모니카 해변 정화 활동 전개
- 몽골 사막에 나무 심기, 서울 하천 정화 등 사회공헌활동 수행

항공 폐기물로 업사이클링 제품

-퇴역한 항공기 자재를 이용해 네임택과 골프 볼 마커

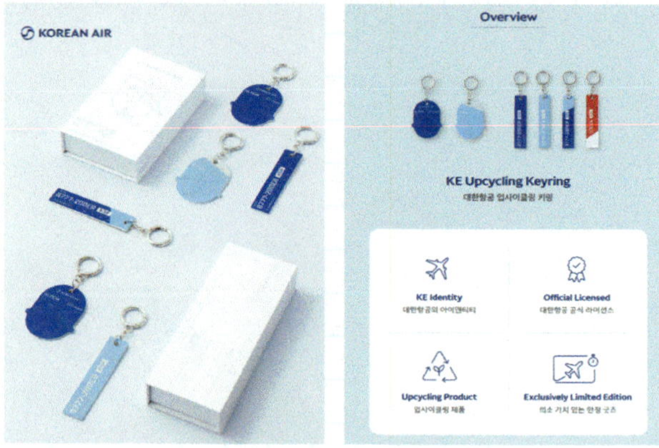

대한항공 업사이클링 굿즈

출처: https://www.e-skyshop.com/KR/prod/productView.aspx?code=2360

2) 모두를 배려하는 포용적 서비스

포용적 서비스란 연령, 성별, 국적, 장애 여부, 소득 수준과 관계없이 모든 사람이 불편 없이 서비스를 이용할 수 있도록 설계된 서비스를 말한다. 이는 단순한 '편의 제공'이 아니라, 차별 없는 접근과 이용의 기회를 보장하기 위한 배려에서 시작된다.

예를 들어, 공공장소의 장애인 경사로와 점자 블록, 다국어로 안내되는 무인 키오스크, 고령자를 위한 큰 글씨 메뉴판이나 느린 응대 방식 등이 있다. 또, 영유아를 동반한 보호자를 위한 수유실이나 유아 의자 제공도 중요한 포용적 서비스 사례다.

최근에는 디지털 서비스 영역에서도 포용이 강조되고 있다. 시각장애인을 위한 음성 안내 앱, 청각장애인을 위한 문자 상담 서비스, 외국인을 위한 실시간 번역 앱 등이 그 예이다. 이러한 서비스는 소외계층의 불편을 줄이고, 다양한 고객층의 삶의 질을 높이는 데 기여한다.

기업이 이런 포용적 서비스를 제공하면, 단순히 고객 만족을 넘어서 사회적 신뢰도와 브랜드 이미지를 동시에 높일 수 있다. 고객은 "이 회사는 우리 사회를 진심으로 배려하는구나"라는 긍정적 인식을 갖게 되고, 그 경험은 고객 충성도로 이어진다.

결국, '모두를 위한 설계'는 곧 지속가능한 서비스의 출발점이다. 누구도 배제되지 않고 함께 서비스를 누릴 수 있는 세상, 그것이 오늘날 기업이 지향해야 할 진정한 서비스 가치라고 할 수 있다.

5 변화하는 서비스 인재

1) 절차 중심의 친절한 과거형 서비스 인재

서비스 산업은 고객의 기대가 높아지고 기술 환경이 빠르게 변화하면서, 서비스 인재상이 과거와는 다른 방향으로 변화하고 있다. 과거에는 밝은 인상과 예의 있는 태도만으로도 충분한 평가를 받을 수 있었다. 당시에는 정해진 절차를 정확히 따르고, 기본적인 예절을 지키는 것이 핵심 역량이었다. 예를 들어, 고객이 호텔에 도착하면 "어서 오십시오"라고 인사하고, 객실 키를 전달한 뒤 안내문을 설명하는 등 일련의 순서를 빠뜨리지 않는 것이 중요했다. 이처럼 과거의 서비스 인재는 매뉴얼에 따라 서비스를 제공하는 것을 우선시하였다.

2) 상황을 읽고 제안하는 현재형 창의적 서비스 인재

오늘날 고객은 각자 다른 기대를 가지고 서비스를 이용하며, 서비스를 받는 상황도 매우 다양해지고 있다. 같은 호텔을 찾은 고객이라도, 어떤 고객은 조용한 객실을 원하고, 어떤 고객은 SNS 인증 사진이 잘 나오는 공간을 선호할 수 있다. 이처럼 고객의 니즈가 다양해지면서, 서비스 인재에게는 더 높은 수준의 관찰력과 문제 해결 능력이 요구된다. 현대의 서비스 인재는 단순히 정해진 업무를 수행하는 사람이 아니다. "이 고객은 무엇을 기대할까?"를 먼저 고민하고, 그에 맞는 해결책을 창의적으로 제시할 수 있는 인재가 되어야 한다.

고객의 요청을 기다리는 것이 아니라, 먼저 상황을 읽고, 필요를 예측하며, 능동적으로 대응하는 태도가 중요하다.

또한 서비스 환경은 비대면 중심으로 빠르게 전환되고 있다. 키오스크, 호텔 예약 애플리케이션, 채팅 상담 시스템 등 디지털 플랫폼을 자유롭게 다루는 능력은 기본 소양이 되었다. 고객이 디지털 기기 사용에 어려움을 느낄 때, 이를 친절하게 안내하고 신속하게 문제를 해결할 수 있는 기술적 감각 또한 중요해지고 있다.

3) 기술과 감성을 조화롭게 갖춘 미래형 서비스 인재

미래의 서비스 인재는 단순히 디지털 기술을 사용할 줄 아는 사람이나, 고객에게 친절하게 대하는 사람만을 의미하지 않는다. 현대의 서비스 환경에서는 기계를 능숙하게 다루는 역량과 사람의 감정을 세심하게 이해하고 공감하는 태도를 함께 갖추는 것이 중요하다.

예를 들어, 무인 키오스크를 사용할 줄 아는 것만으로는 충분하지 않다. 고객이 기계 앞에서 당황하거나 불편함을 느낄 때, 그 감정을 알아차리고 자연스럽게 도움을 줄 수 있는 감성적 소통 능력이 요구된다. 이는 단순한 기술 능력이 아니라, 사람을 향한 관심과 이해에서 비롯되는 서비스 태도이다.

또한 온라인 채팅 상담이나 앱 기반 예약 시스템처럼, 대면하지 않고 이루어지는 서비스가 많아진 시대에는 디지털 플랫폼을 능숙하게 운영하는 능력과 함께, 비대면 상황에서도 고객이 신뢰하고 안심할 수 있도록 따뜻한 언어와 표현을 사용하는 능력이 필수적이다.

이러한 측면에서 미래의 서비스 인재는 디지털 기술에 유연하게 대응하면서도, 사람 중심의 공감 능력을 실천하는 융합형 인재라고 할 수 있다. 기계를 잘 다루는 손과, 사람의 마음을 읽는 눈을 동시에 가진 인재야말로 앞으로의 서비스 산업이 가장 필요로 하는 모습이다.

서비스 인재상

구분	과거의 서비스 인재상	현재의 서비스 인재상	미래의 서비스 인재상
핵심 가치	친절함, 인내심	공감 능력, 문제 해결력, 창의성	기술 감각과 감성 소통의 조화
역할 인식	지시된 업무를 수행하는 역할	고객경험을 설계하고 주도하는 역할	기술과 감정을 연결하는 융합형 역할
업무 태도	수동적·매뉴얼 중심	능동적·고객 맞춤 중심	유연하고 공감적인 디지털 대응 태도
의사소통 방식	정해진 대사·매뉴얼 전달	고객 감정과 상황에 맞는 맞춤형 소통	비대면 상황에서도 따뜻한 표현으로 신뢰 형성
필수 역량	밝은 표정, 예의 바른 말투	디지털 이해력, 감정 지능, 유연한 사고력	디지털 플랫폼 활용능력, 감성적 공감력

Check Point!

① 현대의 서비스 인재는 기술과 감성을 모두 이해하는 균형 잡힌 존재이다.

고객의 요구는 기능적 만족뿐 아니라 감정적 배려까지 포함하고 있다.
따라서 기계를 능숙하게 다루는 역량과 함께, 상대방의 감정을 읽고 공감하는 태도가 서비스 인재의 기본 요건이 되어야 한다.

② 서비스 직무의 변화는 단순한 절차 수행에서 고객경험을 설계하는 방향으로 발전하고 있다.

오늘날의 서비스 직무는 반복적인 응대가 아니라, 고객의 상황과 기대에 따라 유연하게 제안하고 반응하는 창의적인 역할로 바뀌고 있다.
이러한 변화는 곧 서비스 제공자에게 더 넓은 사고력과 문제 해결 능력을 요구하게 된다.

③ 디지털 기술의 확산은 모든 서비스 직무에 새로운 기준을 만들고 있다.

무인 시스템, 모바일 예약, 챗봇 상담 등 디지털 기반 환경에서는 단순한 기술 습득을 넘어 비대면 상황에서도 고객과 신뢰를 형성할 수 있는 소통 능력이 더욱 중요해지고 있다.

제 3 장

고객의 마음 이해하기

학습목표

1. 고객의 개념과 욕구, 다양한 특성을 이해하고 설명할 수 있다.
2. 관광서비스 현장에서 고객의 마음을 이해하는 태도의 중요성을 인식할 수 있다.

고객을 이해하는 것은 모든 서비스의 출발점이자 핵심이다. 고객은 단순히 상품이나 서비스를 구매하는 존재가 아니라, 감정을 지니고 관계를 중시하는 사회적 존재이다. 그렇기에 같은 서비스를 제공해도 어떤 고객은 만족하고, 또 어떤 고객은 불편함을 느낀다. 이는 각기 다른 욕구와 기대, 중요하게 여기는 가치가 다르기 때문이다.

진정한 서비스는 고객의 기대를 넘어 그들의 마음을 읽고, 공감하는 데서 완성된다. 세대별 가치관, 소비 성향, 문화적 배경에 따라 고객의 모습은 달라지며, 이러한 차이를 이해할 때 비로소 고객과의 관계는 신뢰로 이어진다. 고객을 향한 깊은 이해는 단순한 응대 기술을 넘어 서비스의 품격을 결정짓는 본질적인 힘이 된다.

이 장에서는 다양한 고객을 이해하고 그에 맞는 서비스를 제공하기 위한 기본적인 관점과 방법을 살펴보고자 한다.

1 고객의 정의

고객이라고 하면 대부분은 물건을 사고 서비스받는 사람을 떠올린다. 하지만 오늘날 고객의 의미는 그보다 훨씬 넓고 다양하다.

학교에서는 교육받는 학생이 고객이고, 병원에서는 진료받는 환자가 고객이다. 같은 조직 안에서도 함께 일하는 동료를 고객처럼 생각하고 존중하는 '내부고객'의 개념도 중요해지고 있다.

이처럼 고객은 단순한 손님이 아니라, 가치를 경험하고 그것을 통해 의미를 느끼는 존재이다. 고객을 어떻게 바라보느냐에 따라 서비스의 방식도 관계의 깊이도 달라진다.

고객은 다양한 장소와 상황에서 서비스를 경험하면서, 자신에게 필요한 가치를 얻고자 한다. 단순히 서비스를 받기만 하는 사람이 아니라, 그 경험에 따라 만족하거나 불만을 느끼며 적극적으로 반응하는 존재다. 만족한 고객은 다시 찾아오거나 주변에 좋은 말을 전하지만, 불편했던 고객은 부정적인 평가를 하기도 한다. 이처럼 고객의 경험은 기업에 큰 영향을 준다.

관광서비스산업에서도 고객은 매우 중요한 존재다. 호텔을 찾는 투숙객, 항공기를 이용하는 승객, 관광지를 방문한 여행객은 모두 좋은 서비스를 통해 만족과 감동을 기대한다. 그래서 서비스에 종사하는 사람은 고객을 단순한 손님이 아니라, 함께 가치를 만들어가는 소중한 파트너로 바라보아야 한다.

2 내부고객과 외부고객

1) 내부고객

내부고객은 같은 조직 내에서 함께 일하는 동료나 다른 부서를 말한다. 이들은 서로 협력하여 하나의 목표를 달성하는 데 중요한 역할을 한다. 예를 들어, 호텔에서 프런트 데스크 직원은 하우스키핑 부서와 정보를 주고받으며 객실 준비 상황을 확인하고, 이를 바탕으로 고객을 맞이한다. 각 부서의 협력은 서비스 품질을 높이는 데 필수적이다.

내부고객도 외부고객처럼 배려와 존중을 받아야 한다. 서로 도와주고 소통하는 과정에서 협력적인 관계가 형성된다. 만약 부서 간 협력이 원활하지 않다면, 외부고객에게 제공되는 서비스도 영향을 받게 된다.

내부고객이 만족하고 잘 협력하면, 조직 내 분위기가 좋아지고, 그로 인해 외부고객에게 더 나은 서비스가 제공된다. 직원들이 긍정적인 에너지를 나누고 협력할수록, 고객에게 더 나은 서비스를 전달할 수 있다.

따라서 서비스 직무에서는 내부고객을 단순한 동료가 아니라, '함께 만드는 서비스의 파트너'로 생각하는 태도가 중요하다. 서로를 존중하고 배려하는 문화는 조직 전체의 서비스 품질을 높이는 데 기여한다.

2) 외부고객

외부고객은 회사나 조직의 제품이나 서비스를 이용하는 사람이나 단체를 말한다. 이들은 항공기를 이용하는 승객이나 레스토랑에서 식사하는 손님과 같이 조직 외부에서 서비스를 받는 사람들이다. 외부고객은 조직의 수익에 직접적인 영향을 미치며, 고객의 만족도가 높을수록 다시 찾거나 주변에 추천할 가능성이 커진다. 반대로, 고객의 기대를 충족하지 못하면 불만을 느끼고 떠날 수 있으며, 이는 조직의 명성이나 수익에 부정적인 영향을 미칠 수 있다.

외부고객은 각기 다른 기대와 요구를 가지고 있으며, 이러한 기대를 잘 파악하고 이해하는 것이 서비스 산업에서 매우 중요하다. 고객이 원하는 서비스를 제공하고, 그들이 겪는 불편함이나 문제를 해결하려는 노력이 필요하다. 예를 들어, 항공사의 경우 승객은 편안한 비행과 빠르고 정확한 서비스를 기대한다. 레스토랑에서는 음식의 맛뿐만 아니라 서비스의 질도 중요한 평가 요소가 된다. 이러한 기대를 충족시키기 위해서는 고객의 피드백을 적극적으로 수집하고, 그에 맞춰 서비스를 개선하는 것이 필요하다.

고객과의 관계를 오래 지속하기 위해서는 신뢰를 쌓는 것이 핵심이다. 고객의 의견을 듣고, 그들의 요구를 충족시키려는 노력은 고객과의 장기적인 관계를 만들어준다. 서비스 산업에서 외부고객의 만족은 단기적인 이익을 넘어서 장기적인 성공으로 이어지며, 고객이 다시 돌아오고 추천하게 되는 선순환을 만들어낸다.

결국, 외부고객을 만족시키는 것은 조직의 지속가능성과 경쟁력을 높이는 중요한 요소이다. 고객의 기대를 넘어서기 위해 지속적으로 개선하고, 고객과의 관계를 발전시킬 수 있는 서비스를 제공하는 것이 서비스 산업에서 성공하는 비결이다.

내부고객과 외부고객

구분	내부고객	외부고객
정의	조직 내부에서 업무를 함께 수행하며 상호 서비스를 주고받는 사람	조직 외부에서 제품이나 서비스를 구매·이용하는 사람
협력 방식	부서 간 협력, 직원 간 지원	고객과 기업 간의 거래 관계
예시	호텔의 프런트 직원과 하우스키핑 직원 간 협력	호텔에 투숙하는 고객, 항공기 승객
역할	내부 서비스의 품질과 협업을 통해 외부고객 만족에 기여	서비스의 수요자로서 기업의 수익과 평판에 직접 영향
중요성	조직 내 커뮤니케이션과 만족도 향상이 외부고객 만족으로 연결됨	기대 충족 여부에 따라 재이용, 추천 등 고객 행동에 영향

3 고객의 중요성과 역할

고객은 제품이나 서비스를 단순히 소비하는 존재를 넘어, 감정과 기대를 지닌 주체이다. 따라서 고객마다 경험과 상황이 다르기 때문에, 같은 서비스를 받아도 반응은 다양하게 나타난다.

첫째, 고객은 기대를 가지고 서비스에 접근한다.

서비스를 이용할 때 고객은 일정한 수준의 만족을 기대하며, 이 기대가 충족되지 않으면 불만을 느낄 수 있다. 고객의 기대는 이전에 경험했던 서비스, 주변 사람들의 이야기, 광고나 브랜드 이미지 등에 따라 형성된다. 서비스 이용 후 실제 경험이 이 기대와 비슷하거나 더 좋으면 고객은 만족하고 긍정적인 반응을 보인다. 하지만 기대에 못 미치면 실망하게 되고, 그 기업을 다시 이용하고 싶은 마음이 줄어들 수 있다. 때로는 기업에 대한 이미지까지 나빠질 수 있다.

둘째, 고객은 감정적으로 반응한다.

서비스는 눈에 보이지 않는 경험으로 이루어지기 때문에, 고객의 감정 상태가 만족도에 큰 영향을 미친다. 같은 서비스를 받아도 기분이 좋을 때와 나쁠 때의 반응은 다를 수 있다. 또한, 직원의 말투, 표정, 태도 같은 작은 요소들이 고객의 감정에 영향을 주며, 서비스 전체에 대한 인상까지 좌우하기도 한다. 이처럼 감정은 서비스 경험의 질을 결정짓는 중요한 요소 중 하나이다.

셋째, 고객은 서비스 경험을 기억하고 평가한다.

고객은 서비스를 이용한 뒤, 그때 느꼈던 감정이나 상황을 기억에 남기고 나중에 다시 떠올리며 평가한다. 좋은 경험은 만족으로 이어지고, 다시 그 기업을 찾거나 다른 사람에게 추천하는 행동으로 나타난다. 반면에 불편하거나 불쾌했던 경험은 오랫동안 기억에 남아, 그 기업에 대한 신뢰를 떨어뜨리고 부정적인 인식을 심어줄 수 있다.

넷째, 고객은 주변에 영향을 준다.

고객은 서비스를 이용한 후, 자신의 경험을 가족이나 친구에게 이야기하거나 SNS를 통해 다른 사람들과 공유한다. 좋은 경험은 긍정적인 입소문으로 이어져 다른 사람의 선택에 영향을 주고, 기업 이미지에도 도움이 된다. 반면에 불만족스러운 경험은 빠르게 퍼질 수 있고, 기업에 대한 부정적인 인식을 확산시킬 수 있다. 요즘처럼 온라인 소통이 활발한 시대에는 한 사람의 목소리가 많은 사람에게 영향을 줄 수 있기 때문에 더욱 중요하다.

고객은 서비스를 직접 경험하고, 그 결과를 스스로 판단하며 주변에도 영향을 미친다.

기업 입장에서는 고객이 서비스의 질을 평가하고 이미지를 만들어가는 중요한 존재이다. 따라서 고객의 기대와 감정을 잘 이해하고, 그에 맞는 태도로 응대하는 것이 서비스 품질에 큰 차이를 만든다.

고객의 중요성

항목	내용
고객의 위치	기업이 서비스를 제공하는 가장 중요한 대상
긍정적 역할	재방문, 추천, 후기 작성 등을 통해 새로운 고객 유입에 기여
부정적 영향	불만 표현, 부정적 구전으로 기업 이미지에 손상 가능성
서비스와의 관계	고객의 반응이 서비스 품질 평가, 직원 태도 개선, 운영 방식 개선 등에 직접 연결
산업별 예시	호텔 투숙 후 만족한 고객의 후기가 다른 고객의 선택에 영향을 미침

PLUS 들여다보기

말보다 먼저 전해지는 서비스의 진심이란?

서비스에서 고객이 가장 먼저 느끼는 것은 직원의 말이 아니에요. 표정과 태도, 눈빛과 분위기가 먼저 고객의 감정에 도달한다고 해요. 따뜻한 미소와 부드러운 눈맞춤은 짧은 인사 한마디보다 더 오래 기억에 남겠죠.
심리학자 앨버트 메라비언은 커뮤니케이션에서 말의 내용보다 비언어적 요소가 훨씬 더 큰 영향을 미친다고 보았는데 그의 연구에 따르면, 감정이 담긴 메시지의 경우 말의 내용은 7%에 불과하고, 나머지는 표정(55%)과 목소리 톤(38%)이 결정한다고 해요.
이는 고객이 말보다 태도에서 더 많은 정보를 받아들이고, 이를 통해 서비스의 진심을 느낀다는 사실을 보여준다고 할 수 있죠.

4 고객 욕구의 이해

누군가는 배가 고파서 식당을 찾고, 누군가는 특별한 하루를 보내기 위해 호텔을 예약한다. 표면적으로는 같은 서비스를 이용하지만, 그 안에 담긴 이유와 목적은 모두 다르다.

고객은 단지 필요한 것을 채우기 위해서만 움직이지 않는다. 때로는 위로를 받고 싶어서, 때로는 남들과 연결되고 싶은 마음에서 서비스를 선택하기도 한다.

고객이 어떤 '욕구'를 가지고 있으며, 그 욕구가 어떻게 행동으로 이어지는지를 살펴본다.

고객의 마음을 이해하기 위해서는 눈에 보이는 요구 너머에 있는, 보이지 않는 욕구까지 읽을 수 있어야 한다.

1) 기본적 욕구

기본적 욕구는 인간이 생존하고 일상생활을 유지하기 위해 반드시 충족되어야 하는 필수적인 욕구이다.

이 욕구는 주로 음식, 의복, 주거, 건강, 안전과 같은 신체적 안정을 위한 필요에서 비롯되며, 누구에게나 공통적으로 존재한다. 고객은 서비스를 이용할 때 이러한 기본적인 조건이 갖추어지는 것을 당연하게 기대하며, 충족되지 않으면 강한 불만을 느낀다.

호텔에서 청결한 침구와 위생적인 객실을 제공하는 것, 항공기에서 안전한 운항과 기내 질서를 유지하는 것, 음식점에서 신선하고 위생적인 식사를 제공하는 것 등이 모두 고객의 기본적 욕구를 충족시키기 위한 서비스이다.

2) 심리적 욕구

심리적 욕구는 편안함, 안정감, 기쁨, 감동 등 감정적으로 만족을 얻고자 하는 욕구이다. 고객은 단순히 필요한 것을 얻는 데서 그치지 않고, 정서적인 만족도 함께 원한다.

서비스 이용 중 직원의 표정, 말투, 분위기, 배려 등은 고객의 감정에 큰 영향을 미친다.

감정적으로 긍정적인 경험은 서비스 전체에 대한 만족으로 이어지며, 반대로 불쾌한 감정은 서비스에 대한 신뢰를 떨어뜨릴 수 있다.

레스토랑에서 직원이 따뜻한 말로 고객을 맞이하거나, 항공사 승무원이 승객의 불안함을 공감하며 안내하는 모습, 호텔 로비에서 조용하고 아늑한 분위기를 제공하는 것 등이 심리적 욕구를 충족시키는 서비스이다.

3) 사회적 욕구

사회적 욕구는 타인과의 관계 속에서 소속감을 느끼고, 인정받고자 하는 인간의 본성에서 비롯된 욕구이다.

고객은 서비스를 통해 누군가와 함께하는 즐거움을 느끼거나, 자신의 선택과 경험을 다른 사람에게 공유하고 인정받고 싶어 한다. 특히 오늘날에는 SNS를 통해 서비스 경험을 표현하고 소통하는 경향이 높아지면서, 사회적 욕구는 더욱 다양한 방식으로 드러나고 있다.

친구들과 함께하는 단체 여행, 특별한 날을 기념하는 호텔의 생일 이벤트, 사진을 찍고 공유할 수 있도록 연출된 감성적인 카페 공간 등은 모두 고객의 사회적 욕구를 충족시키기 위한 대표적인 서비스 사례이다.

고객욕구 유형

욕구 유형	정의	서비스 예시
기본적 욕구	생존과 안전을 위한 필수 욕구	청결한 객실, 안전한 비행, 위생적 식사
심리적 욕구	감정적 안정과 즐거움을 원하는 욕구	친절한 응대, 편안한 분위기, 공감 서비스
사회적 욕구	소속감과 인정받고자 하는 욕구	단체 여행, 생일 이벤트, SNS 인증 공간

PLUS 들여다보기

매슬로우(Maslow)의 욕구 5단계 이론이란?

미국의 심리학자 에이브러햄 매슬로우(Abraham Maslow)는 인간의 욕구를 다섯 단계로 나누어 설명했는데요.
이 이론에 따르면, 낮은 단계의 욕구가 충족되어야 다음 단계의 욕구를 추구하게 된다고 해요. 서비스 산업에서도 고객이 어떤 단계의 욕구를 가지고 있는지를 이해하면, 보다 효과적으로 만족을 제공할 수 있겠죠.

그럼, 매슬로우의 욕구 5단계를 살펴볼까요?

단계	욕구 유형	설명	서비스 산업 예시
1단계	생리적 욕구	생존에 필요한 기본적인 욕구(음식, 수면 등)	식당의 식사 제공, 호텔의 침대와 온수 등
2단계	안전 욕구	신체적·정신적 안전과 보호에 대한 욕구	항공기의 안전 운항, CCTV 설치, 위생관리
3단계	사회적 욕구	소속감, 우정, 가족과의 유대 등 관계 형성에 대한 욕구	친구와의 단체 여행, 커뮤니티 공간 제공
4단계	존경 욕구	타인으로부터의 인정, 자존감 향상에 대한 욕구	VIP 고객 혜택, 고객 후기 반영, 특별 대우
5단계	자아실현 욕구	자신의 잠재력을 발휘하고 성장하고자 하는 욕구	문화체험형 여행, 고객 참여 프로그램, 교육형 서비스

5 다양한 고객의 이해

서비스를 이용하는 고객은 모두 같지 않다.

고객마다 나이, 가치관, 생활방식이 다르기 때문에, 같은 서비스를 받아도 만족의 정도는 달라질 수 있다.

나이, 성격, 소비 방식, 문화적 배경에 따라 고객의 기대와 반응은 다양하다. 어떤 고객은 빠른 응대를 원하고, 어떤 고객은 정성을 담은 설명을 더 중요하게 생각한다.

따라서 서비스에 종사하는 사람은 '고객은 다양하다'는 사실을 이해하고, 각기 다른 고객의 특성에 맞게 유연하게 대응하는 태도를 갖추는 것이 필요하다.

1) 세대별 고객 특성

고객의 세대에 따라 서비스에 대한 기대와 소비 성향은 다르게 나타난다.

MZ세대는 디지털 기술에 익숙하고, 빠르고 간편한 서비스를 선호하며, 감성적 경험과 SNS 공유를 중시한다. 중장년층은 신뢰와 가성비를 중요하게 여기며, 대면 상담이나 전화 응대와 같은 전통적인 방식에 익숙하다. 고령층은 디지털 이용에 어려움을 느끼는 경우가 많아 직접적인 안내와 배려가 필요하며, 존중받는 응대에 특히 민감하게 반응한다.

이처럼 세대별 고객 특성을 이해하는 것은 맞춤형 서비스를 제공하는 데 있어 매우 중요한 요소이다.

(1) MZ세대 고객

MZ세대는 1980년대 중반부터 2010년대 초반 사이에 태어난 밀레니얼 세대와 Z세대를 통칭하는 개념이다. 이들은 디지털 환경 속에서 성장하였고, 스마트폰과 SNS가 일상화된 시대에 자연스럽게 적응해 온 세대다. 특히 인터넷, 유튜브, 인스타그램, 틱톡 등 실시간 정보 공유 문화가 이들의 사고방식과 소비 습관에 큰 영향을 주었다.

이들은 경제 성장기의 부모 세대와 달리, 저성장 · 고물가 · 고학력 경쟁 사회에서 자랐다. 무언가를 '소유'하는 것보다 '경험'이나 '공감', '취향' 중심의 소비를 더 중요하게 생각하는 이유도 여기서 비롯된다. 즉, 단순한 기능보다 나의 '감성', '가치관', '취향'에 얼마나 잘 맞느냐가 선택의 기준이 된다.

또한 MZ세대는 빠르고 직관적인 정보처리를 선호하고, 불필요한 친절이나 격식보다 실용적인 서비스를 더 편하게 느낀다. '나'를 중요하게 여기고, 개성과 자율성을 존중하는 문화를 가지고 있어, 획일적인 응대보다는 나에게 맞춘 맞춤형 서비스에 더 높은 만족을 보인다.

- 모바일과 디지털 환경에 익숙함
- 즉각적인 응답과 간편한 서비스 선호
- SNS 후기, 감성적 경험, '인증' 중심 소비 지향
- 자율적이고 개성 있는 서비스 기대

예시 키오스크, 셀프서비스, 무인호텔, 감성카페 선호

(2) 중장년층 고객

중장년층 고객은 일반적으로 40대에서 60대 초반에 해당하는 세대로, X세대와 일부 베이비부머 세대를 포함하는 개념이다. 사회 · 경제적으로 안정된 위치에 있으며, 오랜 시간 동안 아날로그 환경에서 성장한 세대다. 이들은 종이신문, 텔레비전, 오프라인 매장 중심의 소비 문화에 익숙하며, 천천히 살펴보고 신중히 선택하는 소비 성향을 보인다.

이 세대는 성실함과 절약, 신뢰를 중요하게 생각하는 시대에서 자라났다. 산업화와 경제 성장기를 거치며 경쟁과 성취 중심의 사고방식을 형성했고, 무엇보다 경험을 통해 형성된 실용적 판단을 중요시한다. 특히 한 번 믿고 선택한 브랜드나 장소는 꾸준히 이용하는 경향이 강하며, 관계와 신뢰 중심의 소비 성향이 뚜렷하다.

디지털 환경에 적응하고는 있으나, 여전히 직접 만나고 설명 듣는 방식을 선호한다. 너무 빠르거나 복잡한 서비스보다는 안정적이고 친절한 응대, 정중한 태도, 차분한 설명이 만족도를 높인다. 또한 고객으로서 존중받고 있다는 느낌, 예의 있는 언어 사용, 감사 표현이 큰 영향을 미친다.

- 가격 대비 품질(가성비)을 중시
- 신뢰할 수 있는 응대와 안내 선호
- 오프라인 매장, 전화 상담 등 전통적 방식 선호
- 친절하고 예의 바른 태도에 높은 만족

예시 안내 데스크 응대, 패키지여행, 상담 위주의 예약

(3) 고령층 고객

고령층 고객은 대체로 60대 중후반 이상의 세대로, 베이비부머 후반기부터 노년층에 이르는 집단을 말한다. 대부분 절약과 검소함, 책임감과 예의범절을 중요한 가치로 여긴다. 어려운 시기를 지나온 경험이 많아, 현재의 삶에 대한 감사함과 동시에 안정적인 환경을 매우 중요하게 생각한다.

이 세대는 대부분 오프라인 중심의 생활습관을 갖고 있으며, 낯선 기술이나 빠른 변화에는 불편함을 느끼는 경우가 많다. 휴대폰 사용은 늘었지만, 복잡한 애플리케이션이나 디지털 서비스는 여전히 어렵게 느끼며, 직접 보고 듣고 확인하는 방식을 선호한다.

고령층 고객은 서비스에서 정중한 말투, 천천히 설명해 주는 태도, 기다려주는 여유에 큰 만족을 느낀다. 또한 자신이 존중받고 있다는 느낌에 민감하게 반응하며, 작은 친절에도 깊이 감사해 하는 경우가 많다.

특히 이들은 의례와 예절을 중시하는 전통적 가치관을 가지고 있어, 서비스 제공자가 나이와 상관없이 예의 바르게 행동하기를 기대한다. 친절하면서도 반말이나 가벼운

태도는 오히려 불쾌감을 줄 수 있어, 응대 시 주의가 필요하다.

- 디지털 접근이 어려워 대면 서비스 선호
- 상세한 설명, 반복 안내 필요
- 신체적 불편을 고려한 배려 필요
- 말투, 눈빛, 태도에서 존중받고 있는지를 민감하게 느낌

예시 안내 인력 배치, 노약자 좌석, 종이 인쇄물 제공

세대별 특징

세대	주요 특징	서비스 예시
MZ세대	빠르고 간편한 서비스, SNS 공유 중시	무인 시스템, 셀프 서비스, 감성카페
중장년층	신뢰와 가성비, 대면 응대 선호	안내 데스크, 패키지 여행, 전화 상담
고령층	디지털 접근 어려움, 존중받는 응대 중시	종이 안내서, 직접 설명, 전용 좌석 제공

2) 소비 성향에 따른 특성

고객은 단순히 물건을 사는 사람이 아니라, 자신만의 기준과 방식으로 선택하고 결정하는 존재이다. 누군가는 가격과 조건을 꼼꼼히 따지며 실용적인 가치를 우선시하고, 누군가는 감정이나 분위기에서 오는 만족을 더 중요하게 여긴다. 어떤 고객은 정보를 충분히 찾아본 후에야 안심하고 선택하며, 또 다른 고객은 순간의 느낌이나 상황에 따라 빠르게 결정을 내리기도 한다.

이처럼 소비 성향은 사람마다 다르고, 그것이 곧 서비스에 대한 기대와 반응의 차이로 이어진다. 서비스에 종사하는 사람은 고객의 이런 다양성을 이해하고, 그에 맞는 응대 방식과 정보 제공을 고민해야 한다.

소비 성향을 제대로 파악하는 것은 고객 만족을 높이고, 다시 찾고 싶은 서비스로 기억되기 위한 중요한 시작점이 된다.

(1) 가치소비형 고객

가치소비형 고객은 단순히 가격이 싸거나 유명하다고 해서 물건을 고르지 않으며 비교적 의미있는 소비를 선택하는 사람을 의미한다.

이들은 자신이 중요하게 생각하는 가치나 신념을 기준으로 소비하며, '이 소비가 나에게 어떤 의미가 있는가'를 더 중요하게 여긴다. 예를 들어 환경 보호, 동물복지, 사회적 책임, 윤리적 생산 등을 고려해 상품이나 브랜드를 선택하는 경향이 있다.

이러한 고객은 제품의 철학, 브랜드의 태도, 사회적 메시지에도 민감하게 반응한다.

단순한 물건 하나에도 자신이 추구하는 삶의 방향이나 신념이 담기기를 원하며, 광고나 겉모습보다 브랜드가 얼마나 진정성 있게 행동하는지에 가치를 둔다.

따라서 서비스 응대 시에는 가격이나 기능보다는 브랜드가 추구하는 방향과 철학, 그리고 그 제품이 고객에게 줄 수 있는 사회적 · 개인적 의미를 전달해 주는 것이 중요하다.

- 가격보다 '가치'를 기준으로 판단
- 브랜드의 철학이나 사회적 메시지 중시
- 친환경, 윤리적 생산, 사회적 책임에 관심
- 감성적 공감, 진정성 있는 설명에 긍정적 반응

예시 친환경 제품, 사회적 기업 상품, 브랜드 철학을 보여주는 스토리텔링 마케팅

(2) 합리형 고객

합리형 고객은 물건이나 서비스를 선택할 때 신중하게 비교하고 판단하는 성향을 가진 사람이다. 가격, 품질, 후기, 구성 등 여러 요소를 꼼꼼히 따져보고, 자신에게 가장 합리적인 선택이 무엇인지 계산한 후 결정한다. 충동적으로 구매하기보다는 정보를 충분히 수집한 후, 가성비와 실용성을 기준으로 소비하는 편이다.

이러한 고객은 이성적인 판단과 객관적인 정보를 중요하게 여긴다.

따라서 서비스 응대 시에는 명확한 설명, 비교 가능한 자료, 실질적인 혜택 안내가 중요하며, 감성적인 접근보다는 사실 중심의 설명이 만족도를 높이는 데 효과적이다.

- 가격, 품질, 조건 등을 신중하게 비교

- 할인 · 혜택보다 실질적 만족을 중시
- 정보가 명확하고 논리적인 설명 선호
- 구매 결정까지 시간이 걸릴 수 있음

예시 비교견적 사이트, 명확한 가격표시, 조건 설명이 잘 된 상담

(3) 감성형 고객

감성형 고객은 제품이나 서비스를 선택할 때 기분, 분위기, 감정을 매우 중요하게 생각한다. 꼼꼼하게 비교하기보다는, 그 순간의 느낌이나 인상이 좋으면 구매를 결정하는 경우가 많다. 매장 분위기, 직원의 말투, 향기, 음악, 진열 방식 등 감각적인 요소들이 소비에 큰 영향을 미친다.

이들은 단순히 물건을 사는 것보다, 어떤 경험을 했는지, 기분이 어땠는지를 더 중요하게 여긴다. 따라서 상품의 성능이나 기능 설명보다, 감정을 자극하는 언어, 공감과 정서적 교감이 있는 서비스가 더 효과적이다. 감성형 고객은 좋은 느낌을 받으면 브랜드에 대한 호감도 함께 높아지며, 충성 고객이 될 가능성도 크다.

- 서비스의 분위기, 감정, 디자인에 민감
- 스토리텔링, 브랜드 이미지에 반응
- 친절한 말투와 감성적인 언어에 호응
- 즉흥적이거나 경험 중심의 소비 경향

예시 감성카페, 친절한 응대, 브랜드 굿즈, 테마형 매장

(4) 충동형 고객

충동형 고객은 계획을 세우고 구매하기보다는, 그때그때 마음이 끌리는 대로 소비하는 경향이 강하다. 할인, 이벤트, 시선 끄는 진열, 친구의 추천처럼 순간적인 자극이나 분위기에 쉽게 반응한다. 꼭 필요하지 않더라도, 지금 아니면 놓칠 것 같은 느낌이 들면 즉시 결정을 내리는 경우가 많다.

이러한 고객은 상품의 실용성보다는 즉각적인 혜택과 만족감을 강조하는 것이 효과적이다.

따라서 응대 시에는 길고 복잡한 설명보다, 짧고 강렬한 메시지, 즉시 혜택, 즉각적인 만족감을 강조하는 것이 효과적이다. 시선을 끄는 포스터, '오늘 한정'이라는 문구, 시식 · 체험 기회 등이 구매로 이어질 가능성을 높인다.

- 계획 없이 갑자기 구매 결정
- '지금 아니면 안 될 것 같은' 상황에 반응
- 이벤트, 할인, 시간 제한에 약함
- 직관적이고 빠른 응대 선호

예시 한정판 행사, 매대 진열 제품, 즉시 할인 배너

(5) 정보탐색형 고객

정보탐색형 고객은 물건이나 서비스를 구매하기 전, 관련된 정보를 최대한 많이 찾아보는 성향을 가진 사람이다. 공식 홈페이지, 비교 사이트, 블로그 후기, 영상 리뷰 등 다양한 채널을 통해 정보를 수집하며, 구매 전 스스로 확신이 들 때까지 조사하고 분석하는 과정을 중요하게 생각한다.

이들은 단순히 가격이나 외관만 보는 것이 아니라, 기능, 후기, 브랜드 신뢰도, 사용자 경험 등 다양한 요소를 종합적으로 고려한다. 감정이나 분위기에 쉽게 흔들리기보다는, 자신이 직접 모은 정보에 기반한 합리적 판단을 중시한다.

이러한 고객에게는 자세하고 정확한 정보 제공, 비교 자료 제시, 신뢰감 있는 응대 태도가 중요하다. 과장된 표현보다는 사실에 근거한 설명이 더 효과적이며, 질문에 성실히 응답하면 신뢰를 얻을 수 있다.

- 구매 전 다양한 정보와 리뷰를 꼼꼼히 탐색
- 후기, 비교자료, 체험기 등을 신뢰함
- 설명이 풍부하고 투명한 브랜드 선호
- 의사결정까지 과정이 길 수 있음

예시 블로그 후기, 유튜브 리뷰, 무료 체험, 고객 Q&A 강조

소비성향에 따른 특징

유형	주요 특징	서비스 예시
가치소비형	나만의 신념과 가치를 기준으로 소비를 결정	브랜드 철학 소개, 친환경·윤리적 제품, 스토리텔링 마케팅
합리형	가격·품질을 비교하며 신중하게 결정	명확한 조건 설명, 비교표 제공
감성형	감정·분위기에 반응, 브랜드 감성 중시	감성 마케팅, 친절한 응대, 테마 매장
충동형	즉흥적 결정, 눈에 띄는 요소에 약함	한정 할인, 이벤트 배너, 매대 진열
정보탐색형	다양한 정보와 후기를 꼼꼼히 확인 후 결정	후기 강조, 체험 기회 제공, 상세 콘텐츠 안내

3) 고객 성격에 따른 특성

고객은 성격에 따라 서비스를 받아들이는 방식과 반응이 달라진다.

어떤 고객은 활발하게 대화를 주도하고, 어떤 고객은 조용히 혼자 생각할 시간을 원한다. 또 어떤 고객은 감정적으로 쉽게 상처를 받거나, 논리적 설명이 부족할 때 불신을 느끼기도 한다. 이처럼 고객의 성격은 서비스 응대 방식에 직접적인 영향을 미치며, 이를 잘 파악하는 것은 만족도 향상과 갈등 예방에 도움이 된다.

서비스 종사자는 고객의 말투, 표정, 태도를 관찰하고, 그에 맞는 말하기 방식과 정보 전달 방식을 조절할 필요가 있다.

(1) MBTI 성격 유형에 따른 특성

MBTI(Myers-Briggs Type Indicator)는 사람의 성격과 행동 특성을 16가지 유형으로 나누는 성격 유형 검사이다.

이 이론은 심리학자 칼 융(Carl Jung)의 성격 이론을 바탕으로 만들어졌으며, 사람이 세상을 인식하고 판단하는 방식이 다르다는 점에 주목한다.

MBTI는 총 4가지 지표와 8가지 성향으로 구성되며, 이를 조합해 16가지 성격 유형으로 구분한다.

(2) MBTI의 네 가지 지표

● **에너지 방향(E - 외향 / I - 내향)**

외향형(E): 사람들과 함께 있을 때 에너지를 얻는다.

내향형(I): 혼자 있는 시간 속에서 에너지를 회복한다.

● **정보 수집 방식(S - 감각 / N - 직관)**

감각형(S): 실제 경험과 구체적인 사실을 중시한다.

직관형(N): 아이디어와 가능성, 미래의 방향을 중시한다.

● **의사결정 기준(T - 사고 / F - 감정)**

사고형(T): 논리와 객관성을 바탕으로 판단한다.

감정형(F): 상황과 사람의 감정을 고려하여 결정한다.

● **생활 방식(J - 판단 / P - 인식)**

판단형(J): 계획적이고 체계적으로 일하는 것을 선호한다.

인식형(P): 유연하고 즉흥적으로 대응하는 것을 선호한다.

① **외향형 고객 | 활발하고 표현이 많은 고객 |**

- 주도적으로 말을 걸고 자신의 의견을 잘 표현함
- 빠른 응대와 반응, 친근한 태도를 선호
- 짧고 명확한 설명, 에너지 있는 응대에 만족

예시 적극적인 리액션, 대화형 응대, 제안 많은 안내

② **내향형 고객 | 조용하고 신중한 고객 |**

- 말수가 적고 표정 변화가 크지 않음
- 친밀해지기 전까지는 조심스럽고 거리 유지
- 부드러운 말투, 천천히 설명, 기다려주는 응대 필요

예시 강요 없는 상담, 여유 있는 질문 시간 제공, 비언어적 배려

③ **감정형 고객 | 감정에 민감하게 반응하는 고객 |**

- 말투, 표정, 태도에 크게 반응
- 공감이나 배려의 표현을 중요하게 여김
- 기계적 응대보다 따뜻한 말 한마디에 만족도 좌우

예시 공감 표현 포함된 말투, 긍정적 피드백 자주 사용

④ **사고형 고객 | 논리와 근거를 중시하는 고객 |**

- 이성적이고 분석적인 사고 방식 선호
- 모호한 설명에 불신, 객관적인 정보와 근거 요구
- 서비스 프로세스, 조건, 수치 등 명확히 제시해야 함

예시 수치 기반 설명, 절차 안내, 이유 설명 포함 응대

MBTI 성격유형의 특징

유형	주요 특징	서비스 예시
외향형	활발하고 표현 많음	빠른 반응, 제안형 응대, 적극적 리액션
내향형	조용하고 신중, 거리를 둠	부드러운 말투, 기다려주는 응대, 여유 있는 안내
감정형	감정에 민감, 공감·배려에 반응	따뜻한 말투, 공감 표현, 친절한 태도
사고형	논리적 사고, 명확한 근거 중시	수치 기반 설명, 절차 안내, 조건 비교 제공

Check Point!

① 고객은 감정을 지닌 사회적 존재이다.

고객은 단순히 상품이나 서비스를 구매하는 존재가 아니라, 감정과 관계를 중시하는 사회적 존재이다. 서비스 응대자의 말투, 표정, 태도는 고객의 감정에 큰 영향을 미치며, 같은 서비스를 받아도 고객의 감정 상태와 기대에 따라 반응은 달라진다. 진심 어린 공감과 이해는 고객 만족을 넘어 신뢰로 이어진다.

② 고객의 욕구는 다층적이며, 서비스는 이를 종합적으로 충족시켜야 한다.

고객의 욕구는 생존을 위한 기본적 욕구, 감정적 만족을 위한 심리적 욕구, 관계와 인정을 추구하는 사회적 욕구로 나뉜다. 고객은 서비스를 통해 단순한 필요를 넘어서 위로, 소속감, 공감을 경험하길 기대한다. 서비스 제공자는 겉으로 드러난 고객의 요구뿐 아니라 그 이면의 감정과 동기를 함께 읽을 수 있어야 한다.

③ 고객은 다양하며, 맞춤형 응대가 필요하다.

고객은 세대, 소비 성향, 성격에 따라 서비스에 대한 기대와 반응이 모두 다르다. MZ세대는 빠르고 감성적인 서비스를 선호하고, 고령층은 정중한 말투와 배려 깊은 안내에 만족한다. 충동형 고객, 정보탐색형 고객 등 소비 성향에 따라 응대 방식도 달라져야 한다. 고객의 다양성을 이해하고 상황에 맞는 유연한 태도를 갖추는 것이 서비스의 기본이다.

제 4 장

고객 만족

학습목표

1. 다양한 서비스 사례를 통해 고객 만족의 개념과 필요성을 이해할 수 있다.
2. 고객 만족 지수에 대해 이해하고 다양하게 활용해 볼 수 있다.

고객을 이해하는 것이 서비스의 시작이라면, 고객을 만족시키는 것은 그 경험을 좋은 기억으로 남게 하는 과정이다. 아무리 정성을 다한 서비스라도, 고객이 만족하지 않으면 그 노력은 제대로 전달되지 않는다. 반대로, 고객이 마음 깊이 만족을 느꼈을 때, 서비스는 단순한 거래를 넘어 신뢰와 감동의 관계로 이어진다.

고객 만족은 단지 필요한 것을 채워주는 수준을 넘어서, 기대 이상을 경험하게 하는 것이다. 작은 배려, 따뜻한 말 한마디, 세심한 응대가 더해질 때, 고객은 감동하고, 그 감동은 다시 찾고 싶은 마음으로 이어진다. 고객의 만족은 기업의 이미지와 성과, 그리고 장기적인 관계 형성에까지 큰 영향을 준다.

이 장에서는 고객 만족이 왜 서비스에서 중요한 요소가 되는지, 그리고 그것이 어떻게 고객의 행동과 충성도로 연결되는지를 함께 살펴본다.

1 고객 만족의 이해

1) 고객 만족의 정의

고객 만족은 고객이 상품이나 서비스를 이용한 뒤, '기대했던 것'과 '실제로 받은 것'을 비교한 후 느끼는 감정이다. 기대보다 좋은 경험을 하면 '만족'을 느끼고, 기대에 못 미치면 '불만족'을 느낀다.

고객은 서비스 이용 전부터 '이 정도는 해주겠지'라는 기대를 가지고 있다. 이 기대는 광고, 후기, 주변 사람의 이야기 등을 통해 생긴다. 그리고 실제로 서비스를 이용하고 난 뒤, '생각보다 좋았네' 또는 '별로였어'라고 평가하게 된다.

고객이 만족을 느끼는 과정은 크게 세 단계로 나뉜다.

첫째, 고객은 서비스를 이용하기 전부터 기대를 갖는다. 이 기대는 광고, 주변의 평가, 브랜드 이미지, 과거 경험 등을 통해 형성된다.

둘째, 서비스를 실제로 경험하면서, 고객은 예상과 얼마나 비슷한지를 살핀다.

셋째, 기대했던 것보다 좋았다고 느끼면 만족하고, 그렇지 못하면 불만족하게 된다.

(1) 고객 만족의 이유

고객이 만족하는 가장 큰 이유는, 기대보다 실제 경험이 더 좋았을 때다. 이것을 쉽게 정리하면 다음과 같다.

❶ 기대보다 좋았을 때 → 만족

고객은 기대했던 수준보다 더 좋은 경험을 하게 되면 만족을 느낀다. 예를 들어, 평범한 카페에 들어갔는데 직원이 따뜻한 말투로 인사를 하고, 음료가 빠르게 나왔으며, 좌석도 아늑했다면 고객은 기대 이상의 서비스를 경험했다고 느낀다. 이러한 긍정적인 놀람은 만족감으로 이어지며, 다시 방문하고 싶은 마음을 만든다.

❷ 기대와 비슷했을 때 → 보통

고객의 기대와 실제 경험이 거의 일치할 경우, 특별한 감정 없이 무난하다고 느낀다. 예를 들어, 음식점에서 주문한 음식이 보통의 시간에 제공되고, 특별한 문제 없이 식사를 마쳤다면 고객은 '그럭저럭 괜찮았다'는 인상을 받는다. 이 경우 고객은 만족도는 낮지 않지만 강한 인상도 남지 않는다.

❸ 기대보다 못했을 때 → 불만족

고객이 기대한 수준보다 낮은 서비스를 경험하면 불만족을 느낀다. 예를 들어, 영화관에서 좋은 좌석을 예매했는데 좌석이 불편하고 주변이 시끄러웠다면, 고객은 기대가 충족되지 않았다고 느낀다. 이런 경우 고객은 서비스에 실망하고, 다시 이용하지 않으려는 태도를 가질 수 있다.

예를 들어, 친구와 패밀리레스토랑에 갔는데, 직원이 웃으면서 인사하고, 음식도 빨리 나왔으며, 자리도 편안했다면 만족을 느낀다. 반면, 직원이 무표정하고 음식이 늦게 나오면 '이럴 줄 알았으면 안 왔지'라는 생각을 하게 된다.

(2) 고객 만족 사례

● 고객 만족 사례 1: 항공사 이용 경험

A씨는 저가항공을 처음 이용했다. 좌석이 좁을 거라고 예상했지만, 생각보다 깨끗했고 승무원이 친절했다. 출발 시간도 정확했다. A씨는 기대보다 좋은 경험을 했다고 느꼈고, 다음에도 이 항공사를 이용하겠다고 생각했다.

● 고객 만족 사례 2: 호텔 체크인 경험

B씨는 유명한 호텔에 예약을 했다. 하지만 체크인 과정에서 오래 기다렸고, 직원이 피곤한 얼굴로 응대했다. 방은 평범했지만 첫인상이 좋지 않아 실망감을 느꼈다. 다음에는 다른 호텔을 알아보겠다고 생각했다.

● 고객 만족 사례 3: 온라인 쇼핑 실패

한 대학생이 SNS 광고를 보고 유명 브랜드 스타일의 가방을 저렴한 가격에 구매했다. 광고 이미지에서는 고급스럽고 탄탄해 보였지만, 실제로 배송받은 가방은 얇고 마감도 엉성했다. 이 학생은 '사진이랑 너무 다르다'고 느끼며 실망했다.

● 고객 만족 사례 4: 호텔의 깜짝 서비스

여행 중 소규모 호텔을 예약한 고객이 있었다. 평범한 서비스를 예상하고 갔지만, 프런트 직원이 이름을 기억하고 먼저 인사를 건넸으며, 체크인 시간 전임에도 방을 미리 배정해 주었다. 고객은 '생각보다 친절하네?'라고 느끼며 만족했다.

● 고객 만족 사례 5: 카페 이용 경험

자주 가는 프랜차이즈 카페에서 아메리카노를 주문한 고객은 평소처럼 빠른 서비스와 일관된 음료 맛을 경험했다. 특별히 감동도 없지만, 실망도 없었다.

● 고객 만족 사례 6: 작은 배려의 효과

한 학생이 편의점에서 도시락을 고르고 있었을 때, 직원이 "이 제품이 오늘 할인이에요"라고 먼저 알려주었다. 그 말 한마디에 학생은 '이 편의점 좋네'라는 생각을 하게 되었고, 비슷한 상황이 반복되면서 단골이 되었다.

2) 고객 만족을 높이는 방법

고객이 만족을 느끼기 위해서는 서비스의 내용뿐 아니라, 그 전달 방식과 태도까지 여러 요소가 고루 갖추어져야 한다. 특히 다음 세 가지 조건이 잘 맞을 때, 고객은 긍정적인 경험을 통해 만족하게 된다.

(1) 고객의 기대를 정확히 파악해야 한다

고객은 서비스를 이용하기 전부터 일정한 기대를 가지고 있다. 이 기대는 가격 대비 품질, 응대 속도, 직원의 태도, 청결한 환경 등 다양한 요소로 구성된다.

예를 들어, 패스트푸드점에 방문한 고객은 빠른 응대와 간단한 메뉴 설명, 위생적인 환경을 기대한다. 만약 대기 시간이 길고 주문 과정이 복잡하다면 만족은 줄어들게 된다.

서비스 제공자는 고객이 어떤 점을 중요하게 생각하는지를 사전에 파악하고, 그에 맞는 준비를 해야 한다.

(2) 일관된 서비스를 제공해야 한다

고객은 매번 다른 서비스보다, 예상 가능한 일관된 서비스를 원한다. 처음엔 좋았지만 다음 방문에서 기대에 못 미치는 경험을 한다면, 고객은 실망하게 된다.

예를 들어, 한 카페에서 처음 방문했을 때는 친절하게 맞이했지만 다음엔 무표정하게 응대한다면, 고객은 신뢰를 잃고 만족도가 떨어지게 된다.

서비스의 품질은 일정하게 유지되어야 하며, 직원 간에도 서비스 기준이 공유되어야 한다.

(3) 따뜻한 태도와 작은 배려가 중요하다

고객은 상품 그 자체보다 사람의 태도에서 만족을 더 많이 느끼는 경우가 많다. 말투, 표정, 눈맞춤, 진심 어린 인사가 좋은 인상을 만든다.

예를 들어, "안녕히 가세요."라는 한 마디 인사, 계산할 때의 웃는 얼굴, 문을 열어주는 손길 등 작은 배려가 고객에게 깊은 인상을 남긴다.

특히 호텔, 항공, 외식 산업처럼 고객과 직접 접촉이 많은 업종에서는 감정적 연결이 만족에 직접적인 영향을 미친다.

3) 고객 만족이 중요한 이유

고객이 서비스를 이용한 뒤 만족을 느끼는 것은 단지 기분 좋은 경험으로 끝나지 않는다. 고객 만족은 기업의 미래와 연결된 매우 중요한 요소이며, 서비스 산업에서 특히 큰 영향을 미친다. 만족한 고객은 다시 찾아오고, 주변에 좋은 이야기를 나누며, 브랜드에 대한 신뢰를 쌓아간다. 반대로, 불만족한 고객은 다시 이용하지 않을 뿐 아니라, 부정적인 인상을 퍼뜨릴 수 있다.

(1) 만족한 고객은 다시 방문할 가능성이 높다

한 번 만족스러운 경험을 한 고객은 같은 서비스를 다시 이용할 가능성이 커진다.

예를 들어, 한 학생이 즐겨 찾는 카페에서 친절한 응대와 깔끔한 매장 분위기, 원하는 맛의 음료를 경험했다면, 다음에도 특별한 고민 없이 그곳을 찾게 된다.

이처럼 만족은 고객이 다시 찾아오게 만드는 힘이 된다.

(2) 좋은 경험은 자연스럽게 주변에 퍼진다

만족한 고객은 자신의 경험을 친구나 가족에게 이야기하거나, SNS에 사진과 글로 공유하는 경우가 많다.

이러한 자연스러운 홍보는 기업 입장에서 매우 큰 도움이 된다. 고객의 긍정적인 말 한마디가 광고보다 더 큰 신뢰를 주는 경우도 많다.

(3) 반복된 만족은 브랜드에 대한 믿음으로 이어진다

고객이 같은 서비스에서 계속 만족을 느끼면, 그 브랜드에 자연스럽게 애정과 신뢰가 쌓이게 된다.

이런 고객은 가격이나 혜택보다도 익숙하고 믿을 수 있는 경험을 중요하게 여기며, 다른 브랜드로 쉽게 바꾸지 않는다.

이러한 충성 고객은 기업에게 가장 중요한 자산이 된다.

(4) 불만은 더 빠르고 크게 확산된다

한 명의 만족한 고객은 몇 명의 새 고객을 데려올 수 있지만, 불만족한 고객 한 명은 그보다 훨씬 더 많은 사람에게 부정적인 이야기를 퍼뜨릴 수 있다.

그래서 불만을 줄이는 것도 중요하지만, 그보다 더 중요한 것은 처음부터 만족을 줄 수 있는 서비스 제공이다.

2 고객 충성도와 브랜드 충성도

1) 고객 충성도의 정의

고객 충성도는 고객이 특정 기업이나 서비스에 대해 꾸준한 신뢰와 만족을 바탕으로 반복해서 이용하려는 태도를 말한다. 단순히 한 번 만족스러웠던 경험에 그치는 것이 아니라, 이후에도 계속해서 같은 선택을 하게 만드는 힘이다.

이는 익숙함에서 오는 안정감, 신뢰감, 그리고 반복되는 만족스러운 경험을 했던 기억들이 함께 작용한 결과다. 예를 들어, 한 고객이 매번 같은 미용실을 찾는다면, 이는 단순한 위치나 가격 때문이 아니라 원하는 스타일을 이해해 주고 편안한 분위기를 제공하기 때문이다. 이런 반복된 긍정 경험은 그 장소나 기업에 대한 충성으로 이어진다.

2) 고객 충성도 사례

고객 충성도는 특별한 브랜드나 고급 서비스에서만 나타나는 것이 아니다.

우리 주변의 일상적인 소비 활동 속에서도 반복적인 만족을 통해 자연스럽게 형성된다.

● 고객 충성도 사례 1

항상 같은 카페를 이용하는 사람

비슷한 거리에 여러 카페가 있어도, 자주 가던 카페를 찾는다. 익숙한 분위기, 편안한 좌석, 일정한 음료 맛 등이 만족감을 주기 때문이다.

● 고객 충성도 사례 2

자주 가는 음식점만 고집하는 가족

맛, 가격, 청결, 친절 등에서 만족한 경험이 반복되면, 새로운 곳을 찾기보다 익숙한 식당을 다시 방문하게 된다.

● 고객 충성도 사례 3

항상 같은 쇼핑몰을 이용하는 소비자

온라인 쇼핑 시 다양한 사이트가 있지만, 결제의 편리함, 빠른 배송, 상품의 신뢰성 등에 만족하면 같은 쇼핑몰을 반복적으로 이용하게 된다.

● 고객 충성도 사례 4

늘 이용하는 병원이나 약국이 있는 경우

진료가 친절하고 정확했던 경험이 있으면, 조금 멀더라도 다시 그 병원이나 약국을 찾는 경우가 많다.

이처럼 고객 충성도는 단순한 만족을 넘어서, 익숙함과 신뢰가 쌓인 결과로 나타나는 행동이다. 학생들 역시 자신이 자주 이용하는 장소나 브랜드를 돌아보면, 이러한 충성도의 사례를 쉽게 발견할 수 있다.

3) 브랜드 충성도의 정의

브랜드 충성도는 고객이 특정 브랜드에 대해 지속적인 신뢰와 애착을 가지고, 자발적으로 그 브랜드를 선택하는 태도를 말한다. 이러한 충성은 단순히 제품의 품질이나 가격 같은 기능적 요소를 넘어, 브랜드가 전달하는 이미지, 감성, 가치관과 밀접하게 연결된다. 브랜드 충성도를 가진 고객은 다른 선택지가 있음에도 불구하고 익숙하고 신뢰하는 브랜드를 선택한다. 그 이유는 제품이나 서비스를 이용하는 것이 단순한 소비 행위가 아니라, 브랜드가 표현하는 정체성과 메시지에 공감하기 때문이다.

브랜드는 때로 고객에게 '나를 표현하는 수단'이 되고, 브랜드와의 관계는 일종의 감정적 연결로 자리 잡는다. 예를 들어, 어떤 소비자는 스마트폰을 살 때 성능이 더 뛰어난 다른 제품이 있어도 애플 제품만을 고집하기도 한다. 이는 제품의 기능을 넘어서, 브랜드가 가진 철학, 디자인, 사용 경험, 사용자 커뮤니티에 대한 애착이 작용한 결과다.

이러한 애착은 브랜드에 대한 충성으로 이어지고, 반복적인 구매와 긍정적인 구전 효과를 만들어낸다.

4) 브랜드 충성도 사례

브랜드 충성도는 단순한 제품의 기능이나 가격 경쟁력을 넘어서, 브랜드가 고객에게 어떤 '경험과 의미'를 제공하는지에 따라 형성된다. 고객은 제품을 사는 것이 아니라, 브랜드가 주는 감정적 만족과 정체성의 일치에 반응한다. 다음은 브랜드 충성도를 효과적으로 만들어낸 대표적인 사례들이다.

● 브랜드 충성도 사례 1
: 스타벅스: 리워드 프로그램과 공간 경험

스타벅스는 '스타벅스 리워드'라는 고객 참여형 프로그램을 통해 충성 고객을 확보하고 있다. 음료를 구매할 때마다 '별'을 적립하고, 이를 무료 음료나 푸드로 교환할 수 있으며, 생일 쿠폰이나 앱 전용 메뉴 같은 감성적 혜택도 제공한다.

출처: 나무위키

스타벅스 매장은 단순한 커피숍이 아니라 '나만의 시간', '나를 위한 공간'으로 인식되며, 고객은 자신이 브랜드의 일원이라는 소속감을 느끼게 된다. 이러한 감정적 경험이 브랜드 충성도로 이어진다.

● 브랜드 충성도 사례 2
: 넷플릭스 개인화 추천 시스템

넷플릭스는 사용자 경험을 기반으로 한 개인화 전략을 통해 충성도를 높이고 있다.

출처: 넷플릭스

고객이 시청한 콘텐츠를 분석하여 비슷한 장르나 스타일의 작품을 추천함으로써, 매번 새로운 만족을 제공한다. 이 시스템은 고객이 '이 브랜드는 나를 잘 알고 있다'는 인식을 하게 만들며, 개인적인 취향을 이해받는 감정적 유대감으로 발전한다.

고객은 새로운 콘텐츠를 찾을 때 경쟁 플랫폼이 아닌 넷플릭스를 먼저 떠올리게 되고, 이는 브랜드 충성도로 이어진다.

● 브랜드 충성도 사례 3
: 애플의 감성 가치 기반 충성도

애플은 감성적 가치와 정체성을 바탕으로 강한 브랜드 충성도를 만들어낸 대표적인 사례다.

제품 간의 연결성, 세련된 디자인, 직관적인 사용 경험

출처: 나무위키

은 단순한 기능을 넘어 고객에게 감성적 만족을 제공한다. 또한 매장, 포장, 광고 등 모든 접점에서 일관된 브랜드 이미지를 전달하며, 고객은 애플을 '자신을 표현하는 브랜드'로 인식하게 된다.

● 브랜드 충성도 사례 4

: 포시즌스 호텔의 일관된 고객경험 전략

포시즌스 호텔은 어느 나라, 어느 지점에 가더라도 변함없는 품질과 따뜻한 서비스를 제공하는 고객경험 전략을 가지고 있다.

출처: 나무위키

고객의 이름을 기억해 주는 응대나, 요청 전에 준비된 세심한 배려는 고객에게 자신이 특별한 대우를 받고 있다는 느낌을 준다. 이러한 감동이 반복되면, 포시즌스는 단순한 숙소가 아니라 자신의 품격을 보여주는 공간으로 인식되며, 자연스럽게 브랜드에 대한 충성도가 높아진다.

● 브랜드 충성도 사례 5

: 대한항공의 프리미엄 서비스

대한항공은 오랜 시간 동안 프리미엄 항공서비스의 이미지를 유지하며 고객의 충성도를 확보해 왔다. 특히 프레스티지 클래스와 모닝캄 클럽(우수고객 프로그램)을 통해 반복 이용 고객에게 특별한 우대를 제공한다.

출처: 나무위키

고객은 편안한 좌석, 전담 승무원의 세심한 응대, 라운지 이용, 우선 탑승 등 차별화된 경험을 통해 자신이 중요한 고객임을 느낀다.

이러한 감정적 연결은 단순히 목적지로 가기 위한 수단이 아닌, 여정을 함께하는 브랜드로서의 애착으로 이어지고, 이는 강한 브랜드 충성도를 만들어낸다. 이처럼 브랜드 충성도는 기능적 만족에 머무르지 않고 정체성과 감정에 깊이 뿌리내릴 때 완성된다.

5) 충성도와 고객 만족의 연결

고객 충성도는 단번에 만들어지지 않는다.

그 시작은 대부분 '만족스러운 경험'에서 출발한다. 처음에는 단순한 기대 충족이나 우연히 느낀 편안함일 수 있다. 하지만 이러한 경험이 반복되면 고객의 마음속에는 '이곳은 믿고 이용해도 괜찮다'는 신뢰가 쌓이기 시작한다. 그 신뢰는 점점 '여기 말고는 생각나지 않는 곳', '내가 좋아하는 곳'이라는 애착으로 이어지게 된다.

예를 들어, 한 학생이 학교 근처의 분식집을 자주 찾는다고 가정해 보자. 그 학생은 단순히 떡볶이가 맛있기 때문만이 아니라, 주문할 때마다 따뜻하게 인사해 주는 사장님의 말투, 늘 깨끗한 식탁, 기다릴 때 눈 마주쳐주는 직원의 친절함까지 기억하고 있을 수 있다. 이러한 '작은 만족'들이 계속 쌓이면서 그곳은 학생에게 편안하고 믿을 수 있는 장소로 자리 잡게 된다. 어느 순간부터는 '어디 갈까?'를 고민하지 않고 자연스럽게 그 가게로 향하게 되고, 이것이 바로 고객 충성도의 모습이다.

이러한 현상은 개인 소비뿐만 아니라 서비스 산업 전반에서도 쉽게 관찰된다.

호텔 투숙객이 매번 같은 체인을 선택하는 이유는, 객실 크기나 조식 구성보다 일관된 서비스 경험과 예측 가능한 품질 때문이다.

한 항공사를 반복적으로 이용하는 승객은 마일리지 혜택 때문일 수도 있지만, 자주 이용하며 느낀 승무원의 응대, 탑승 절차의 효율성, 항공사의 이미지가 종합적으로 만족감을 주었기 때문일 수 있다.

이처럼 고객은 단순히 '좋았다'는 기억만으로 다시 찾는 것이 아니라, 그 기억이 반복되고, 예외 없이 일관되며, 자신에게 긍정적인 감정을 남겼을 때 충성도를 갖게 된다. 만족의 지속은 곧 습관이 되고, 습관은 신뢰로, 신뢰는 충성으로 이어진다.

따라서 기업은 고객을 한 번 만족시키는 데서 멈추는 것이 아니라, 반복될 수 있는 만족의 구조를 설계하고, 작은 감동을 일상처럼 제공하는 일에 집중해야 한다.

PLUS 들여다보기

고객 충성도와 브랜드 충성도의 차이는 무엇일까?

고객 충성도와 브랜드 충성도는 모두 어떤 서비스나 제품을 계속 이용하고 싶은 마음을 말하지만, 그 안에 담긴 의미는 조금 달라요.
고객 충성도는 주로 만족스러운 경험이 반복되면서 익숙함과 신뢰가 쌓여 생기는 행동이에요. 반면 브랜드 충성도는 그 브랜드가 주는 이미지나 감성, 철학에 공감하면서 생기는 감정적인 애착이에요.

두 개념의 차이를 아래 표를 통해 비교해 볼 수 있어요.

항목	고객 충성도	브랜드 충성도
개념	반복적인 만족과 신뢰를 기반으로 특정 기업이나 서비스를 지속적으로 이용하려는 태도	브랜드에 대한 강한 선호와 정서적 애착을 바탕으로 지속적으로 해당 브랜드를 선택하는 태도
중심 요인	실용성, 익숙함, 서비스 만족, 접근성	감성적 연결, 브랜드 이미지, 철학과 가치에 대한 공감
형성 과정	만족스러운 경험이 반복되며 신뢰가 쌓일 때 형성됨	브랜드가 주는 감정적 경험과 정체성 연결을 통해 형성됨
행동 특징	동일한 서비스나 업체를 계속해서 이용함	브랜드 자체를 고집하고, 대체 브랜드로 쉽게 이동하지 않음
감정적 연결	낮거나 중간 수준의 정서적 연결	높은 정서적 애착과 상징적 의미를 가짐
예시	자주 가는 음식점, 단골 미용실, 같은 온라인 쇼핑몰 반복 이용	애플, 스타벅스, 룰루레몬, 나이키 등 특정 브랜드에 대한 선호와 충성

3 고객 만족 측정 지표

고객 만족은 고객이 서비스를 경험한 후 느끼는 감정과 평가다. 만족한 고객은 다시 찾아오고, 불만족한 고객은 떠날 수 있다. 하지만 문제는 이 감정이 눈에 보이지 않는다는 점이다. 예를 들어, 여러분이 맛집에 다녀왔을 때 "좋았어"라는 한마디로 모든 감정을 다 설명할 수 있을까? 음식 맛은 좋았지만, 대기 시간이 길었다면 기분은 복잡할 수 있다. 이처럼 감정은 사람마다 다르고, 겉으로 드러나지 않기 때문에 기업은 고객의 만족을 막연하게 추측할 수 없다. 그래서 고객이 느낀 만족을 숫자나 점수로 측정할 수 있는 '고객 만족 지표'가 필요하다. 이 지표들은 보이지 않는 감정을 보이는 데이터로 바꾸어, 기업이 서비스를 어떻게 개선해야 할지 판단할 수 있게 도와준다. 따라서 기업은 감정에만 의존하지 않고, 고객 만족을 숫자로 표현해 분석하고 개선하기 위해 다양한 측정 지표를 사용한다. 지금부터 살펴볼 3가지 지표는 그중에서도 실무에서 가장 널리 사용되는 도구들이다.

1) 고객 만족 지수: CSAT(Customer Satisfaction Score)

(1) 고객 만족 지수의 정의

CSAT(Customer Satisfaction Score)는 고객 만족 지수이며, 고객이 상품이나 서비스를 이용한 뒤, "당신은 이 서비스에 얼마나 만족하셨습니까?"라는 질문에 대해 점수로 답하게 하는 가장 직관적인 고객 만족 지표이다. 보통은 1점(매우 불만족)부터 5점 또는 10점(매우 만족)까지 점수를 매기며, 4점 이상(또는 8점 이상)의 '만족' 응답 비율을 %로 계산하여 사용한다.

예: 응답자 100명 중 85명이 4점 이상을 선택했다면 → CSAT는 85%

(2) 고객 만족 지수의 중요성

CSAT(Customer Satisfaction Score)는 서비스를 받은 직후의 감정 상태를 바로 측정할 수 있다는 점에서 매우 유용하다. 특히 단기 캠페인, 특정 매장 방문, 고객센터 응대 등 '지금 받은 서비스'에 대한 반응을 빠르게 알 수 있다. 또한, 시간별, 매장별, 직원별로 세부 분석이 가능하여 어떤 부분에서 만족/불만이 발생하는지를 정확히 확인할 수 있다. 무엇보다도 CSAT(Customer Satisfaction Score)는 고객이 직접 "만족했다"고 말하는 수치를 담고 있기 때문에 조직 내에서 이해관계자들에게 강력한 설득력을 가진다.

(3) 고객 만족 지수의 활용 예시

CSAT(Customer Satisfaction Score)는 단순히 고객에게 만족 여부를 묻는 것으로 끝나지 않는다. 기업은 이 지표를 바탕으로 서비스의 문제점을 찾아내고, 구체적인 개선 조치를 실행한 후, 변화된 결과를 확인한다. 이러한 과정은 CSAT(Customer Satisfaction Score)가 '진짜 고객의 목소리'를 수치로 전환한 도구임을 보여준다.

❶ 1단계: 설문조사

고객경험 직후, 만족도 조사를 실시한다. 한 커피전문점 브랜드는 고객이 매장을 이용한 직후 앱 또는 키오스크를 통해 다음과 같은 질문을 전송한다.

"오늘 주문하신 커피에 얼마나 만족하셨습니까?"
(1점: 매우 불만족 ~ 5점: 매우 만족)

이 질문은 제품의 품질, 직원의 응대, 대기 시간 등 전반적인 서비스를 평가하도록 유도하며, 고객이 따끈한 기억 속에서 바로 응답할 수 있도록 타이밍을 설정한다.

❷ 2단계: 데이터 수집 및 분석

매장별 데이터를 수집하고 분석한다. 각 매장의 CSAT(Customer Satisfaction Score) 응

답 결과는 본사의 시스템으로 전송되며, 매장별 · 시간대별 · 항목별로 정량적 분석이 이루어진다.

00지점의 6월 20일 CSAT 평균: 3.1점

'직원 친절도' 항목 평균: 2.5점 (↓ 기준 이하)

이처럼 CSAT(Customer Satisfaction Score)는 단순 평균 점수만을 보는 것이 아니라, 고객이 어느 지점에서 불편을 느꼈는지 구체적으로 파악하는 데 사용된다.

❸ 3단계: 기준 점수 비교 및 알림

기준 이하의 점수에는 자동 알림이 발송된다. 기업은 사전에 설정한 기준 점수(예: 4.0점)에 미달한 매장에 대해 자동으로 경고 메시지를 전송하도록 시스템을 설계해 놓는다. 알림을 받은 매장 매니저는 즉시 CSAT(Customer Satisfaction Score) 점수가 낮은 원인을 파악하고, 해당 내용을 보고서 형태로 본사에 전달한다.

현장 확인 결과

신규 직원 교육 미숙

점심시간 대기 시간 15분 초과

❹ 4단계: 원인 분석 및 개선 조치

매장에서는 개선 조치를 시행한다. 원인 분석 결과, 낮은 점수가 신입 직원의 응대 미숙 또는 점심시간 대기 시간 증가 때문이었다면, 다음과 같은 조치가 이루어진다.

해당 직원 대상의 응대 교육 추가 시행

피크 시간대 인력 추가 배치

대기 동선 및 안내문 재정비

이러한 조치는 단순한 추측이 아니라 실제 고객 데이터에 기반한 조치이므로 설득력이 높고 실질적이다.

❺ 5단계: 사후 점검 및 피드백 반영

이후 CSAT 점수를 다시 측정하여 효과를 확인한다. 개선 조치 후 1주일 또는 2주일 뒤, 동일한 방식으로 CSAT 조사를 반복한다. 점수가 3.1점에서 4.3점으로 향상되었다면, 서비스 개선 효과가 입증된 것으로 판단하고, 해당 매장의 성공 사례를 타 매장에 공유한다.

개선 전: 3.1점 → 개선 후: 4.2점
고객 코멘트: "직원들이 훨씬 친절해졌어요!"

2) 순추천지수: NPS(Net Promoter Score)

(1) 순추천지수 정의

NPS(Net Promoter Score)는 고객에게 "이 서비스를 친구나 가족에게 추천할 의향이 있으십니까?"라는 질문을 통해 브랜드에 대한 신뢰도와 충성도를 파악하는 지표이다. 고객은 0점(전혀 아니다)부터 10점(매우 그렇다)까지의 점수로 응답하며, 점수에 따라 다음과 같이 세 그룹으로 나뉜다.

9~10점: 추천 고객(Promoters)
7~8점: 중립 고객(Passives)
0~6점: 비추천 고객(Detractors)

NPS는 다음과 같이 계산한다.
NPS = 추천 고객 비율 − 비추천 고객 비율

(2) 순추천지수 중요성

NPS는 단순한 만족도보다 한 단계 더 나아가, 고객이 얼마나 브랜드에 감정적으로 연결되어 있는지, 즉 '이 브랜드를 내 사람에게 추천할 수 있을 정도로 좋아하는지'를 파악하는 데 유용하다. 이 지표는 고객의 재구매 가능성, 입소문 효과, 브랜드 신뢰도 등을 예측할 수 있는 핵심 도구이다. 특히, 비추천 고객의 피드백은 숨겨진 문제나 불만의 원인을 파악하는 데 효과적이며, 추천 고객의 의견은 마케팅 자산으로 활용될 수 있다.

(3) 순추천지수 활용 예시

❶ 1단계: 설문조사

고객경험 직후, "이 브랜드를 지인에게 추천하시겠습니까?"라는 질문을 모바일 앱 또는 이메일을 통해 발송한다.

쇼핑몰 이용 후, 배송 완료 알림과 함께 NPS 설문 전송

0점(절대 추천하지 않음) ~ 10점(강력 추천)

❷ 2단계: 데이터 수집 및 분석

고객의 응답 점수를 바탕으로 추천/중립/비추천 고객으로 자동 분류하며, 전체 응답자 중 추천 고객과 비추천 고객의 비율을 계산해 NPS 점수를 도출한다.

총 응답자 100명 중

추천 고객: 55명

비추천 고객: 20명

→ NPS = 55% − 20% = 35점

❸ 3단계: 기준 점수 비교 및 알림

사전에 설정된 기준 점수(예: +30점)에 못 미치는 경우 본사 분석팀 또는 마케팅 팀에 자동 경고 알림이 전달된다.

추가로 고객 의견에서 '추천하지 않겠다'고 답한 이유를 수집한다.

"배송이 너무 늦었다."
"교환 절차가 복잡했다."

❹ 4단계: 원인 분석 및 개선 조치

비추천 고객 코멘트를 분류하고, 개선이 필요한 항목을 도출한다.

배송 시스템 재정비
고객센터 상담 프로세스 간소화
자주 묻는 질문(FAQ) 강화

이후 개선 내용을 뉴스레터나 마케팅 콘텐츠에 반영하여 추천 의향 회복을 유도한다.

❺ 5단계: 사후 점검 및 피드백 반영

1개월 후 다시 동일한 방식으로 NPS 조사를 진행하고, 이전보다 추천 고객 비율이 얼마나 증가했는지 비교한다. 만약 NPS가 35점에서 51점으로 향상되었다면, 개선이 성공적으로 이루어진 것이다.

3) 고객노력지수: CES(Customer Effort Score)

(1) 고객노력지수의 정의

CES(Customer Effort Score)는 고객이 서비스를 이용하는 과정에서 얼마나 쉽게 문제를 해결할 수 있었는지를 측정하는 지표이다. 이 지표는 고객의 '노력 정도'를 묻기 때문에, 서비스가 끝난 직후에 질문하는 것이 가장 효과적이다.

예를 들어 고객이 상담센터에 전화를 걸어 문의를 마친 후, 혹은 온라인에서 상품을 교환한 뒤 그 절차가 완료된 직후, 다음과 같은 질문이 제시된다.

"문제를 해결하는 과정이 얼마나 쉬웠습니까?"

이처럼 CES(Customer Effort Score)는 고객이 직접 서비스 과정을 경험한 뒤 즉시 묻는 것이 핵심이다. 시간이 지나거나, 아직 문제가 해결되지 않은 상황에서는, 고객이 느낀 실제 불편함을 정확히 측정하기 어렵기 때문이다.

보통은 1점(매우 어렵다) ~ 7점(매우 쉽다)의 척도를 사용한다.

(2) 고객노력지수의 중요성

고객은 아무리 좋은 서비스라도, 복잡하고 불편하면 쉽게 이탈한다. CES(Customer Effort Score)는 서비스 자체보다는 과정의 편리함을 평가한다는 점에서 콜센터, 앱 사용, 온라인 환불 등 '절차 중심' 서비스 평가에 매우 유용하다. CES(Customer Effort Score) 점수가 낮다면 고객이 불편을 겪고 있다는 의미이므로 빠르게 절차를 개선하고, 자동화 시스템을 도입하는 등의 대응이 가능하다.

(3) 고객노력지수의 활용 예시

❶ 1단계: 설문조사

고객이 문제를 해결한 직후(예: 교환 요청, 비밀번호 찾기 등),
"이 문제를 해결하는 과정은 얼마나 쉬웠습니까?"라는 질문을 발송한다.
1점(매우 어렵다) ~ 7점(매우 쉽다)

고객센터 이용 후, 챗봇을 통해 "상담 과정은 쉬웠나요?" 설문 발송

❷ 2단계: 데이터 수집 및 분석

고객의 응답 점수를 평균하여 CES 점수를 계산한다.

지점 또는 서비스 유형별로 결과를 분류하여 어떤 부분이 가장 어렵게 느껴졌는지 분석한다.

전체 평균 CES: 5.2점
'교환 절차' 항목 평균: 3.1점 (↓ 기준 이하)

❸ 3단계: 기준 점수 비교 및 알림

기준 점수(예: 4.5점) 이하의 항목이 있을 경우, 해당 서비스 부서에 경고 메시지가 자동 발송되고 고객 코멘트와 함께 상세 리포트가 공유된다.

"문의하려면 3단계를 거쳐야 해서 너무 번거로웠다."
"로그인이 계속 풀려서 다시 입력해야 했다."

❹ 4단계: 원인 분석 및 개선 조치

실무 부서는 고객이 느낀 불편을 분석한 후 절차 개선 또는 기능 추가를 기획한다.

챗봇 메뉴 구조 간소화
자동 응답 시간 단축
로그인 유지 기능 강화

❺ 5단계: 사후 점검 및 피드백 반영

개선 작업이 완료된 후 다시 CES 조사를 실시하고, 점수가 향상되었는지를 확인한다. 예를 들어 평균 5.2점에서 6.3점으로 올랐다면, 편의성이 크게 개선된 것으로 판단할 수 있다.

고객 만족 지수 비교

항목	CSAT(고객 만족 지수)	NPS(순추천지수)	CES(고객노력지수)
질문 내용	"얼마나 만족하셨습니까?"	"추천하실 의향이 있으십니까?"	"문제를 쉽게 해결하셨습니까?"
목적	서비스에 대한 즉각적인 만족 측정	고객의 충성도와 신뢰 파악	서비스 과정의 편리성 평가
활용 예	카페 이용 후, 맛과 응대 평가	쇼핑몰 사용 후, 추천 의향 질문	고객센터 이용 후, 절차 간편성 질문
측정 시점	서비스 직후	이용 경험 직후	문제 해결 직후
주요 활용 분야	매장 평가, 응대 품질	재구매 전략, 입소문 마케팅	절차 개선, 시스템 자동화

PLUS 들여다보기

그 밖에 더 활용할 수 있는 고객 만족 지수는 어떤 것이 있나요?

● CRR(Customer Retention Rate, **고객유지율**)

고객이 서비스를 계속 이용하는 비율을 나타낸다.
신규 고객 유치보다 기존 고객 유지가 더 비용 효율적이다.
일정 기간 동안 고객이 얼마나 '남아 있었는가'를 파악하는 데 쓰인다.
예: 한 달 동안 기존 고객 100명 중 85명이 계속 이용했다면 → 유지율 85%

● CLV(Customer Lifetime Value, **고객생애가치**)

한 명의 고객이 평생 동안 가져다줄 수익을 예측한 값이다.
고객의 충성도와 소비 패턴을 분석해 장기적인 가치를 측정한다.
기업은 CLV가 높은 고객에게 더 많은 혜택과 개인화된 서비스를 제공한다.
예: 월 2만 원 × 36개월 = CLV는 약 72만 원

● CAC(Customer Acquisition Cost, **고객 획득 비용**)

한 명의 신규 고객을 유치하는 데 들어간 총 마케팅/광고 비용이다.
CLV와 함께 사용하면, 고객 확보 전략의 경제성 여부를 판단할 수 있다.
예: 고객 한 명을 유치하는 데 15만 원이 들었고, 그 고객의 CLV가 70만 원이라면 → 전략적으로 타당

Check Point!

① 고객 만족은 기대를 뛰어넘는 순간에 완성된다.

고객은 서비스 이용 전부터 일정한 기대를 가지고 있으며, 실제 경험이 그 기대를 넘을 때 진정한 만족을 느낀다. 따뜻한 말 한마디, 작은 배려, 일관된 응대는 감정적 만족으로 이어지며, 고객의 기억에 긍정적인 인상을 남긴다.

② 반복된 만족은 신뢰를 만들고 충성도로 이어진다.

한 번의 좋은 경험은 다시 방문하고 싶은 마음을 만들고, 그 경험이 누적되면 고객은 익숙함과 안정감을 느끼게 된다. 이러한 반복은 신뢰를 형성하고, 고객은 자연스럽게 특정 브랜드나 서비스를 고집하게 된다.

③ 고객 만족은 측정하고 관리해야 지속될 수 있다.

감정에 의존한 만족은 금세 사라질 수 있으므로, 다양한 지표를 통해 이를 수치화하고 분석하는 과정이 필요하다. CSAT, NPS, CES는 만족을 객관적으로 파악하게 해주며, 서비스 품질을 개선하는 실질적인 도구가 된다.

제 5 장

고객경험관리

학습목표

1. 고객경험관리의 개념과 중요성 및 고객경험의 주요 구성요소와 접점을 설명할 수 있다.
2. 고객경험관리 프로세스의 단계별 특징을 파악할 수 있다.

예전에는 제품만 좋고 가격이 적당하면 고객이 자연스럽게 찾아왔다. 그러나 이제는 비슷한 품질의 제품이 넘쳐나고, 클릭 한 번이면 여러 브랜드를 쉽게 비교할 수 있다. 그래서 고객들은 단순히 무엇을 샀느냐보다, 구매 과정에서 어떤 기분을 느꼈는지를 더 중요하게 생각한다. 결국 고객이 서비스를 이용하는 모든 순간, 어떤 경험을 했는지가 브랜드에 대한 인식과 충성도를 결정짓는다.

1 고객경험관리(CEM)

1) 고객경험관리 정의

고객경험관리(Customer Experience Management, CEM)는 고객이 우리 브랜드와 만나는 모든 순간마다 감정적으로 좋은 기억을 남길 수 있도록 돕는 활동이다.

제품이나 서비스의 품질도 중요하지만, 고객이 어떤 기분을 느끼고 돌아갔는지가 브랜드 인식에 더 큰 영향을 준다.

예를 들어, 비행기를 타기 위해 공항에 도착했는데, 안내 표지판이 복잡하고 화장실이나 탑승구를 찾기 어려우면 고객은 금방 피곤하고 짜증이 날 수 있다. 반대로, 바닥 유도선이나 전광판 안내가 잘 되어 있고, 셀프체크인 키오스크도 충분하다면 공항 이용이 훨씬 편리하게 느껴진다. 대기 공간에 실내 정원이나 휴식 공간이 잘 마련되어 있다면 그 공항에 대해 더 좋은 기억을 갖게 된다.

2) 하이테크시대 고객경험관리

요즘 우리는 인공지능(AI), 빅데이터, 사물인터넷(IoT), 로봇, 키오스크처럼 똑똑한 기술들이 우리 일상에 가득한 세상을 살아가고 있다. 이런 기술들은 빠르고 편리해서 생활을 더 쉽게 만들어준다. 카페에서 음료를 주문하거나, 공항에서 셀프체크인하는 것도 모두 하이테크 기술 덕분이다.

하지만 아무리 기술이 좋아도, 모든 걸 기계가 대신해 줄 수는 없다. 기계는 편리하지만 따뜻한 말 한마디, 공감하는 태도 같은 감정까지 대신하지는 못한다. 그래서 요즘 시대에는 기술만큼 사람의 감정을 잘 챙기는 서비스, 즉 고객경험관리가 더 중요해지고 있다.

스타벅스의 사이렌 오더 서비스는 고객이 앱을 통해 음료를 미리 주문하고 결제까지 비대면으로 간편하게 처리할 수 있게 해준다. 하지만 그 음료를 받을 때, 직원이 고객의 이름을 불러주며 음료를 건네는 순간, 그 서비스는 단순한 자동화가 아닌 '감정을 담은 기억'으로 전환된다. 기술과 사람이 만나 완성되는 경험이 바로 하이테크 시대 고객경험관리의 핵심이다.

PLUS 들여다보기

기술이 발전될수록 고객과의 공감은 왜 중요할까요?

아무리 기술이 발달해도 고객의 마음을 완전히 이해하고 감정을 보듬는 일은 여전히 '사람'의 몫이에요. 키오스크, 챗봇, 셀프 체크인처럼 빠르고 편리한 시스템이 많아졌지만, 예상치 못한 오류나 낯선 환경에서는 여전히 직원의 공감 어린 한마디가 고객을 안심시켜요.

기술은 효율을 높이고 실수를 줄이지만, '마음을 움직이는 서비스'는 결국 사람의 태도에서 나온다는 것을 잊지 말아야 해요.

3) 고객 만족 vs. 고객경험 vs. 고객가치

'고객 만족', '고객경험', '고객가치' 비슷하지만 다른 단어들, 이들의 의미는 무엇일까? 모두 고객 중심 경영에서 중요한 개념이지만, 각기 다른 의미와 초점을 가지고 있다.

(1) 고객 만족(Customer Satisfaction)

고객 만족이란, 고객이 서비스를 이용한 후 자신이 기대했던 것과 실제로 받은 결과가 얼마나 일치했는지를 평가하는 것을 말한다.

이는 주로 결과 중심으로 판단되며, '만족했는가, 만족하지 않았는가'로 단순히 구분된다.

기대한 만큼의 서비스나 그 이상을 받았을 때, 고객은 스스로 만족했다고 느낀다.

예를 들어, 배달 앱으로 주문한 떡볶이가 맛있고 양도 넉넉했다면, 고객은 '오! 만족스러워!'라고 생각하게 된다.

(2) 고객경험(Customer Experience, CX)

고객경험이란 단지 결과만이 아니라, 고객이 서비스를 접하는 처음부터 끝까지 모든 과정에서 느낀 감정과 기억을 포함하는 개념이다.

광고를 처음 접한 순간부터, 상품을 주문하고 사용하는 동안의 경험, 그리고 이후 피드백을 받는 과정까지 모두 고객경험에 해당된다.

예를 들어, 인스타그램에서 보고 방문한 예쁜 카페가 너무 시끄럽고 자리가 없어 불편했다면, 비록 커피는 맛있었더라도 '다시 가고 싶지 않다'는 생각이 들 수 있다.

(3) 고객가치(Customer Value)

고객가치란, 고객이 서비스에 들인 돈, 시간, 노력에 대해 '그만한 보람이 있었는가'를 평가하는 것을 말한다. 고객은 '이 정도 비용과 시간이면 충분히 만족스러워'라고 느낄 때 긍정적인 평가를 하게 된다. 예를 들어, 1만 원짜리 뷔페에서 음식이 맛있고, 직원도 친절하며, 분위기까지 좋다면 고객은 '이 정도면 정말 괜찮다'고 느끼게 된다.

고객 만족 vs 고객경험 vs 고객가치 비교

구분	정의	중심초점	시간적 범위	대표 질문
고객 만족	기대한 만큼 결과가 나왔는지 비교하는 것	결과 평가	구매 후	"기대한 만큼 만족했어?
고객경험	처음부터 끝까지 과정 전체에서 느낀 감정과 기억	과정의 흐름	구매 전~구매 후 전체	"서비스받는 동안 기분이 어땠어?"
고객가치	내가 쓴 돈, 시간, 노력에 비해 얻은 만족이 괜찮았는지 판단하는 것	비용 대비 혜택	전체 판단	"이 돈을 지불할 만큼의 가치가 있어?"

4) 고객경험관리(Customer Experience Management, CEM)의 중요성

고객경험관리는 단순히 제품이나 서비스 제공을 넘어, 고객이 브랜드를 처음 접하는 순간부터 사용 후 응대까지 전 과정을 통해 기분 좋고 만족스러운 기억을 남기기 위한 활동이다.

고객이 좋은 경험을 하면 브랜드에 대한 호감과 애정이 생기고, 자연스럽게 다시 찾고 싶어진다.

이처럼 충성도 높은 고객이 많아질수록 기업의 성과도 높아지기 때문에, 고객경험관리는 기업에게 매우 중요한 전략적 요소다.

(1) 경험이 브랜드가 되는 시대이다

요즘은 제품의 품질만으로는 브랜드를 차별화하기 점점 어려워지고 있다. 하지만 고객이 서비스 과정에서 느끼는 '경험'은 쉽게 따라할 수 없는 경쟁력이다. 예를 들어, 커피 맛이 비슷하더라도 스타벅스는 매장 분위기나 직원의 친절한 응대 덕분에 고객에게 특별한 브랜드로 인식된다.

(2) 좋은 경험은 고객을 단골로 만든다

고객이 기분 좋고 만족스러운 경험을 하게 되면, 자연스럽게 그 브랜드에 대한 애정이 생기고 다시 이용하고 싶은 마음이 든다.

이처럼 재구매 고객을 유지하는 것은 신규 고객을 발굴하는 것보다 훨씬 적은 비용이 들고, 브랜드와의 관계도 더 오래 지속되는 경우가 많다.

예를 들어, 한 번의 기분 좋은 경험을 남긴 치킨집이 있다면, 다음에 치킨이 먹고 싶을 때 다른 가게보다 먼저 그 집이 떠오르게 되는 것이다.

(3) 요즘은 앱, 웹, 매장, 어디서든 경험이 이어져야 한다

고객이 기분 좋고 만족스러운 경험을 하게 되면, 그 브랜드에 대한 애정이 생기고 자연스럽게 다시 이용하게 된다. 특히 기존 고객을 유지하는 것은 새로운 고객을 유치하는 것보다 비용이 적게 들고, 더 오래 이용하는 경향이 있어 기업 입장에서도 유리하다. 예를 들어, 좋은 기억을 남긴 치킨집이 있다면, 다음에 치킨이 먹고 싶을 때 다른 가게보다 먼저 그 집이 떠오르게 된다.

(4) 부정적 경험은 빠르게 확산된다

요즘은 SNS, 리뷰, 온라인 커뮤니티를 통해 고객경험이 단시간에 수천 명에게 퍼질 수 있다. 특히 부정적인 후기는 브랜드 이미지에 큰 영향을 미칠 수 있다. 예를 들어, 배달앱에서 주문한 음식이 늦게 도착하고 고객 응대까지 불친절했다면, 고객은 바로 리뷰에 불만을 남기게 되고, 그 후기를 본 많은 사람들이 해당 가게의 이용을 꺼리게 될 수 있다.

(5) 직원경험과 고객경험은 연결되어 있다

고객경험은 결국 직원의 태도와 행동에서 시작된다. 직원이 친절하게 웃으며 응대하면, 고객도 자연스럽게 기분이 좋아지고 전체 서비스에 대한 인상도 긍정적으로 바뀐다. 이러한 긍정적인 경험을 만들기 위해서는 직원 교육, 감정 관리, 그리고 즐겁게 일할 수 있는 근무 환경이 반드시 뒷받침되어야 한다. 예를 들어, 에버랜드 아마존 익스프레스에서는 직원들이 밝은 목소리로 인사하고, 긴 대기 시간 동안 농담이나 퍼포먼스로 고객들을 즐겁게 해주는 모습을 볼 수 있다.

고객경험관리(CEM)의 중요성과 대표기업 사례

항목	중요성	대표기업 사례
차별화 수단	제품이 유사한 상황에서 경험이 경쟁력이 된다.	스타벅스: 카페 음료는 비슷하지만 인테리어나 음악으로 차별화된 곳 선호
충성도와 수익성	좋은 경험은 단골을 만들고 다시 오게 만든다.	애플(Apple): 매끄러운 사용 경험과 감성적 UX로 높은 충성도 확보
경험 = 브랜드	다양한 접점에서의 경험이 브랜드 인식을 만든다.	카카오: 앱, 메시지, 결제 등에서 일관된 사용자 경험 제공
부정적 경험의 확산	나쁜 경험은 빠르게 퍼져 브랜드에 타격을 준다.	대한항공(땅콩 회항): 한 번의 응대 실패가 전 세계 이슈로 확산됨
직원경험과 연결	내부 직원의 태도가 고객경험에 영향을 준다.	디즈니(Disney): 직원(캐스트) 교육을 통해 고객 감동 서비스 실현

PLUS 들여다보기

고객경험에 특별함을 더한 '인스파이어 리조트'에 대해 알아볼까요?

인스파이어 리조트는 단순히 '머무는 곳'이 아니라, 접점 하나하나가 특별한 경험이 되도록 설계되어 있어요. 감동의 체험형 콘텐츠를 더해 리조트 안에서 쇼도 보고, 공연도 즐길 수 있어요. 리조트 곳곳에 있는 포토존, 음식이 예쁘게 나오는 뷔페, 멋진 야경이 보이는 객실 등은 사진을 찍고 싶은 욕구를 자극해요. 이런 특별함은 고객들에게 멋진 경험이 되죠.

출처: https://www.inspirekorea.com/ko/entertainment/attraction-venue/aurora

출처: 인스파이어리조트 사이트

2 고객경험의 구성요소

고객경험은 단순히 한순간의 서비스가 아니라, 고객이 브랜드와 만나는 처음부터 끝까지 모든 순간에서 느끼는 감정과 기억이다. 예를 들어, 쇼핑몰 앱을 열었을 때 화면이 보기 편한지, 상품이 잘 정리되어 있는지, 주문 과정이 복잡하지 않은지, 배송이 빠르고 포장 상태가 괜찮은지도 모두 고객경험에 포함된다.

고객경험을 제대로 만들기 위해서는 전체 과정을 쪼개서 하나씩 살펴봐야 한다. 어떤 과정을 거쳐 고객이 우리 서비스를 만나고 사용하는지, 그 과정에서 어떤 기분이 드는지를 생각하며 설계해야 한다.

1) 고객 여정(Customer Journey)

고객 여정은 고객이 브랜드와 함께하는 '여행 코스'라고 생각하면 쉽다. 처음 브랜드를 알게 된 순간부터, 상품을 고르고, 사고, 써보고, 다시 살지 고민하는 것까지가 한 여행이다. 이 여행의 각 정류장(단계)에서 어떤 경험을 하게 될지를 잘 설계하는 것이 중요하다.

PLUS 들여다보기

고객 여정(Customer Journey)에 대해 알아볼까요?

쇼핑몰 앱을 사용할 때 고객 여정은 이렇게 5단계로 나눌 수 있어요.

1. 인지 단계: SNS에서 광고를 보고 처음 브랜드를 알게 됨
2. 관심/고려 단계: 상품을 찜하거나, 다른 상품과 비교하면서 고민
3. 구매 단계: 원하는 상품을 장바구니에 담고 결제
4. 사용/경험 단계: 배송된 상품을 직접 사용하거나 입어봄
5. 사후관리 단계: 후기를 쓰거나, 문제가 있으면 교환·반품을 신청하고, 재구매 고민

고객 여정

2) 고객 접점(Touch point)

(1) 접점(Touch point)

접점이란 말 그대로 고객이 브랜드와 실제로 마주치고 손이 닿는 모든 순간을 뜻한다. Touch Point라는 단어처럼, 고객이 브랜드를 '터치'하는 장면 하나하나가 모두 접점이 된다.

가족과 함께 리조트에 여행을 갔다고 상상해 보자. 예약을 위해 홈페이지를 열었을 때 보이는 첫 화면, 궁금한 점을 묻기 위해 채팅 상담을 했을 때의 응대 방식, 프런트 데스크에서 만난 직원의 태도, 객실의 냄새와 청결 상태, 조식 레스토랑에서 받은 서비스, 이 순간들이 고객이 브랜드를 직접 느끼고 평가하는 접점이다.

접점 하나가 불편하거나 기분 나쁘게 느껴지면, 전체 리조트가 별로였다고 기억될 수 있다.

리조트 이용 고객 접점(Touch point)과 고객경험

접점 단계	접점	고객이 느끼는 경험
예약 전	홈페이지 첫 화면, 검색엔진 정보, SNS 후기	"홈페이지가 깔끔하고, 정보가 잘 정리돼 있어서 믿음이 간다."
예약 시	온라인 예약 시스템, 전화 응대, 채팅 상담	"궁금한 사항이 있어 채팅으로 문의했는데 신속하고 친절한 답변으로 예약하고 싶어졌다."
체크인	로비 안내, 프런트 데스크 인사, 대기 시간, 직원의 안내	"직원이 맞이 인사와 함께 시설에 대한 안내를 친절하게 해주어 존중받는다는 느낌을 받았다."
객실 이용	객실의 향기, 청결 상태, 비품 상태, 조명, TV 등 시설	"방에 들어갔는데 침대가 깔끔하고 향기도 좋아서 편안함과 포근함을 느꼈다."
식음 서비스	조식 레스토랑의 메뉴 구성, 직원의 응대, 음식의 맛과 속도	"음식은 다양하게 준비되어 있고, 즉시 조리해 주는 음식들로 따뜻하고 맛있게 즐길 수 있었다."
부대 시설	수영장, 스파, 피트니스, 놀이시설에서의 응대 및 편의성	"수영장은 SNS에서 본 것과 동일했고, 포토스팟에서 인생샷도 남길 수 있어서 행복했다."
체크 아웃	퇴실 시 인사, 청구 명세서 확인, 수하물 도움, 차량 안내 등	"빠른 체크아웃 시스템이 있어 오래 기다리지 않아 편리했다."
이후 경험	만족도 설문 문자, 이메일 쿠폰, 리뷰 응답 등	"만족도 설문에 응모하니 커피쿠폰 제공과 내가 쓴 리뷰에도 답글을 써주어서 기분이 좋았다."

(2) 디지털 접점(Digital Touch Point)

요즘은 직접 방문하지 않더라도, 스마트폰이나 컴퓨터를 통해 브랜드를 경험하는 경우가 점점 더 많아지고 있다. 그래서 이제는 오프라인 접점뿐 아니라, 디지털 환경에서의 접점도 매우 중요하게 여겨진다. 온라인에서 브랜드를 먼저 만나고 정보를 탐색하는 순간을 우리는 디지털 접점(Digital Touch Point)이라고 부른다.

디지털 접점은 고객이 테마파크에 직접 가지 않더라도, 홈페이지를 둘러보고, 모바일로 티켓을 예매하고, 지도나 운영정보를 확인하고, SNS나 유튜브에서 테마파크 콘텐츠를 보는 전 과정을 포함한다.

또한, 방문 후에는 후기 작성이나 문자 설문 응답, 쿠폰 수신 등을 통해 다시 한 번 브랜드를 경험하게 된다.

즉, 테마파크를 방문하기 전부터 이용 후까지의 전체 과정이 오프라인보다 디지털 환경에서 먼저 시작되고 끝나는 시대가 되었다는 뜻이다.

테마파크 이용 디지털 접점(Digital Touch Point)

디지털 접점 단계	구체적 예시
정보 탐색	공식 홈페이지, 블로그 후기, 유튜브 놀이기구 영상
온라인 예매	에버랜드 앱, 예매 사이트(네이버, 티몬 등), 간편결제
앱 활용	테마파크 앱에서 실시간 대기 시간 확인, 지도, 푸시 알림
현장 디지털 기기	모바일 입장권, 키오스크 발권기, 자동 입장 게이트
SNS 참여	인스타그램 후기, 포토존 해시태그 이벤트, 틱톡 영상 공유
리뷰 작성/피드백	후기 작성, 문자 설문 참여, 다음 방문 쿠폰 수신

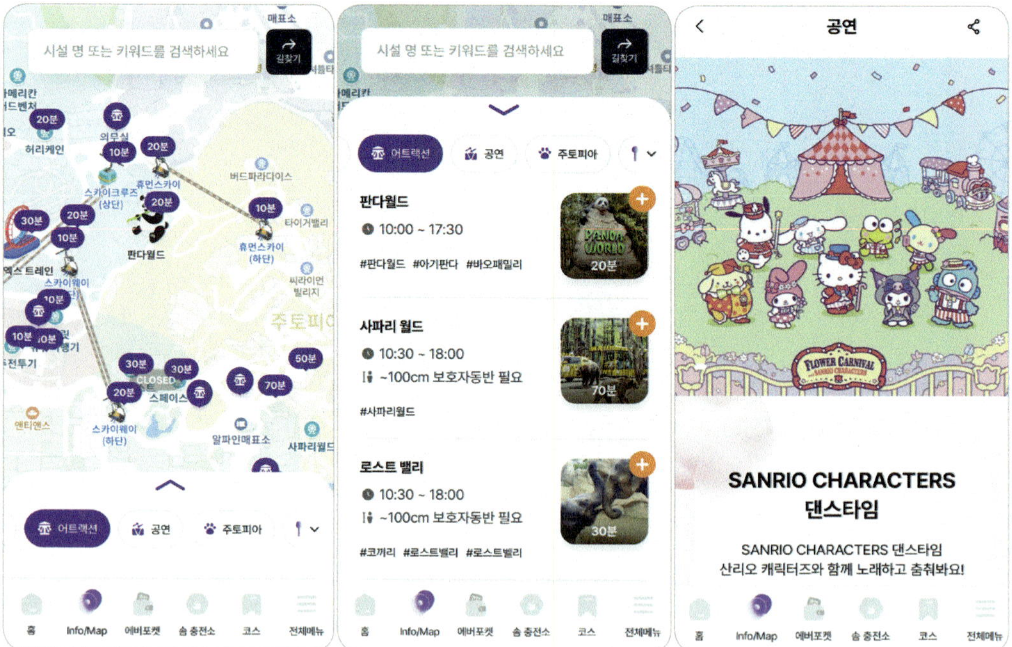

출처: 개인소장

PLUS 들여다보기

에버랜드의 디지털 접점에 대해 알아볼까요?

에버랜드 앱을 사용하면 놀이기구의 대기 시간을 실시간으로 확인할 수 있어, 줄이 짧은 곳부터 효율적으로 즐길 수 있어요.

또한 온라인에서 할인쿠폰을 받아 저렴하게 입장권을 구매하거나, 모바일 티켓으로 간편하게 입장하는 등 디지털 서비스를 통해 편리함을 경험할 수 있어요.

이처럼 디지털 접점은 테마파크를 이용하는 전 과정—입장 전 정보 탐색부터, 이용 중 편의 기능, 이용 후 피드백까지—을 더 똑똑하고 즐겁게 만들어줘요.

앱 푸시 알림, 포토존 해시태그 이벤트, 후기 작성과 쿠폰 제공 등 다양한 디지털 요소들은 고객의 경험을 더 풍성하게 만드는 중요한 역할을 해요.

기술은 고객의 시간을 절약하고 경험을 최적화해 주는 도구이지만, 그 안에서 고객의 감정과 기대를 세심하게 살피는 것이 진정한 고객경험관리의 핵심이에요.

(3) 접점 관리의 중요성

서비스 산업에서는 고객과 만나는 순간순간(접점)이 전체 경험을 좌우한다. 접점 하나하나가 고객의 감정과 판단에 큰 영향을 주기 때문에, 이를 잘 관리하는 것이 매우 중요하다.

그 이유는 다음과 같다.

❶ 첫인상을 결정한다.

접점은 고객이 브랜드를 처음 만나는 순간이기 때문에, 첫인상을 결정짓는다.

예를 들어, 처음 간 레스토랑에서 직원이 무뚝뚝하게 인사하면 음식이 아무리 맛있어도 기분이 좋지 않다.

첫인상은 한 번 형성되면 바꾸기 어렵기 때문에, 첫 접점의 인상은 특히 중요하다.

❷ 전체 서비스 품질을 대표한다.

고객은 하나의 접점 경험으로 전체를 판단하기도 한다.

예를 들어, 깨끗한 호텔 객실에서 머리카락을 발견한다면, 고객은 호텔 전체가 비위생적이라고 생각할 수 있다.

반대로 버스 기사의 따뜻한 한마디가 교통회사 전체에 대한 이미지를 좋게 만들 수 있다.

❸ 고객 충성도에 영향을 준다.

고객이 좋은 접점 경험을 하면, 다시 방문하거나 친구에게 추천하고 싶어진다.

우리가 자주 가는 미용실이나 카페를 떠올려보자. 이런 곳들은 대부분 직원 응대나 분위기 등 접점 관리가 잘 되어 있기 때문에 단골이 된 경우가 많다.

❹ 경쟁사와의 차별화 수단이 된다.

비슷한 가격과 품질의 서비스라면, 더 나은 접점 경험을 제공하는 곳이 선택받는다.

그래서 요즘 카페들은 독특한 인테리어나 반려동물을 위한 메뉴, 손편지 같은 특별한 경험 요소로 차별화하고 있다.

❺ 비용 대비 효과가 크다.

접점 관리는 비교적 적은 비용으로 큰 효과를 얻을 수 있다.

직원 교육이나 시설 개선에 드는 비용보다, 고객 만족과 재방문으로 얻는 이익이 훨씬 크다.

게다가 요즘은 SNS 후기나 인증샷을 통해 좋은 접점 경험이 자연스럽게 홍보로 이어지기도 한다.

(4) 접점 관리 방법

고객이 브랜드와 만나는 모든 순간, 즉 접점을 잘 관리하면 고객이 좋은 기억을 갖게 된다. 아래와 같은 쉬운 방법들을 활용할 수 있다.

① 고객이 어떤 과정을 거치는지 그림으로 정리하는 고객여정지도(Customer Journey Map)를 그려본다.

② 고객이 각 순간에 기대하는 것과 실제로 받은 서비스를 비교해 본다.

③ 고객이 특히 민감하게 반응하는 순간(MOT, 결정적 순간)에는 기대보다 더 좋은 서비스를 준비한다.

④ 오프라인(현장)과 온라인(앱이나 웹사이트)에서의 서비스가 분리되지 않고 통합된 경험을 제공할 수 있도록 부서 간 협력이 필요하다.

⑤ 고객 리뷰나 피드백을 살펴보고, 불편을 느낀 부분이 있다면 빠르게 고친다.

학생 식당 고객여정지도

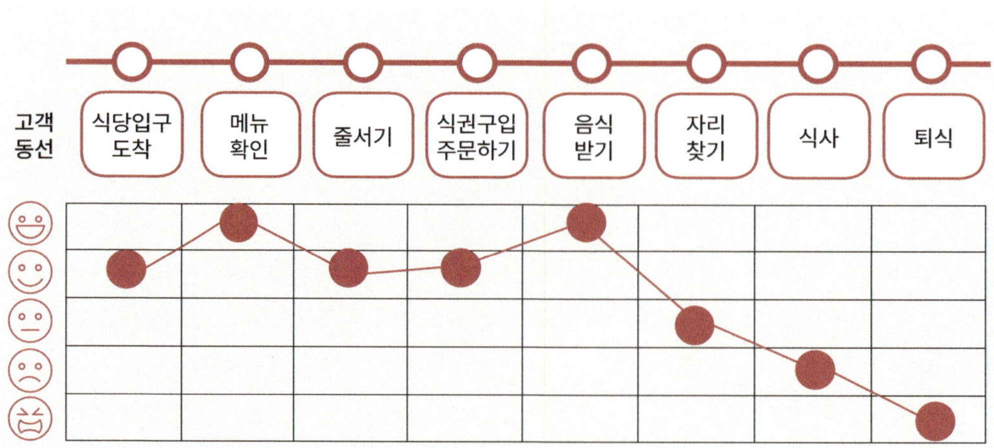

3) MOT, 결정적 순간(Moment of Truth)

(1) MOT 정의

MOT는 Moment of Truth의 약자로 우리말로는 결정적 순간 또는 진실의 순간이라고 한다.

이 개념은 스웨덴 항공사 SAS의 CEO였던 얀 칼슨(Jan Carlzon)이 처음 소개하면서 유명해졌다.

MOT는 고객이 기업의 서비스를 직접 경험하면서, '아, 이 회사는 이런 곳이구나' 하고 판단하게 되는 아주 중요한 순간을 의미한다.

이 순간은 몇 초 안 될 수도 있지만, 그 짧은 순간의 감정과 인상은 오랫동안 고객의 기억에 남는다.

일상생활 속 MOT

업종	MOT(결정적 순간) 사례
카페에서 MOT	• 처음 카페에 들어갔을 때 직원의 첫 인사 • 주문한 음료를 받는 순간 • 문제가 생겼을 때(음료가 쏟아졌거나 주문이 잘못됐을 때) 직원의 대응
대학생활에서 MOT	• 수강신청 시스템 접속 순간 • 교수님께 질문했을 때의 반응 • 학생증을 분실했을 때 행정실의 대응
항공 서비스에서 MOT	• 체크인 카운터에서의 첫 만남 • 탑승구를 안내받는 순간 • 기내 승무원의 첫 인사 • 비행 지연 시 안내 방식 • 수하물 찾는 과정

PLUS 들여다보기

서비스 환경 속 결정적인 순간에 대해 알아볼까요?

- **항공사 이용 시**

공항 셀프 체크인 키오스크 사용이 서툴러 두리번 거리는 경우
직원이 먼저 다가와 "제가 도와드릴까요?" 하며 친절히 안내해 주는 순간

- **호텔 투숙 시**

비 오는 날 호텔에 도착하니, 입구에 있던 직원이 우산을 받아주고,
젖은 짐은 마른 수건으로 정성스럽게 닦아주는 순간

- **카페 이용 시**

친구랑 대화하다 주문한 음료를 놓친 순간,
직원이 "괜찮으세요? 새 음료로 다시 준비해 드리겠습니다." 하며 걱정해 주는 순간

이런 순간은 몇 초 안 될 수도 있지만,
그 짧은 순간의 감정과 인상은 오랫동안 고객의 기억에 남게 돼요.

(2) MOT 중요성

MOT, 즉 결정적 순간은 아주 짧은 순간이지만, 이때 고객이 어떤 기분을 느끼느냐에 따라 그 서비스나 브랜드 전체에 대한 인상이 확 달라진다.

예를 들어, 처음 만난 직원이 무뚝뚝하게 인사하거나, 문제가 생겼을 때 아무 말 없이 넘어간다면 그 브랜드는 나에게 '불친절하고 신경 안 쓰는 곳'으로 느껴진다.

반대로 아주 사소한 친절 하나로 좋은 기억을 만들 수도 있다.

❶ 첫인상은 오래 기억된다.

사람은 처음 받았던 느낌을 쉽게 잊지 않는다.

예를 들어, 처음 간 카페에서 직원의 밝은 인사와 친절함을 보았다면 그날 음료가 조금 늦게 나와도 기분 좋게 기다릴 수 있다.

❷ 고객을 떠나지 않게 만들고, 단골로 이어진다.

한 번이라도 불쾌한 순간을 경험하면 '다시는 여기 안 와야지' 하고 마음먹게 된다.

반면, 기대하지 않았던 작은 배려는 '여기 다음에 또 와야지' 하고 재방문으로 이어진다.

친절한 대응은 친구들에게 추천하는 계기가 되기도 한다.

❸ 입소문이 정말 빠르게 퍼진다.

요즘은 SNS나 블로그 후기를 통해 고객경험이 금방 퍼진다. "여기는 필수 방문, 꼭 가봐!" 또는 "진짜 별로였어…"라는 말 한마디가 브랜드에 큰 영향을 준다.

❹ 무엇을 받았는지보다, 어떻게 느꼈는지가 더 중요하다.

서비스업에서는 물건보다 감정이 더 중요하다.

음료를 받는 순간, 친절하게 건네는지 무심하게 던지듯 주는지에 따라 느껴지는 품질이 달라진다.

PLUS 들여다보기

짧은 순간이 기억을 바꿀 수 있을까요?

처음 만난 사람의 첫 한마디나 표정 때문에 그 사람에 대한 느낌이 확 바뀌는 경험, 누구나 한 번쯤은 해봤을 거예요.

서비스도 마찬가지예요.

MOT, 즉 결정적 순간은 정말 짧지만, 그때 고객이 어떤 기분을 느끼느냐에 따라 그 브랜드 전체가 '친절하다', '불친절하다'로 기억될 수 있어요.

(3) MOT 관리 체크리스트

MOT 관리 체크리스트

항목	체크 질문	체크
1. 고객 여정을 잘 파악했는가?	고객이 처음부터 끝까지 어떤 과정을 거치는지 그려봤는가?	
2. 중요한 순간(MOT)을 골랐는가?	고객이 감정적으로 가장 민감할 수 있는 순간을 찾았는가?	
3. 고객의 기대를 알고 있는가?	그 순간에 고객이 무엇을 기대할지 생각해 봤는가?	
4. 기대보다 더 나은 경험을 준비했는가?	고객이 '오, 이런 것까지?'라고 느낄 만한 배려가 있었는가?	
5. 직원의 말투와 표정도 고려했는가?	인사, 말투, 표정, 행동까지 구체적으로 정해두었는가?	
6. 서비스 매뉴얼이 있는가?	MOT 순간을 어떻게 대응해야 하는지 직원이 알고 있는가?	
7. 피드백을 받고 있는가?	고객 의견이나 리뷰를 수집하고 있는가?	
8. 피드백을 반영해 개선했는가?	불만족 사례가 있었을 때, 실제로 서비스를 바꿔본 적이 있는가?	

위 항목 중 3개 이상 NO라면, MOT 개선이 필요하다.

PLUS 들여다보기

Touch Point와 MOT의 차이에 대해 알아볼까요?

Touch Point는 고객이 브랜드나 기업과 직접 또는 간접적으로 만나는 모든 지점을 의미해요. 접점은 매우 다양하며, 고객경험 전체 과정에 걸쳐 존재하죠.
반면, MOT는 고객이 제품이나 서비스를 접하면서 브랜드에 대한 인상을 결정짓는 핵심적인 순간을 말해요. 모든 접점이 MOT는 아니며, 고객의 기대와 실제 경험이 강하게 교차하는 특별한 순간만 해당돼요.
간단히 말해, Touch Point는 고객과 만나는 '모든 순간', MOT는 그중에서도 고객 기억에 남는 '결정적인 순간'이라고 이해하면 쉬워요.

3 고객경험관리 프로세스

고객경험관리(Customer Experience Management, CEM)란 고객이 서비스를 처음 접할 때부터 마지막까지 어떤 경험을 하는지 전체 흐름을 살펴보고, 그 경험을 더 좋게 만들기 위해 계획하고 관리하는 활동을 말한다.

단순히 좋은 서비스만 제공하는 것이 아니라, 고객이 어떻게 느끼는지를 중심에 두고 관리하는 것이 핵심이다.

PLUS 들여다보기

고객경험, 한 번만 관리하면 될까요?

고객경험관리는 한 번으로 끝나는 작업이 아니에요.
마치 꽃을 키우듯, 고객의 경험도 꾸준한 관심과 관리가 필요해요.
고객의 목소리를 자주 듣고, 고객의 입장에서 생각해 보며, 무엇을 더 좋아할지 고민하는 태도가 중요해요.
작은 변화라도 고객이 체감할 수 있다면, 그것이 성공적인 고객경험관리의 시작이에요.

대학축제의 고객경험관리 프로세스 사례

단계	주요 활동	목적
고객 이해	고객 조사, 페르소나 설정	고객의 기대와 니즈 파악
고객 여정 파악	고객 여정맵 작성	고객과 브랜드의 만남 전 과정 시각화
접점 분석 및 진단	접점별 문제점 분석, VOC 수집	문제 발견 및 개선 포인트 도출
개선안 설계 및 실행	감동 포인트 설계, 실행 및 직원 교육	고객 기대 초과, 일관된 서비스 제공
평가와 피드백	결과 평가, 피드백 수집, 개선 사이클 반복	서비스 품질 향상과 재구매 유도

1) 고객 이해

(1) 우리 서비스를 이용하는 고객이 누구인지 파악한다.

(2) 고객의 특성, 선호도, 행동 패턴을 조사한다.

(3) 고객의 필요와 기대를 이해한다.

● 고객 이해하기 사례

① 주요 고객: 우리 학교 학생들과 외부 방문객, 20대 초반이 많고, 맛있는 음식과 재미있는 활동을 찾는다.
② 고객특성: 가격에 민감하며, SNS에 올릴 만한 독특한 경험을 원한다.
③ 줄 서는 시간이 15분 이상이면 다른 부스로 이동하는 경향이 있다.

2) 고객 여정 파악

(1) 고객이 서비스를 접하는 첫 순간부터 마지막까지의 모든 경로를 그려본다.

(2) 각 접점(Touch Point)에서 고객이 무엇을 경험하는지 파악한다.

(3) 특히 중요한 결정적 순간(MOT)을 찾아낸다.

● 고객 여정 파악하기 사례

① 고객 여정: 부스 발견 → 메뉴/가격 확인 → 줄 서기 → 주문하기 → 기다리기 → 음식 받기 → 맛보기 → 후기 남기기
② 중요 접점: 부스 이미지, 메뉴판 디자인, 주문받는 방식, 기다리는 동안의 경험, 음식의 맛과 비주얼
③ MOT: 메뉴판이 잘 보이는가, 줄 서는 시간이 적절한가, 음식이 기대했던 맛인가

3) 접점 분석 및 진단

(1) 파악한 접점에서 좋은 경험을 줄 수 있는 방법을 설계한다.

(2) 특히 MOT에서 기대 이상의 경험을 제공할 방법을 찾는다.

(3) 부정적인 경험을 최소화하고 긍정적인 경험을 극대화한다.

● 접점 분석 및 진단 사례

① 눈에 띄는 대형 메뉴판과 실제 음식 샘플을 전시한다.
② 줄 서는 사람들에게 작은 시식 샘플을 제공한다.
③ 주문 후 진동벨을 나눠주어 기다리는 동안 다른 부스 구경이 가능하게 한다.
④ 음식 포장에 귀여운 스티커나 메시지를 넣어 SNS 공유를 유도한다.

4) 개선안 설계 및 실행

(1) 설계한 경험을 실제로 고객에게 제공한다.

(2) 직원 교육을 통해 일관된 서비스를 제공한다.

(3) 모든 접점에서 동일한 수준의 경험을 유지한다.

● 개선안 설계 및 실행 사례

① 부스 운영 팀원들에게 인사말, 주문받는 방법, 자주 묻는 질문에 대한 답변을 교육한다.
② 모든 팀원이 동일한 복장(예: 같은 색 티셔츠)을 입어 통일감을 준다.
③ 음식 준비 과정과 양을 표준화하여 모든 고객이 같은 품질의 음식을 받게 한다.
④ 피크 타임에 인원을 더 배치하여 대기 시간을 최소화한다.

5) 평가와 피드백

(1) 제공된 경험이 고객 기대에 부합했는지 평가한다.

(2) 피드백을 수집하고 분석한다.

(3) 개선점을 찾아 다음 서비스에 반영한다.

● 평가와 피드백 사례

① QR코드를 통한 간단한 만족도 설문을 실시한다.
② SNS 해시태그를 만들어 고객들의 후기를 모니터링한다.
③ '가장 좋았던 점'과 '개선했으면 하는 점'을 묻는 포스트잇 보드를 설치한다.
④ 수집된 의견을 바탕으로 다음 날 메뉴나 운영 방식을 조정한다.

4 고객경험관리 사례

지금 이 순간에도 많은 기업들이 현장에서 고객의 경험을 세심하게 설계하고 관리하고 있다.

우리가 자주 찾는 커피숍, 테마파크, 쇼핑앱에도 고객이 '와, 좋다!'라고 느끼도록 하기 위한 수많은 노력이 숨어 있다.

고객경험관리는 고객이 어떤 경로로 브랜드를 만나고, 그 과정에서 어떤 감정을 느끼는지를 하나하나 따져가며 서비스를 설계하는 일이다.

그렇다면 이제, 우리 주변에서 고객의 감정을 정성껏 관리하는 브랜드들이 어떻게 고객경험관리를 실천하고 있는지 실제 사례를 통해 살펴보자.

1) 특별한 경험을 제공하는 '스타벅스 경동1960점'

서울 동대문구 경동시장 안에 있는 '스타벅스 경동1960점'은 옛날 극장을 리모델링해서 만든 매장이다. 이 매장은 커피 파는 공간을 넘어서, 브랜드를 직접 체험할 수 있는 공간으로 만들어졌다.

고객은 무대처럼 생긴 주문대에서 커피를 주문하고, 이름이 스크린에 영화 엔딩처럼 뜨는 것을 보면서 색다른 감동을 느낀다. 또한 이 매장에서 커피를 마시면 일부 금액이 지역시장 발전에 쓰이기 때문에, 고객은 소비와 함께 좋은 일을 한다는 뿌듯함도 함께 얻는다.

스타벅스 경동1960점의 특별한 경험

구분	내용	고객 입장에서 느끼는 경험
공간	1960년대 극장 느낌을 그대로 살려 무대·객석 구조 유지	영화관 같은 분위기에서 커피 마시는 특별한 기분을 느낀다.
디지털 요소	주문 후 이름이 벽면에 '엔딩 크레딧'처럼 표시됨	나만을 위한 영화에 출연하는 느낌을 준다.
지역 상생	매출 일부를 경동시장에 기부함	소비하면서 좋은 일도 함께한다는 뿌듯함이 생긴다.
문화 체험	지역 예술가 공연, 친환경 전시 체험 공간 제공	커피 외에도 문화와 재미를 함께 즐길 수 있다.

출처: https://map.naver.com/p/entry/place/1074329215?c=15.00,0,0,0,dh&placePath=/phot

2) 세계 최초 ACI 고객경험인증 5단계 획득 '인천국제공항'

인천국제공항은 2022년에 국제공항협의회(ACI)에서 만든 고객경험인증제에서 세계 최초로 최고 등급인 5단계 인증을 받은 공항이다. 이 인증은 공항이 얼마나 고객을 잘 이해하고, 서비스를 새롭게 만들고, 운영을 잘하고 있는지를 평가해 준다.

인천공항은 이 평가에서 좋은 점수를 받아 전 세계에서 고객을 가장 잘 생각하는 공항으로 인정받았다.

PLUS 들여다보기

ACI에 대해 알아볼까요?

ACI(Airports Council International)는 전 세계 공항들이 가입한 국제기구로, 공항 서비스의 품질과 고객경험 향상을 위해 기준을 만들고 인증을 부여해요. 이 인증은 공항의 고객 중심 운영, 서비스 혁신, 고객 참여 등 8개 영역을 평가해 단계별로 부여돼요.

인천국제공항은 2022년, 세계 최초로 ACI 고객경험인증 5단계를 획득했어요. "인천공항은 단순히 '좋은 서비스'가 아니라, 고객경험을 어떻게 설계하고 관리하는지 전 세계 공항의 본보기가 된 곳"이에요.

(1) 편리하고, 스마트한 시스템을 제공한다

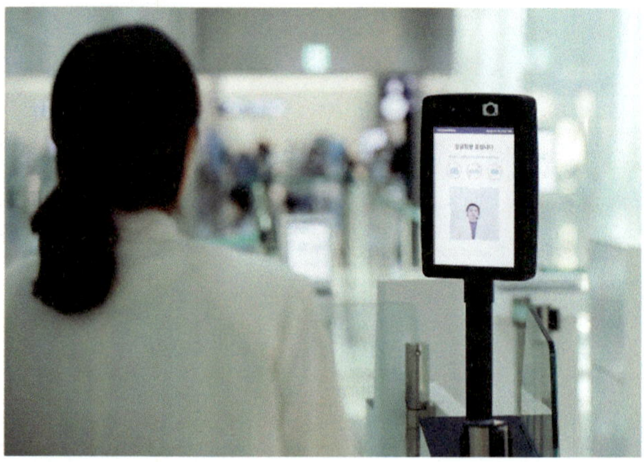

출처: 인천공항, https://www.fnnews.com/news/202501231207109745

인천공항은 고객이 줄을 오래 서지 않도록 스마트패스와 이지드랍 같은 똑똑한 시스템을 만들었다. 스마트패스는 얼굴을 인식해서 출국 심사를 빠르게 할 수 있게 도와준다. 이지드랍은 공항 외부에서 미리 수하물을 부칠 수 있는 서비스이다.

이런 시스템 덕분에 고객은 기다리는 시간도 줄고, 공항 이용이 더 편리해진다.

(2) 환승 고객의 편의를 제공한다

비행기를 갈아타는 환승 고객을 위해서도 특별히 신경을 쓴다.

인천공항은 환승 과정을 8개 단계로 나누고, 세부 절차도 하나하나 분석해서 불편한 점을 찾아낸다. 그리고 환승고객을 위한 환승투어 운영뿐만 아니라 고객이 기다리는 동안 쇼핑도 하고, 쉴 수 있고, 문화 체험도 할 수 있는 공간을 마련한다.

출처: 인천공항, https://www.airport.kr/ap_ko/943/subview.do

(3) 고객의 의견을 직접 듣는다

인천공항은 고객위원회를 만들어 다양한 나이와 국적의 고객들이 직접 공항 서비스에 대해 이야기할 수 있게 한다.

실제로 공항을 이용한 고객들이 불편했던 점이나 바라는 점을 말하면, 그 의견을 반영해서 서비스를 더 좋게 개선해 나간다. 이런 과정을 통해 고객이 느끼는 진짜 경험을 중심으로 공항을 운영하고 있다.

3) 고객의 마음을 빠르게 읽는 온라인 쇼핑몰 '무신사'

무신사는 10~20대 고객들이 옷을 사고 싶은 순간에 가장 먼저 떠올리는 온라인 쇼핑몰이다.

옷을 파는 것뿐 아니라, 고객의 기분과 감정까지 섬세하게 관리하며 고객경험을 가장 중요하게 여기는 브랜드로 유명하다.

고객과 온라인에서 만나는 짧은 순간에도, 진심이 느껴지게 만든다.

(1) 고객 리뷰에 진심으로 답한다

무신사는 고객이 남긴 상품 리뷰 하나하나에 정성스럽게 답을 남긴다.

"상품이 생각보다 커요"라는 리뷰에는 "고객님의 의견을 참고하여 다음 시즌엔 사이즈를 더 다양하게 준비하겠습니다"라고 답한다. 단순히 복사해서 붙여넣기 형식이 아니라, 고객 한 명 한 명의 말에 귀 기울이는 태도를 보여준다.

그래서 고객은 '내 말이 진짜 반영되는구나'라고 느낀다.

(2) 고객과 '같은 눈높이'에서 소통한다

무신사의 유튜브나 SNS에는 광고 느낌보다는 친구처럼 말하는 콘텐츠가 많다.

"요즘 입기 좋은 대학생룩 TOP5", "20대가 진짜 좋아하는 신발" 같은 콘텐츠는 고객의 관심을 정확히 파악하고 만든다.

그래서 고객은 '무신사는 우리가 뭘 좋아하는지 진짜 잘 알아'라는 생각을 하게 된다.

(3) 오프라인 공간에서도 감정을 생각한다

무신사는 온라인 쇼핑몰이지만, 고객이 직접 옷을 입어보고 선택하는 경험도 중요하게 생각한다. 그래서 서울 홍대에는 '무신사 스탠다드'라는 오프라인 매장을 만들었다.

이 매장은 단순히 옷을 파는 곳이 아니라, 고객이 편하게 둘러보고, 직접 입어보며, 나에게 맞는 옷을 찾을 수 있는 체험 공간이다.

키와 체형에 맞는 옷을 추천해 주는 전시 구역이 있고, 피팅룸이 넓고 자유롭게 입어볼 수 있도록 되어 있다. 직원의 눈치를 보지 않아도 되는 편안한 분위기가 특징이다.

매장 안에는 예쁘게 사진을 찍을 수 있는 포토존도 마련되어 있어, 쇼핑 자체가 재미있는 경험이 된다.

출처: 무신사, https://www.musinsa.com/offline/20

Check Point!

① 고객경험관리(CEM)는 감정을 설계·관리하는 활동이다.

고객경험관리(Customer Experience Management, CEM)는 고객이 브랜드와 만나는 모든 순간에 긍정적인 감정을 남기도록 설계하고 관리하는 활동이다. 단순한 제품이나 가격 경쟁을 넘어 고객이 경험하는 과정 속 감정이 브랜드 평가와 충성도에 큰 영향을 미친다.

② 고객경험은 여정, 접점, 결정적 순간(MOT)으로 구성된다.

고객 여정은 브랜드 인지부터 구매, 사용, 피드백까지 전 과정을 설계하는 것이다. 접점은 오프라인·온라인·디지털 등 고객이 브랜드와 만나는 모든 순간이며, MOT는 고객 감정이 민감하게 반응하는 짧고 강렬한 순간으로 브랜드 이미지에 큰 영향을 미친다.

③ 고객경험관리는 5단계 프로세스로 운영된다.

고객 이해하기 → 고객 여정 파악하기 → 경험 설계하기 → 경험 전달하기 → 평가 및 개선하기의 순서로 체계적으로 관리된다.

제 6 장

서비스 품질 분석

학습목표

1. 서비스 품질의 개념과 과정 품질·결과 품질의 차이를 구분하여 설명할 수 있다.
2. SERVQUAL 5대 차원과 주요 서비스 품질 인증 지표의 특징을 설명할 수 있다.

서비스를 이용하는 순간, 고객은 머릿속으로 평가를 시작한다. '생각보다 좋다', '이건 아쉽다' 같은 느낌이 자연스럽게 자리 잡는다. 이런 경험들은 금세 다른 사람과 공유되기도 한다. 소셜미디어와 리뷰 사이트를 통해 고객의 경험은 수많은 사람들에게 확산된다.

기업 입장에서는 한 번의 서비스가 브랜드 이미지와 신뢰를 좌우하는 중요한 순간이 된다. 그렇기 때문에 서비스 품질을 어떻게 유지하고 관리할 것인가는 기업 경쟁력의 핵심이 된다.

1 서비스 품질

1) 서비스 품질 정의

서비스 품질이란 고객이 서비스를 이용하면서 느끼는 전반적인 만족감을 의미한다. 다시 말해, 서비스를 경험한 후 고객이 '생각보다 더 좋았어!', '여기 진짜 괜찮다'라고 느낀다면, 그 서비스는 품질이 높다고 할 수 있다.

2) 서비스 품질 결정요인

서비스는 대부분 눈에 보이지 않는 '무형(intangible)'의 특징을 가진다. 그래서 고객은 자신이 직접 겪은 경험 전체를 통해 품질을 판단하게 된다. 고객이 느끼는 서비스 품질의 핵심은 기대와 실제 경험 사이의 차이에서 나온다.

서비스 품질은 단순히 좋은 서비스를 제공한다고 해서 높아지는 것이 아니라 고객이 기대한 것보다 실제로 더 좋았을 때 '와, 이건 진짜 잘해줬다!'라고 느끼게 되고, 이때 품질이 높다고 평가된다.

기업이 스스로 "우리는 잘하고 있어요"라고 말해도 고객이 그렇게 느끼지 않으면 품질이 높다고 할 수 없다. 고객은 결과뿐 아니라 직원의 태도, 응대 속도, 서비스 환경 등 전 과정을 평가한다. 기대보다 더 좋았던 순간이 많을수록 서비스 품질이 높다고 느끼게 된다.

그래서 서비스 제공자는 모든 접점에서 고객이 긍정적인 경험을 할 수 있도록 세심하게 관리해야 한다.

PLUS 들여다보기

고객이 서비스 품질을 느끼는 순간에 대해 알아볼까요?

- 항공사 직원이 탑승권을 확인하며 좌석을 배려해 주고, 무거운 짐은 괜찮은지 먼저 물어볼 때
- 호텔 체크인 시 기념일 요청을 기억하고, 객실에 케이크와 메시지 카드가 미리 준비되어 있을 때
- 카페에서 직원이 인원수에 맞춰 디저트 포크를 준비해 줄 때
- 테마파크 직원이 대기 시간을 정확히 알려주고, 포토 스팟을 친절하게 추천해 줄 때

3) 서비스 품질의 두 가지 관점

서비스 품질은 과정 품질과 결과 품질 두 가지로 나뉜다. 고객이 느끼는 서비스 품질은 단순히 결과만 보고 판단하는 것이 아니라 서비스를 받는 과정에서 느끼는 감정도 포함되어야 진짜 품질이 평가된다.

(1) 과정 품질

과정 품질이란, 고객이 서비스를 받는 중에 겪는 모든 경험을 말한다.

직원의 태도, 말투, 설명의 친절함, 응대 방식, 기다리는 시간, 매장의 분위기 등이 여기에 포함된다. 서비스가 끝나기 전까지 "어떻게 대우받았는가?", "어떤 기분이 들었는가?"에 따라 고객은 과정 품질을 평가한다.

가. 과정 품질 사례

가족들과 레스토랑에서 식사를 하는 경우 직원이 메뉴를 가져다주며 "처음 방문하셨나요? 추천 메뉴와 먹는 방법 안내해 드릴게요"라고 설명해 주고, 식사 중에 "불편하신 건 없으세요? 반찬 더 챙겨드릴게요"라고 먼저 말해 줄 때 느껴지는 따뜻한 배려와 응대가 바로 과정 품질이다.

(2) 결과 품질

결과 품질이란, 서비스가 끝난 후, 고객이 실제로 받은 결과물이 기대에 얼마나 잘 맞았는지를 평가하는 것이다. 음식의 맛, 호텔 방의 청결 상태, 항공기의 정시 도착, 상품의 상태 등 눈에 보이고 확인 가능한 결과가 여기에 해당한다.

결과 품질에서는 고객이 원하는 것을 정확히 받았는지, 실수나 누락은 없었는지, 서비스 결과가 만족스러웠는지가 중요하다. 핵심은 '결과가 마음에 들었는가?'이다.

가. 결과 품질 사례

가족들과 레스토랑에서 식사를 하는 경우 주문한 음식이 따뜻하게 잘 나왔고, 플레이팅도 예쁘며, 맛도 기대 이상이었다면 식사가 끝난 후 '여기 진짜 맛있다, 또 오고 싶다'라고 느끼는 만족이 바로 결과 품질이다.

과정 품질 vs 결과 품질 비교

구분	과정 품질(Process Quality)	결과 품질(Outcome Quality)
정의	서비스를 받는 동안의 경험	서비스를 받고 난 후의 결과물
주요 요소	직원의 태도, 설명, 대기 시간, 매장 분위기 등	제품의 상태, 음식의 맛, 정시성, 정확성 등
평가 기준	"어떻게 대우받았는가?", "기분이 어땠는가?"	"결과가 괜찮았는가?", "기대에 부합했는가?"
예시	레스토랑에서 친절하게 설명하고 물을 먼저 챙겨주는 응대	주문한 음식이 따뜻하고 맛있게 잘 나왔을 때
중요성	서비스 전반에 대한 첫인상과 감정적인 만족에 영향	서비스의 실질적 만족도와 재방문 의사에 영향

(3) 브랜드 사례

❶ 오늘의 집 - 인테리어 쇼핑 앱

● 과정 품질 사례

검색창에 '기숙사 수납'만 쳐도 추천 키워드가 자동 완성되고, 리뷰나 후기에서 다른

20대 사용자들의 방 꾸미기 팁을 쉽게 볼 수 있다. 구매 전에도 "이 제품과 잘 어울리는 조명은?" 같은 콘텐츠가 함께 보여서 쇼핑이 편하다. 고객이 과정 품질 만족을 위해 검색 편의성과 정보를 제공하고 있다.

● 결과 품질 사례

내가 주문한 가구와 소품이 날짜에 맞춰 잘 도착했고, 디자인도 실제 이미지와 상세설명과 일치해서 '방이 훨씬 깔끔해졌어!'라는 만족감을 느끼게 된다. 서비스를 제공받는 최종 시점에 결과적으로 가구에 대해 만족할 때 결과 품질이 충족되는 것이다.

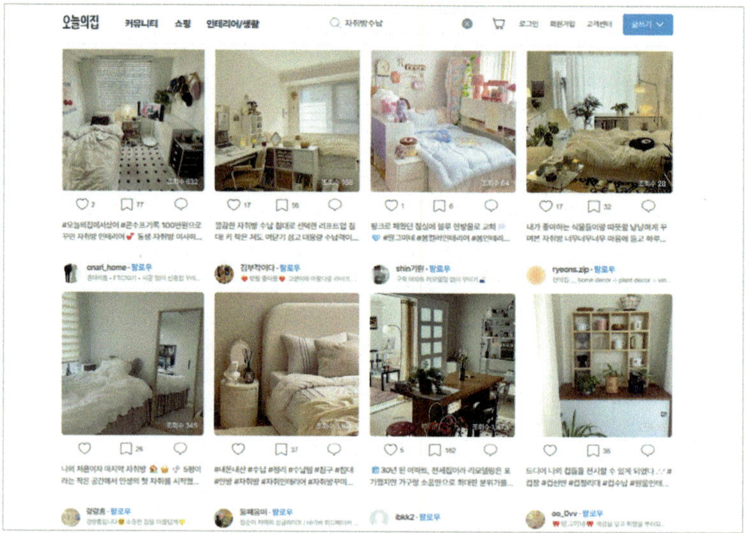

출처 : 오늘의 집 https://ohou.se/cards/feed?query=%EC%9E%90%EC%B7%A8%EB%B0%A9%EC%88%98%EB%82%A9&search_affect_type=History

❷ CGV 스위트 시네마 - 프리미엄 영화관

● 과정 품질 사례

영화 시작 30분 전 전용라운지에서 대기하고, 라운지에서는 직원의 서비스를 받으며 팝콘, 생맥주, 탄산음료, 커피 등을 무제한으로 제공받게 된다. 리클라이너 소파, 무릎담요, 슬리퍼 등 호텔 스위트룸의 최고급 서비스를 제공받는다.

결과 품질 사례

일반관과 차별화된 분위기에서 조용히 몰입이 가능하고, 타 관람객과 동선이 분리되어 소음, 방해 없이 관람이 가능하다. 영화 외적으로도 힐링과 여유를 경험하게 되며 특별한 날, 이벤트용으로 충분히 만족스러움을 느낀다.

출처: http://www.cgv.co.kr/theaters/special/defaultDetailNew.aspx?idx=7

PLUS 들여다보기

서비스의 차이는 어디서 생길까요?

고객은 서비스의 전반적인 흐름도 중요하게 보지만, 사소한 디테일에서 느껴지는 작은 친절과 배려가 전체 품질을 훨씬 더 좋게 만들어요.
직원의 한마디, 예쁘게 포장된 제품, 미리 챙겨주는 안내 한 줄이 '여긴 진짜 다르다'는 느낌을 주게 돼요.
좋은 서비스는 '과정'도 '결과'도 놓치지 않아요.

과정 품질 vs 결과 품질 체크리스트

※ 제시된 A와 B 중에서 내가 더 선호하는 서비스 품질을 각 항목마다 하나씩 선택해 본다.

번호	선택 A	선택 B	선택
1	직원이 친절하지만 음식은 평범한 식당	직원은 무뚝뚝하지만 음식이 맛있는 식당	A / B
2	배송은 늦지만 선물과 사과 메시지를 보내는 쇼핑몰	정시에 도착하지만 소통은 없는 쇼핑몰	A / B
3	20분 대기 중 계속 안내해 주는 카페	바로 입장하지만 안내 없는 카페	A / B
4	비싸지만 서비스가 기분 좋은 미용실	저렴하지만 직원이 불친절한 미용실	A / B
5	"즐거운 여행 되세요"라고 말해주는 항공사 직원	한마디도 없지만 좌석과 서비스가 좋은 비행기	A / B
6	직원이 밝은 인사와 함께 즉석으로 팝콘도 만들어주는 영화관	직원 응대는 평범하지만 화면, 음향, 좌석 상태가 완벽한 영화관	A / B
7	설명이 잘 되어 있는 편리한 쇼핑몰 앱	앱은 불편하지만 제품 퀄리티가 최고인 쇼핑몰	A / B
8	체크인 시 웰컴드링크와 기념품을 주는 호텔	응대는 평범하지만 방 상태가 완벽한 호텔	A / B
9	음식은 평범하지만 분위기, 음악, 직원 응대가 좋은 레스토랑	응대는 별로지만 음식이 입에 딱 맞는 레스토랑	A / B
10	캐릭터가 와서 사진도 찍고 대기 중 재미있는 테마파크	캐릭터는 없지만 대기 없이 바로 탈 수 있는 테마파크	A / B

체크리스트 결과

A 선택이 더 많았다면? → 당신은 과정 품질 중시형!

당신은 서비스가 얼마나 따뜻하고 배려 깊었는지를 중요하게 생각한다.
결과도 물론 중요하지만, '어떻게 받았는지'가 훨씬 기억에 남는다.

B 선택이 더 많았다면? → 당신은 결과 품질 중시형!

당신은 서비스의 결과가 기대를 충족했는지를 가장 중요하게 여긴다.
과정이 조금 부족해도 '제대로 받았는가'가 핵심 포인트다.

2 서비스 품질의 5대 차원

서비스는 눈에 보이지 않고, 만질 수도 없다. 그래서 어떤 서비스가 좋은 품질인지 판단하려면 느낌이나 감정이 아닌, 기준이 되는 측정 도구가 필요하다.

서비스 품질을 더 체계적으로 이해하기 위해 만들어진 것이 바로 서브퀄(SERVQUAL) 모델이다.

서브퀄(SERVQUAL) 모델을 좀 더 살펴보면 다음과 같다.

1) 서브퀄(SERVQUAL)

서브퀄(SERVQUAL)은 고객이 느낀 서비스의 품질을 5가지 항목으로 나누어 평가하는 도구이다. 서비스가 좋아졌는지, 안 좋아졌는지 눈으로 보긴 어렵다. 하지만 이 5가지 항목으로 나누어 보면, 어느 부분이 부족한지, 무엇을 개선해야 하는지를 알 수 있다.

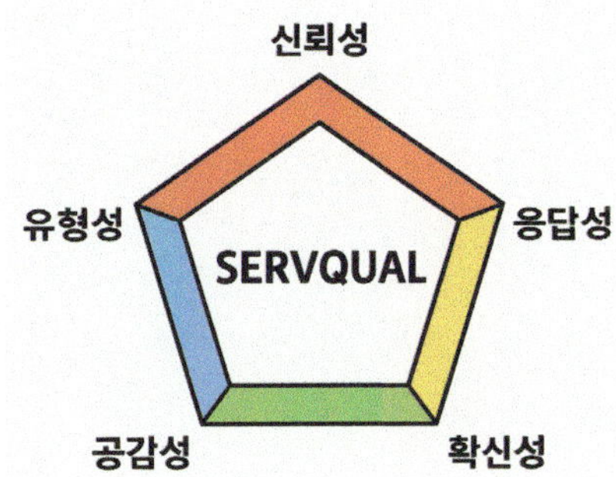

그래서 기업들은 이 모델을 바탕으로 고객 설문조사를 만들고, 고객이 어디서 불편을 느꼈는지 파악해 서비스 개선에 활용한다.

(1) 신뢰성(Reliability)

고객과 한 약속을 지키고, 정확하게 처리해 주는 서비스를 말한다. 고객은 "이곳은 믿을 수 있어", "말한 대로 해주는 곳이야"라는 느낌이 들 때 서비스의 신뢰성을 높게 평가한다.

예를 들어, 온라인 쇼핑몰에서 "3일 내 배송"이라고 안내되어 있고, 3일 안에 상품이 정확하게 도착하는 것은 물론 포장도 주문한 내용 그대로라면 고객은 "여기는 고객과의 신뢰가 좋다" 고 느끼게 된다.

(2) 확신성(Assurance)

직원이 고객을 대할 때 전문적인 지식과 친절한 태도를 함께 갖추고 있다면 그 서비스는 확신성이 높은 서비스라고 할 수 있다.

예를 들어, 처음 가본 피부과에서 직원이 "지금 피부 상태는 이러이러해서 이런 시술이 필요해요"라고 전문적인 지식을 바탕으로 쉽고 명확하게 설명해 주면 마음이 놓인다.

병원이나 미용실에서 직원이 예의 바르게 인사하고 설명을 명확하게 해줄 때, 고객은 그 서비스에 신뢰감을 갖게 된다.

(3) 공감성(Empathy)

고객이 나를 배려하고 있음을 느끼게 하는 능력이다. 단순히 친절한 게 아니라, 고객의 상황을 이해하고 맞춰주는 태도가 핵심이다.

예를 들어, 패스트푸드점에서 어르신 고객이 키오스크 사용을 어려워하는 모습을 보고, 직원이 "불편하시면 제가 직접 도와드릴게요"라며 메뉴를 천천히 설명해 주고 대신 주문까지 도와줬다면, 그건 고객의 상황을 진심으로 이해하고 배려해 준 서비스라고 할 수 있다.

이처럼 고객 한 사람 한 사람의 입장을 먼저 생각해 주는 서비스, 그것이 바로 공감성이 높은 서비스이다.

(4) 유형성(Tangibles)

고객이 눈으로 보고 느낄 수 있는 서비스의 외형적인 부분을 말한다. 매장의 인테리어, 직원의 복장, 사용되는 장비, 청결 상태 등이 여기에 해당한다.

예를 들어, 친구와 카페에 갔는데 입구부터 인테리어가 감성적으로 꾸며져 있고, 직원이 입은 앞치마도 단정하며, 메뉴판은 보기 쉽고, 음료가 담긴 컵과 포장 용기도 예쁘고 깔끔하다면, 고객은 '여기 진짜 감각 있다, 신경 많이 썼네'라고 느끼게 된다.

이처럼 눈에 보이는 모든 요소는 고객의 첫인상과 만족도에 큰 영향을 주기 때문에, 유형성도 서비스 품질을 평가하는 데 있어 중요한 요소가 된다.

(5) 반응성(Responsiveness)

고객의 요청이나 문제 상황에 대해 얼마나 빠르고 적극적으로 응답해 주는가를 말한다. 즉, '도와달라고 했을 때 얼마나 잘 도와주는가?'를 나타내는 속성이다. 예를 들어, 스터디카페에서 프린터가 고장 나서 직원에게 말했더니 "잠시만요"라고 하고 10분 넘게 오지 않는다면 반응성이 낮은 서비스이다.

반면, 문제를 말하자마자 "죄송합니다, 바로 도와드릴게요"라며 즉시 와서 해결해 준다면 고객은 매우 만족하게 된다.

이처럼 신속하고 적극적인 대응이 있는 서비스는 반응성이 높다고 말할 수 있다.

SERVQUAL 모형

항목	의미	고객 인식
신뢰성 (Reliability)	약속한 대로 정확히 서비스 제공	"말한 그대로 해줬는가?"
확신성 (Assurance)	직원의 지식과 친절함, 신뢰감	"이 사람 믿을 수 있을까?"
공감성 (Empathy)	고객의 입장에서 배려하는 태도	"진짜 내 입장을 이해해 줬는가?"
반응성 (Responsiveness)	요청에 빠르고 적극적으로 응답	"불렀을 때 바로 도와주는가?"
유형성 (Tangibles)	눈에 보이는 시설과 장비, 청결	"겉모습이 깔끔하고 신뢰감 있나?"

스터디카페 SERVQUAL 모형

항목	실제 예시
신뢰성(Reliability)	예약 시간에 맞춰 좌석 제공
확신성(Assurance)	사용법 안내를 정확히 설명
공감성(Empathy)	집중을 위한 자리 배려
유형성(Tangibles)	깔끔한 내부와 정리된 책상
반응성(Responsiveness)	문제가 생겼을 때 빠른 대응

PLUS 들여다보기

좋은 서비스는 어떻게 완성될까요?

서비스는 눈에 보이지 않기 때문에, 고객이 어떤 부분에서 만족하고 아쉬웠는지 헷갈릴 수 있어요. 이럴 때 SERVQUAL은 그걸 정확히 짚어주는 기준이 돼요.

"약속을 지켰는지(신뢰성)" / "직원이 믿음직했는지(확신성)" / "나를 진심으로 배려했는지(공감성)" / "눈에 보이는 것들이 깔끔했는지(유형성)" / "요청했을 때 바로 응답했는지(반응성)"를 통해 서비스가 어떤 모습이었는지 꼼꼼히 들여다볼 수 있답니다.

좋은 서비스는 이 다섯 가지 요소 중 하나만 잘하는 게 아니라, 전체가 균형 있게 조화를 이룰 때 비로소 완성돼요.

3 기업의 서비스 품질 인증

서비스 품질을 잘 관리하고 있다는 것을 기업 스스로 주장하는 것만으로는 부족하다. 그래서 다양한 기관에서 객관적인 기준으로 서비스 품질을 평가하고 인증하는 제도를 운영하고 있다. 국내에서 활용되는 여러 가지 서비스 품질 인증 제도와 각각의 특징을 비교해 보자.

1) 서비스 품질 인증

서비스 품질 인증은 기업이 제공하는 서비스가 일정한 품질 기준을 충족하고 있는지를 공신력 있는 기관이 평가해 주는 제도이다.

이 인증은 고객이 믿고 선택할 수 있는 기준이 되며, 기업에게는 품질 개선의 방향성을 제공한다.

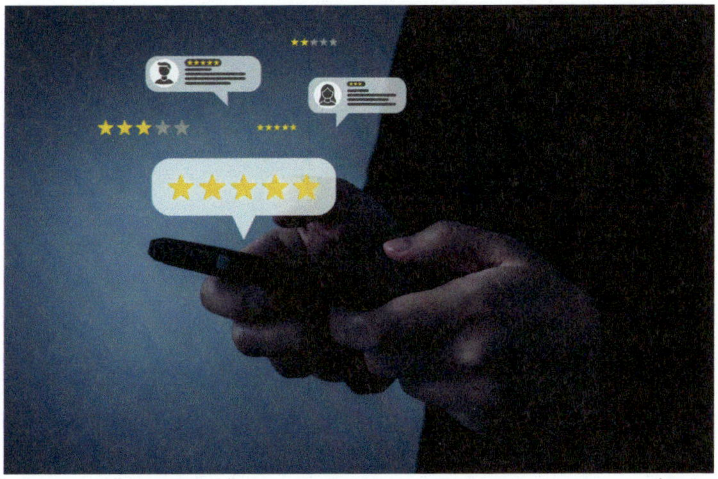

2) 서비스 품질 인증의 필요성

서비스는 눈에 보이지 않아서 품질이 들쭉날쭉하기 쉽다. 이때 인증은 서비스의 일관된 품질을 유지하는 데 도움이 되며, 고객에게는 '이 기업은 믿을 만하겠구나'라는 신뢰감을 심어준다. 동시에 내부적으로는 직원들의 서비스 마인드를 높이고, 지속적인 개선 노력을 유도하는 역할을 한다.

3) 대표적인 서비스 품질 인증 지표

(1) KS-SQI(한국서비스품질지수)

KS-SQI는 Korean Standard-Service Quality Index의 줄임말로, 우리말로는 한국서비스품질지수라고 한다.

이 지수는 고객이 실제로 느낀 서비스 품질을 조사해서 기업이나 기관이 서비스를 얼마나 잘 제공하고 있는지 평가하는 기준이다.

KS-SQI 평가 항목

평가 항목	내용 설명
신뢰성	고객과의 약속을 잘 지키고, 실수가 없는가?
적극성	고객을 도우려는 태도, 빠른 응답이 있는가?
전문성	직원이 지식과 기술을 갖추고 전문적인가?
친절성	친절하고 예의바르게 응대하는가?
접근성	위치, 시간 등 고객이 이용하기 편리한가?
물리적 환경	매장, 시설, 인테리어 등 서비스 공간이 쾌적한가?
고객 중심 경영	고객의 입장에서 생각하고, 고객 만족을 중요하게 여기는가?

고객들이 이 항목들을 점수로 평가하면, 100점 만점 기준으로 평균을 계산해 지수로 만든다.

이 조사는 한국표준협회가 매년 조사를 진행하며, 은행, 백화점, 항공사, 커피전문점 등 약 80개 업종의 기업들이 조사 대상이다.

고객 입장에서 "정말 잘 해준다"고 느낄 수 있는 서비스를 제공하는 기업이다.

KS-SQI 장점

기업 입장	고객 입장
브랜드 이미지 상승	"여기 믿을 수 있겠다"라는 인식 생김
마케팅 자료로 활용 가능	선택 기준으로 사용함
서비스 개선 포인트 확인 가능	더 나은 서비스 기대 가능

KS-SQI는 기업이 "우리는 잘하고 있어요"라고 말하는 게 아니라, 고객이 직접 "정말 잘하네요"라고 인정해 주는 평가이다.

그래서 기업은 고객의 목소리를 진짜로 듣고 싶다면, KS-SQI 점수를 자주 살펴보고 고객의 경험을 계속해서 개선해야 한다.

2024년 기준 KS-SQI 1위 기업

부문(업종)	기업
항공사	대한항공/아시아나항공
호텔/비즈니스호텔	롯데호텔
리조트(콘도형)	금호리조트/롯데리조트
리조트(제주)	해비치리조트
패스트푸드	맘스터치
커피전문점	스타벅스
테마파크 에버랜드	에버랜드

출처: http://ks-sqi.ksa.or.kr/main/

(2) KCSI (한국산업의 고객 만족도)

KCSI는 Korean Customer Satisfaction Index의 줄임말로, 우리말로는 한국산업의 고객 만족도 지수라고 한다.

이 지수는 고객이 직접 제품이나 서비스를 이용한 뒤, 얼마나 만족했는지를 수치로 표현한 것이다.

KCSI는 단순히 '좋았다', '나빴다'는 느낌을 넘어서 어떤 산업이, 어떤 회사가 고객을 잘 만족시키고 있는지 비교할 수 있게 해준다.

그래서 기업들은 매년 이 점수를 높이려고 많은 노력을 한다. '이 회사, 이 브랜드… 만족스러웠어!'라는 고객의 느낌을 수치로 보여준다.

이 조사는 한국능률협회컨설팅(KMAC)이 매년 약 100개 산업군을 대상으로 최근 6개월 안에 해당 서비스를 실제로 이용한 고객을 대상으로 설문조사를 한다. 점수가 높은 기업은 고객의 기대를 정확히 이해하고, 그보다 더 나은 경험을 주는 기업이다.

KCSI 평가 항목

평가 항목	설명
전반적 만족	전체적으로 얼마나 만족했는가?
기대 대비 만족	내가 기대했던 수준보다 실제가 어땠는가?
이상적 이미지와의 차이	내가 생각하는 '이상적인 회사'에 얼마나 가까운가?
재이용 의향	다시 이용하고 싶은가?
타인 추천 의향	다른 사람에게도 추천하고 싶은가?

2024년 기준 KCSI 1위 기업

산업군	1위 기업	이유
항공사	대한항공	안전성, 고객 응대, 항공편 시간 정확도
이동통신	SK텔레콤	통신 품질, 고객센터 응대, 혜택 프로그램 등
백화점	롯데백화점	다양한 브랜드, 직원 친절도, 공간 쾌적성

KCSI 점수가 높다는 것은 '이 기업은 고객을 만족시킬 줄 안다'는 의미다.

출처: https://kcsi.kmac.co.kr/value

실제로 많은 소비자들이 "KCSI 1위"라는 문구를 보면, '믿을 수 있겠다'고 생각한다.

그래서 기업 입장에서도 브랜드 신뢰도를 높이는 데 아주 중요한 지표가 된다.

특히, 고객을 많이 상대하는 항공사, 호텔, 쇼핑몰 같은 업종에서는 고객 만족이 곧 경쟁력이다.

PLUS 들여다보기

KS-SQI와 KCSI, 어떻게 다를까요?

비교표를 통해 설명해 볼게요.

[KS-SQI와 KCSI의 차이]

항목	KS-SQI	KCSI
평가 대상	서비스 품질 중심	전반적인 고객 만족 중심
주관 기관	한국표준협회	한국능률협회컨설팅(KMAC)
평가 항목	신뢰성, 적극성, 접근성 등 서비스 수행 항목	만족도, 기대 대비, 추천 의향 등 느낌 중심
조사 방식	서비스 '경험' 평가	산업별 고객 '만족'도 조사

KS-SQI와 KCSI는 모두 서비스 품질과 고객 만족을 측정하지만, 평가 기준과 조사 방식에 차이가 있어요. KS-SQI는 서비스 제공 과정 자체의 품질을 평가하는 데 초점을 두고, KCSI는 고객이 서비스를 경험한 후의 전반적인 만족도를 중심으로 평가를 해요.

(3) NCSI(국가고객만족도)

NCSI는 National Customer Satisfaction Index의 줄임말로, 우리말로는 국가고객만족도지수라고 한다. 이 지수는 우리나라 국민이 다양한 제품이나 서비스를 이용한 후, 얼마나 만족했는지 수치로 보여주는 지표이다.

말하자면, '국가 차원에서 측정한 고객 만족점수'라고 할 수 있다.

NCSI는 단순히 한 기업이나 브랜드만의 만족도를 보는 게 아니라, 국가 전체 산업 수준에서 고객 만족이 얼마나 잘 이루어지고 있는지를 종합적으로 보기 위해 조사한다.

이 지수를 보면, 어떤 산업이 고객에게 만족을 잘 주고 있는지 우리나라의 서비스/제품 품질 수준이 전반적으로 어떤지를 알 수 있다.

NCSI는 한국생산성본부와 미국 미시간대학교 품질연구소가 공동으로 개발하고 매년 약 80여 개 산업, 300여 개 기업 · 브랜드를 대상으로 조사를 진행한다.

NCSI 평가 항목

평가 항목	설명
고객 기대수준	이용 전 기대했던 수준은 어느 정도였는가?
지각된 품질	실제로 사용해 보니 품질이 어땠는가?
지각된 가치	가격에 비해 서비스나 제품이 만족스러웠는가?
전반적 만족도	전반적으로 만족했는가?
재구매 의향	다시 이 제품/서비스를 구매하거나 사용할 생각이 있는가?
타인 추천 의향	다른 사람에게 추천하고 싶은가?

NCSI가 높은 기업은 고객이 기대한 수준보다 실제 경험이 더 좋았던 기업, 가격 대비 만족도가 높고, 다시 이용하고 싶은 기업이라고 볼 수 있다.

2024년 기준 NCSI 1위 기업

산업군	NCSI 1위 기업	이유
국내 항공사	대한항공	안정성, 정시운항, 승무원 응대 품질
커피전문점	스타벅스	매장 환경, 메뉴 다양성, 고객 응대 태도
호텔	롯데호텔앤리조트	객실 청결, 직원 친절, 고객 맞춤형 서비스, 브랜드 신뢰도
리조트	한화리조트	가족 친화 시설, 레저 프로그램, 가격 대비 만족도
외식, 프랜차이즈	CJ푸드빌(빕스 등)	다양한 메뉴 구성, 매장 위생, 고객 서비스 대응, 가족 고객 편의성

NCSI는 단순히 기업이 잘했는지를 보는 것이 아니라, '우리나라 전체가 얼마나 고객을 잘 만족시키고 있는가?'를 알려주는 지표다.

출처: https://www.ncsi.or.kr/consulting

그래서 정부 정책에도 영향을 주고, 해외에서는 '한국은 어떤 서비스 산업이 강한가?'를 파악하는 기준으로도 활용된다.

기업 입장에서는 NCSI 점수가 높으면, 국제 경쟁력 있는 브랜드라는 이미지도 얻을 수 있다.

투자자, 소비자, 해외 고객 모두에게 신뢰를 준다.

(4) 서울시 서비스지수(Seoul Service Index, SSI)

서울시 서비스지수는 서울시가 직접 운영하거나 위탁한 공공서비스에 대해 시민들이 얼마나 만족하고 있는지를 평가하는 지표다.

서울시민이 이용하는 다양한 서비스가 정말 친절하고, 정확하고, 빠른지를 알기 위해 만든 지수이다.

서울에는 수많은 민원 창구, 시청 · 구청 서비스, 보건소, 주차장, 문화센터, 마을버스 등 공공서비스가 많다. 시민들은 일상에서 이런 서비스를 자주 이용하는데, '이 서비스, 정말 괜찮은가?'를 시민 눈높이에서 평가해 보기 위해 만든 것이다.

SSI 평가 항목

평가 항목	설명
시민 응대 태도	직원이 친절하고 정중하게 응대했는가?
업무 처리 속도	민원이나 요청사항을 빠르고 정확하게 처리했는가?
서비스 환경	시설이 깨끗하고 이용하기 편리했는가?
정보 전달의 명확성	절차나 정보를 잘 설명해 주었는가?
결과 만족도	최종적으로 받은 서비스에 만족하는가?

서울시 서비스지수는 서울시가 직접 설문조사를 하거나 민간 조사기관에 의뢰해서 시민(서비스 이용자)이 평가한다.

매년 결과를 발표하고, 점수가 낮은 기관은 개선계획을 제출해야 한다.

서울시 서비스지수는 전문가 평가가 아닌, 진짜 서비스를 이용한 시민의 실제 평가를 기준으로 한다. 그래서 행정서비스가 바뀌었는지, 공공시설이 더 좋아졌는지를 체감할 수 있는 중요한 자료가 된다.

(5) 공공기관 고객 만족도 지수(PCSI: Public Customer Satisfaction Index)

공공기관 고객 만족도는 정부에서 운영하는 공공기관(예: 국민건강보험공단, 국민연금공단, 코레일 등)의 서비스가 얼마나 만족스러운지를 측정하는 지표다.

정식 명칭은 '공공기관 고객 만족도 조사'이며, 매년 기획재정부 주관으로 평가한다.

공공기관은 국민 세금으로 운영되기 때문에, 국민에게 정확하고 친절한 서비스를 제공해야 한다.

그래서 그 수준을 국민의 평가로 확인하고, 낮은 점수는 경영평가에 반영되도록 한다.

PCSI 평가 항목

평가 항목	설명
서비스 지각 품질	실제 경험한 서비스가 얼마나 전문적이고 친절했는가?
고객 대응	불만 접수나 문제 발생 시 어떻게 처리해 줬는가?
정보 전달	서비스에 대한 정보가 명확하고 이해하기 쉬웠는가?
신뢰성	기관을 믿고 맡길 수 있었는가?
만족도	전반적으로 만족했는가?

약 200여 개 공공기관이 매년 조사 대상이다.

국민건강보험공단, 한국관광공사, 인천국제공항공사, 한국도로공사 등이 조사 대상이 되며, 기관의 성과 평가 및 보상, 경영 개선에 직접 반영된다.

과거에는 공공기관이 '어차피 독점'이라는 인식이 있었지만, 지금은 고객 중심 경영이 중요해졌다.

공공기관도 민간 기업처럼, 서비스 만족도를 경쟁하듯 높이고 있다.

NCSI처럼 산업별 경쟁은 없지만, 전 국민 대상 서비스 품질 개선의 기준으로 매우 중요한 역할을 한다.

대표적인 서비스품질인증제도

구분	인증명	운영기관	주요 특징	조사 대상
국내	KS-SQI (한국서비스 품질지수)	한국표준협회	서비스 '품질' 중심	실제 서비스 이용자
	KCSI (한국산업의 고객 만족도)	한국능률협회컨설팅	산업별 '만족도' 중심	최근 6개월 내 이용자
	NCSI (국가고객 만족도지수)	한국생산성본부	국가 단위 산업 평가	산업별 일반 고객
공공	공공기관 고객 만족도	기획재정부	서울시 공공서비스 체감도	서울시민
지역	서울시 서비스 품질지수	서울시	공공기관 서비스 평가	국민 및 민원인

Check Point!

① 서비스 품질은 고객의 기대와 실제 경험을 비교해 평가한다.

서비스 품질은 고객이 서비스를 받기 전 기대한 수준과 실제 경험한 결과를 비교하여 결정된다. 이 과정에서 친절한 응대, 대기 시간 등의 과정 품질과 음식 맛, 제품 상태 등의 결과 품질이 함께 고려된다.

② SERVQUAL은 서비스 품질을 다섯 가지 차원으로 평가한다.

서비스 품질은 고객이 서비스를 받기 전 기대한 수준과 실제 경험한 결과를 비교하여 결정된다. 이 과정에서 친절한 응대, 대기 시간 등의 과정 품질과 음식 맛, 제품 상태 등의 결과 품질이 함께 고려된다.

③ 다양한 품질 인증 지표가 서비스의 신뢰도를 높여준다.

KS-SQI, KCSI, NCSI, SSI, PCSI 등 다양한 지표를 통해 기업과 기관의 서비스 품질이 객관적으로 평가된다. 이러한 지표는 품질 개선뿐 아니라 고객의 선택에도 중요한 기준이 된다.

제 7 장

서비스 실패와 회복

학습목표

1. 서비스 실패와 회복의 개념을 이해하고, 사례를 통해 실패 유형을 구별할 수 있다.
2. 효과적인 서비스 회복 전략과 블랙컨슈머 대응법을 익혀 현장에서 적용할 수 있다.

완벽한 서비스란 불가능한 일이다. 아무리 준비를 철저히 해도 서비스 현장에서는 늘 예상치 못한 일이 벌어진다. 주문한 음식이 엉뚱하게 나오기도 하고, 고객의 문의에 직원이 실수로 잘못 안내하기도 한다. 이것이 바로 서비스가 '사람이 하는 일'이기 때문에 생기는 자연스러운 변수이다.

그런데 흥미로운 사실은, 이런 실수가 곧바로 고객 이탈로 이어지지는 않는다는 점이다. 오히려 실수 이후에 어떻게 대응하느냐에 따라 고객의 충성도가 더 높아지기도 한다. 이를 두고 '서비스 회복의 마법'이라고 부르기도 한다.

1 서비스 실패와 회복의 중요성

1) 서비스 실패

서비스 실패란 고객이 서비스를 받으면서 기대했던 만큼 만족하지 못하고 실망하거나 불쾌한 감정을 느끼는 경우를 말한다.

예를 들어, 친구들과 치킨을 배달시켰는데 한참을 기다려도 오지 않을 때, 또는 고객센터에 전화했는데 직원이 퉁명스럽게 대답할 때처럼 말이다.

서비스는 제품과 조금 다르다. 제품은 공장에서 표준화된 공정에 따라 동일하게 생산되지만, 서비스는 사람이 직접 제공하기 때문에 항상 똑같을 수가 없다. 직원마다 성격도 다르고, 일하는 능력이나 경험도 다르다. 그리고 고객이 기대하는 것도 사람마다 조금씩 다르다.

그래서 서비스는 결과보다도 과정에서 고객이 어떤 감정을 느끼는지가 아주 중요하다.

아무리 맛있는 음식이 나오고 멋진 시설이 있어도, 서비스 받는 동안 불쾌한 기분이 들면 그 서비스는 실패한 것이다.

서비스 실패사례 1. **월드에서 QR인식 오류가 생긴 날

유진(21세)은 친구들과 테마파크 **월드에 갔다.

입장권은 미리 앱으로 예매해 두었다. 하지만 입구에서 QR코드가 제대로 인식되지 않았다. 직원은 "잠시만요"라는 말만 계속했을 뿐, 상황이 왜 이런지 설명도 없고, 다른 안내도 없었다.

결국 유진은 30분 넘게 줄을 서서 기다린 후에야 입장할 수 있었다.

이후 놀이기구를 타며 즐거운 시간을 보내긴 했지만, 이미 기분은 많이 상해 있었다.

서비스 실패사례 2. 행방불명된 나의 치킨

지훈(20세)은 자취방에서 친구들과 야식을 먹으려고 치킨을 주문했다.

앱에는 '배달 완료'라고 떴지만, 아무리 기다려도 치킨이 오지 않았다.

알고 보니 배달 기사가 비슷한 주소에 잘못 배달한 것이었다.

매장에서는 새로 조리해서 보내주겠다고 했지만, 이미 1시간 넘게 기다린 뒤였다.

결국 배고픈 지훈과 친구들은 라면을 끓여 먹었고, 도착한 치킨은 이미 식어 있었다.

서비스 실패사례 3. 항공사 고객센터의 무성의한 태도
미나(22세)는 방학을 맞아 유럽 여행을 준비하고 있었다.
인천에서 파리로 가고, 파리에서 로마로 환승하는 일정이었다. 그런데 출발 하루 전, 항공사에서 파리 도착 시간이 1시간 이상 지연된다는 문자가 왔다.
이렇게 되면 환승 시간이 너무 짧아지고, 이후 일정에도 문제가 생긴다.
걱정된 미나는 고객센터에 전화했지만, 상담사는 사과도 없이 "환불은 안 되고 변경은 고객님이 비용을 내야 합니다"라는 말만 반복했다.

이러한 경험들은 단순히 '불편했다'는 수준을 넘어서, 고객에게 배신감, 화남, 무시당한 느낌 같은 감정적 상처를 남긴다. 서비스 실패는 단순한 실수가 아니라, 고객의 감정에 깊은 영향을 주는 사건이기 때문에 매우 중요하다.

보통 서비스 실패는 고객이 기대한 것과 실제 서비스가 다를 때 발생하며, 그 차이는 작아 보여도 고객의 감정을 크게 흔들 수 있다.

이 감정은 브랜드에 대한 신뢰와 만족도 전체를 낮추는 결과로 이어질 수 있다. 그래서 기업은 가능한 한 서비스 실패를 줄이기 위해 노력해야 하며, 만약 실패가 발생했다면, 무엇보다 먼저 고객의 감정을 회복하는 것이 중요하다.

2) 서비스 실패 원인

서비스 실패는 흔히 '직원이 실수했기 때문에', '시스템에 오류가 있었기 때문에' 생겼다고 쉽게 단정 짓는다.

하지만 그 안을 자세히 들여다보면, 단순한 기술적 문제 외에도 고객의 감정, 기대, 관계의 미묘한 요소들이 얽혀 있다. 즉, 서비스 실패는 눈에 보이는 '사건'만으로는 설명할 수 없고, 그 이면에 존재하는 심리적 요인과 감정의 균열이 더 큰 영향을 미치는 경우가 많다.

서비스 실패의 원인은 크게 눈에 보이는 문제(표면적 원인)와 고객이 느끼는 감정(심리적 원인)으로 나눌 수 있다.

(1) 표면적 원인

표면적 원인은 말 그대로 눈에 보이는 문제 상황이다. 이러한 문제는 대부분 눈으로 확인하거나, 바로 체감할 수 있다.

하지만 고객의 불만은 단순히 이 사건 자체보다도, 그 이후 어떻게 대응했느냐에 따라 크게 달라진다.

서비스 실패의 표면적 원인

표면적 원인 유형	예시
직원의 실수	주문 잘못 받기, 계산 실수, 음료 실수 등
시스템 오류	앱 결제 오류, 예약 누락, QR 인식 실패 등
물리적 환경 문제	에어컨 고장, 좌석 부족, 소음 등
절차상의 문제	안내 부족, 대기 시간 길어짐, 복잡한 규정 등

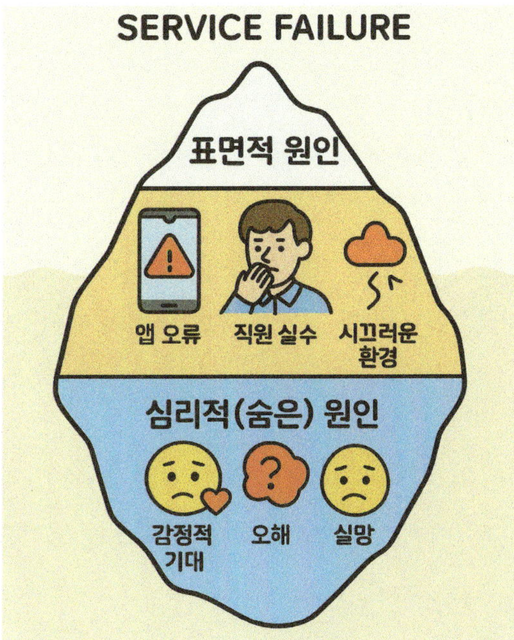

(2) 심리적 원인

심리적 원인은 겉으로는 잘 드러나지 않지만, 고객이 서비스를 이용하면서 내면적으로 느끼는 감정이나 기대의 충돌에서 생긴다.

즉, 단순한 실수보다도 '느낌이 나빴다', '무시당했다'는 감정이 서비스 실패로 이어지는 경우가 많다.

❶ 고객의 기대는 말하지 않아도 크다.

고객은 '이 정도는 해줄 줄 알았는데', '이 브랜드니까 잘하겠지'라는 말하지 않은 기대를 가지고 서비스를 이용한다.

하지만 기업은 종종 "그건 규정에 없습니다", "해드릴 수 없는 부분입니다"라고 대답한다.

이때 생기는 기대와 현실의 차이가 바로 서비스 실패의 핵심 원인 중 하나가 된다.

특히 고객이 브랜드에 대해 가졌던 기본적인 신뢰나 기대가 무너질 때 실망은 더 크게 느껴진다.

❷ 감정이 상하는 순간, 서비스는 실패가 된다.

서비스는 단순히 기능을 제공하는 것이 아니라 사람과 사람 사이의 감정이 오가는 과정이다. 서비스의 내용에는 문제가 없어도, 직원의 말투, 표정, 설명하는 태도에서 무심하거나 예의 없는 느낌을 받으면 고객은 그것을 '기분 나쁜 경험'으로 기억하게 된다.

결국 고객의 감정이 상하면 서비스 전체에 대한 인식이 나빠진다.

❸ 반복되는 실수가 신뢰를 무너뜨린다.

고객은 한두 번의 실수는 어느 정도 이해할 수 있다. 하지만 비슷한 실수가 계속 반복되거나, 첫 실수에 대해 제대로 된 사과와 보상이 없으면 고객은 브랜드에 대한 신뢰를 잃기 시작한다.

"예전에도 이런 일이 있었는데…"

"저번에도 환불 문제로 골치 아팠는데 이번에도 또…"

이런 말이 나온다는 건 고객과의 관계가 이미 흔들리고 있다는 신호다.

❹ 상황 설명이 없으면 고객은 더 불안해진다.

문제가 생겼을 때 고객은 단순히 "기다려 달라"는 말보다는 상황 설명을 듣고 싶어 한다.

하지만 많은 기업은 "지금 확인 중입니다", "담당 부서에 문의 중입니다" 같은 모호한 답변만 반복한다. 이런 응대는 고객의 불안과 불만을 오히려 키운다.

'무언가 숨기고 있는 건 아닐까?', '혹시 아무 대책도 없는 건가?' 이런 부정적인 생각이 쌓이면 고객은 더 이상 기대하지 않게 된다.

서비스 실패의 숨은 원인

원인	설명
기대의 차이	고객은 말하지 않아도 기대가 크다. 기업은 규정만 지킴
감정의 상처	사소한 말투나 태도에 상처받는 순간
반복된 실수	전에 비슷한 일이 있었던 데다 또 문제가 생길 때 민감해짐
설명의 부족	문제가 생겼을 때 제대로 설명하지 않으면 더 불안해짐

PLUS 들여다보기

서비스 실패 뒤에 무엇이 더 중요할지 알아볼까요?

"서비스가 불편했지만, 직원이 정말 친절하게 사과해 줘서 괜찮았어요."
"별것 아니지만, 웃으면서 정중하게 설명해 줘서 기분이 좋았어요."
이런 말들에서 알 수 있듯이,
서비스의 질보다 고객이 먼저 느끼는 건 직원의 태도와 감정적 배려예요.
서비스는 곧 '사람의 인상'으로 남아요.

3) 서비스 실패 유형

서비스 실패는 모두 비슷해 보이지만, 문제가 생긴 '지점'이 어디냐에 따라 고객이 느끼는 불만의 종류와 강도는 달라진다.

크게 보면 서비스 실패는 '결과의 문제(Result failure)'와 '과정의 문제(Process failure)'로 나눌 수 있다.

(1) 결과 실패: 고객이 기대한 '결과'가 제공되지 않았을 때

결과 실패는 고객이 기대했던 최종 결과물에 문제가 생긴 경우를 말한다.

이런 유형은 눈에 보이는 실수나 오류가 분명해서 고객이 바로 알아차릴 수 있다.

결과 실패 예시와 상황

예시	상황
노트북 수리를 맡겼는데, 수리 후 전원이 켜지지 않음	기대한 결과인 '정상 작동'이 제공되지 않음
음식 주문 시 사이드 메뉴 누락	전체 주문이 완성되지 않음
인터넷 강의를 결제했는데 강의자료가 없음	서비스 구성요소가 빠짐

(2) 과정 실패: 서비스를 받는 '과정'에서 감정이 상했을 때

과정 실패는 최종 결과에는 문제가 없어도, 서비스를 받는 과정에서 고객의 감정이 상처를 입은 경우를 말한다.

- 질문했는데, 직원이 귀찮다는 듯 한숨부터 쉰다.
- 기다리는 시간이 길어지는데 아무런 안내도 없다.
- 문의했는데 "규정상 어렵습니다"만 반복한다.

이러한 과정 실패는 특히 직원의 말투, 표정, 설명 방식에서 많이 발생한다.

결과가 아무리 좋아도, 과정을 통해 감정이 상하면 고객은 전체 경험을 부정적으로 기억하게 된다. 결과와 과정이 모두 실패하는 경우도 생긴다.

만약 결과도 틀리고, 과정도 불쾌했다면 고객은 단순한 불만을 넘어 브랜드 자체에 대한 거부감을 갖게 된다.

"내가 왜 여길 왔지?", "돈도 아깝고, 기분도 상했어."

이런 감정은 해결을 넘어서 '다시는 이 브랜드를 이용하지 않겠다'는 결심으로 이어진다.

4) 서비스 실패와 회복의 중요성

서비스는 눈에 보이지 않는 무형의 가치이기 때문에, 한순간의 실패가 전체 브랜드 이미지에 큰 영향을 줄 수 있다.

그래서 실패 자체보다 더 중요한 것은, 그 실패를 어떻게 회복하느냐이다.

(1) 서비스 실패는 고객의 신뢰를 무너뜨린다

한 번의 실수라도 고객은 '여긴 다시 오지 말아야겠다'라고 마음먹을 수 있다.

"예약이 누락됐어요."

"죄송하지만 규정상 안 됩니다."

"이런 일이 종종 있어요. 어쩔 수 없어요."

이런 말과 태도는 고객에게 '이 브랜드는 신경 쓰지 않는다'는 인상을 주고, 결국 다시 찾지 않겠다는 결정을 내리게 만든다.

(2) 고객은 떠나기 전에 말하지 않는다

모든 고객이 불만을 직접 표현하지는 않는다.

오히려 말없이 떠나는 고객이 더 많다.

'굳이 말해봐야 바뀌지도 않을 거야.'

'그냥 다음부터 안 오면 되지.'

이런 고객은 후기, 별점, SNS를 통해 조용히 불만을 공유하고 브랜드를 떠난다.

문제는 기업이 무슨 일이 있었는지도 모른 채 고객을 잃는다는 것이다.

(3) 서비스 실패는 기업에 손해를 남긴다

서비스 실패는 고객 불만을 넘어서 금전적 손해와 이미지 손상으로 이어진다.

예를 들어, 환불이나 교환 비용이 들고, 후기 삭제 요청에 응대하는 데도 인력이 낭비된다.

이런 일이 반복되면 결국 고객이 떠나고 매출이 줄어드는 결과로 이어진다.

요즘처럼 온라인 평점과 리뷰가 중요한 시대에는 한 번의 실패가 수많은 잠재 고객을 잃게 할 수도 있다.

(4) 하지만 잘 회복하면 기회가 된다

놀랍게도, 서비스 실패를 훌륭하게 회복했을 경우 처음부터 아무 문제 없었던 것보다 더 큰 신뢰와 만족을 이끌어낼 수 있다.

이를 서비스 회복 패러독스(Service Recovery Paradox, 문제를 잘 해결하면 오히려 고객 신뢰가 더 높아지는 현상)라고 부른다.

PLUS 들여다보기

서비스 실수, 회복이 어떻게 달라지게 할까요?

실수는 누구나 할 수 있어요! 중요한 건 그 뒤의 태도와 회복 방식이에요.
"실수는 있었지만, 대응이 완벽했어."
"오히려 더 신뢰가 생겼어."
이런 반응은 진심 어린 사과, 신속한 조치, 예상을 뛰어넘는 배려에서 나와요.
서비스는 완벽보다 '회복력'이 중요해요.

2 서비스 회복 전략

1) 서비스 회복

서비스 회복(Service Recovery)이란, 고객이 서비스를 이용하는 과정에서 겪은 문제나 불편, 불만을 해결하고 무너진 신뢰를 다시 회복하기 위한 모든 활동을 말한다.

단순히 실수를 만회하는 데서 끝나는 것이 아니라, 고객이 느낀 감정적인 상처를 치유하고, 다시 신뢰를 쌓는 과정이 핵심이다.

"죄송합니다"라는 말만으로는 부족하다.

고객은 '이 브랜드가 나를 진심으로 대하고 있는가'를 느끼고 싶어 한다.

서비스 회복은 다음과 같은 질문에 답하는 과정이기도 하다.

① 고객은 지금 어떤 감정을 느끼고 있을까?

② 단순한 보상보다, 고객이 원하는 건 무엇일까?

③ 이 경험 이후에도 고객이 우리를 다시 찾게 만들 수 있을까?

서비스 회복 핵심 요소

핵심 요소	설명
신속한 대응	문제를 인지하고 빠르게 조치할수록 고객의 불만은 줄어든다.
진심 어린 사과	겉치레가 아닌, 공감이 담긴 사과가 신뢰 회복의 첫걸음이다.
예상 이상의 배려	고객의 기대를 뛰어넘는 대응은 오히려 감동으로 전환된다.

2) 서비스 회복 5단계

서비스 회복은 고객의 불만을 해결하는 것에서 시작해, 브랜드에 대한 신뢰와 충성도의 회복까지 이어져야 한다.

효과적인 회복을 위한 구체적인 전략에 대해 알아보자.

(1) 1단계: 잘 듣는다

고객이 불편함이나 불만을 표현할 때 직원은 말을 끊지 않고 끝까지 경청해야 한다.

단순히 "무엇이 잘못되었는지"가 아니라, 고객이 왜 불편함을 느꼈는지, 어떤 감정을 느끼는지까지 이해하려는 자세가 필요하다.

"이게 얼마나 불편했을지 이해됩니다." 이 한마디가 신뢰 회복의 시작이 된다.

(2) 2단계: 공감한다

고객이 원하는 것은 변명보다 공감과 진심 어린 사과다.

"규정상 어쩔 수 없습니다." 같은 말은 오히려 고객을 더 화나게 한다.

올바른 공감 표현은 "많이 불편하셨을 것 같아요. 정말 죄송합니다. 저희가 더 신경 쓰겠습니다"이다.

진심은 말투와 표정, 눈빛에서 전해진다. 말보다 태도가 중요하다.

(3) 3단계: 설명한다

고객은 무엇이 잘못됐는지, 그리고 어떻게 조치가 이뤄질 것인지 구체적인 설명을 듣고 싶어 한다. "현재 상황은 이러합니다. 저희가 지금 어떻게 조치하고 있는지 안내드릴게요"라고 설명해야 한다.

설명이 없으면 고객은 '대충 넘기려는 건가?', '숨기고 있는 게 있나?'라는 불신을 갖게 된다.

(4) 4단계: 해결한다

말로만 사과하고 행동이 없다면 회복은 실패한 것이다.

고객이 불만을 제기한 부분에 대해 빠르게 실질적인 해결책을 제시해야 한다.

구체적 조치 예시

예시	조치
음식이 늦게 도착한 경우	새 메뉴를 바로 제공하고 사과 쿠폰을 준다.
예약 누락된 경우	대기 없이 바로 안내하고 무료 서비스를 제공한다.
제품 불량	빠르게 교환·환불하고 이후 품질 개선을 안내한다.

(5) 5단계: 보상한다

문제가 해결된 이후, 고객에게 작지만 의미 있는 보상을 제공하면 부정적인 경험이 오히려 감동적인 경험으로 바뀔 수 있다.

보상의 방법으로는 불편을 겪은 고객에게 디저트나 쿠폰을 제공하거나, 다음 방문 시 혜택을 주는 사후 케어 메시지를 보내거나, 정성 어린 사과 카드나 매니저의 감사

전화를 하는 것 등이 있다. 이런 예상 밖의 배려는 '문제가 있었지만, 이 브랜드는 신뢰할 수 있어'라는 긍정적인 기억으로 바뀐다.

서비스 회복 5단계

단계	핵심 행동	목표
	잘 듣는다	고객의 감정과 불만을 정확히 파악
	공감한다	감정적 위로와 신뢰 회복의 시작
	설명한다	고객의 불안을 해소하고 문제를 투명화함
	해결한다	실질적인 조치로 문제 해결
	보상한다	기대 이상의 배려로 긍정적 경험 전환

3) 서비스 회복 패러독스

서비스 회복 패러독스(Service Recovery Paradox)란, 고객이 서비스를 이용하는 과정에서 문제가 발생했지만, 이후 회복 과정이 매우 만족스러웠을 경우, 오히려 처음부터 아무 문제 없이 서비스를 받았을 때보다 더 높은 신뢰와 만족을 느끼게 되는 현상을 말한다.

즉, 완벽하게 제공된 서비스보다 '문제를 잘 해결한 경험'이 더 깊은 인상을 남길 수 있다는 것이다.

고객은 누구나 실수는 일어날 수 있다는 것을 알고 있다. 하지만 그 실수를 어떻게 대처했는가에 따라 브랜드에 대한 인식은 크게 달라진다. 고객은 직원의 사과에서 진심이 느껴졌는지, 해결은 빠르고 구체적인지, 나를 존중하고 있다고 느껴지는지를 본능적으로 생각하게 된다.

이러한 회복 과정에서 고객은 '이 브랜드는 문제를 숨기지 않고, 진심으로 나를 대했다'라는 감정적 신뢰를 얻게 된다.

이런 상황에서는 단순한 사과만으로는 충분하지 않다.

고객의 마음을 다시 얻기 위해서는 신속하고 공감 어린 대응, 문제 해결에 대한 명확한 설명, 고객 입장에서 '예상 이상의 배려'가 함께 이루어져야 한다.

이처럼 실수의 순간이 오히려 브랜드에 대한 긍정적 반전의 기회가 될 수 있다.

잘못된 경험을 신뢰와 감동의 경험으로 바꾸는 것, 그것이 바로 서비스 회복 패러독스의 힘이다.

서비스 회복 패러독스 사례

- **호텔에서 방이 준비되지 않아 불편을 겪은 고객에게**

→ 직원이 즉시 사과하고, 스위트룸으로 업그레이드한 뒤 무료 조식을 제공했다.

→ 고객은 처음엔 당황했지만, '이 호텔 정말 전문적이네'라는 인상을 받았고, 불편함보다 신뢰와 감동이 더 크게 남아 다음에도 다시 방문하고 싶다는 생각을 하게 되었다.

- **카페에서 주문 오류가 발생했을 때**

→ 직원이 신속하게 사과하고, 새 음료를 만들어준 뒤 작은 디저트까지 함께 제공했다.

→ 고객은 '실수는 있었지만, 대처가 너무 완벽했어'라며 매장의 대응력에 감동하고 다시 방문하고 싶어졌다.

이처럼 서비스 실패가 무조건 부정적인 결과로만 이어지는 것은 아니다.

오히려 그 이후의 회복 과정이 진심이었고 신속했다면, 고객은 브랜드에 대한 신뢰, 호감, 충성도를 더 높이게 된다.

결국, 문제의 유무보다 중요한 건 '어떻게 대처했는가'이다.

실수는 단점이 아니라, 신뢰를 더 높이는 반전의 기회가 될 수 있다.

PLUS 들여다보기

서비스 회복 전략이 실제 상황에서 어떻게 쓰이는지 알아볼까요?

자주 발생하는 서비스 실패 상황과 그에 맞는 회복 전략을 소개해 줄게요.

상황	회복 전략 적용
음식이 잘못 나옴	✓ 빠른 사과 → 새 음식 제공 → 디저트 서비스
예약 누락	✓ 시스템 오류 인정 → 업그레이드 객실 제공 → 사과 편지
직원 불친절	✓ 관리자 직접 사과 → 태도 교육 약속 → 무료 쿠폰 제공
항공편 지연	✓ 안내방송 + 문자알림 → 간식 제공 → 대체편 탑승 지원
배송 지연	✓ 사전 안내 메시지 발송 → 배송비 환불 → 할인 쿠폰 제공

회복의 핵심은 단순 보상이 아니라, 고객의 감정에 공감하고 신뢰를 다시 쌓는 것임을 잊지 않아야 해요.

4) 서비스 회복 성공과 실패 사례

서비스 회복은 단순히 문제를 해결하거나 보상만 하는 것이 아니다.

서비스를 이용하면서 상처받은 고객의 감정을 회복하고, 다시 신뢰를 얻는 과정이다.

이를 위해 가장 중요한 것은 고객의 마음이 상한 이유를 잘 이해한 뒤, 그 마음을 다시 풀 수 있도록 진심 어린 말과 행동, 그리고 상황에 맞는 해결 방법을 찾는 것이다.

(1) 고객의 불평은 서비스 개선의 출발점이다

고객이 불만을 표현했다는 것은 '아직 이 브랜드에 기대하고 있다는 뜻'이다.

불평은 귀찮은 일이 아니라 서비스를 다시 회복할 수 있는 기회이기도 하다.

고객 불평사례

"주문한 거랑 다르게 나왔어요."
"직원이 너무 무성의하게 응대했어요."
"이건 환불받아야 할 것 같아요."

이런 말들은 단지 불편함을 표현하는 것이 아니라, 고객이 브랜드에 대한 실망감을 솔직하게 전달해 주는 순간이다.

(2) 고객의 감정을 먼저 이해해야 한다

고객은 단순히 '문제가 있다'는 사실보다, 그 문제를 대하는 직원의 태도에서 더 큰 감정을 느낀다. 서비스 회복에서 가장 중요한 건, 문제 해결보다 고객의 감정을 먼저 이해하는 것이다.

고객이 느끼는 감정 사례

감정	고객이 느끼는 상황
실망	기대했던 서비스가 제공되지 않았을 때
분노	책임을 회피하거나 무성의한 태도를 보였을 때
불신	아무런 설명 없이 상황을 회피할 때
무시당한 느낌	"규정상 안 됩니다" 같은 말만 반복할 때

이처럼 고객은 단순한 '불편'보다 '내가 존중받지 못했다', '내 입장은 고려되지 않았다'는 감정에서 더 크게 상처를 받는다.

서비스 회복이란, 바로 기분이 상한 고객의 마음을 되돌리는 과정이다.

감정을 제대로 이해하지 못한 채 문제만 해결하려고 하면, 회복은 실패로 끝날 수 있다.

(3) 효과적인 서비스 회복의 핵심 요건

서비스 회복이 성공하려면, 단순한 사과나 보상만으로는 부족하다.

고객의 감정을 회복하고 다시 신뢰를 얻기 위해 꼭 갖춰야 할 다섯 가지 조건이 있다.

서비스 회복 5대 핵심 요건

요건	설명
① 신속성	고객이 말하기 전에 먼저 파악하거나, 최대한 빨리 응답한다.
② 진정성	사과할 때 말투, 표정, 태도 모두에서 진심이 느껴져야 한다.
③ 책임 인정	변명보다 "저희 잘못입니다"라는 태도가 훨씬 신뢰를 준다.
④ 설명력	문제가 왜 생겼고, 지금 어떻게 처리되고 있는지를 명확하게 설명해야 한다.
⑤ 보상의 적절성	상황에 어울리는 보상이 필요하다. 작더라도 진심이 담긴 보상이면 충분하다.

(4) 회복은 마음의 문을 여는 과정이다

서비스 회복의 본질은 단순한 문제 해결이 아니다.

그보다 더 중요한 질문은 "이 고객과 다시 관계를 맺을 수 있을까?"이다.

문제를 해결하는 기술보다 고객의 마음 상태를 먼저 살피고, 감정을 회복하려는 태도가 진짜 회복의 출발점이다.

고객은 자신의 불편함보다 '나를 어떻게 대했는가'를 더 오래 기억한다.

그래서 회복은 곧 고객의 마음을 여는 대화이고, 관계를 다시 시작하는 중요한 기회가 된다.

PLUS 들여다보기

고객의 마음을 어떻게 다시 열 수 있을까요?

서비스 회복은 단순히 문제를 해결하는 것만으로 끝나지 않아요.
고객은 실수 자체보다 '나를 어떻게 대했는가'를 더 오래 기억해요.
그래서 회복의 핵심은 고객의 감정을 잘 이해하고, 진심 어린 태도로 다가가는 거예요.
예를 들어, 직원이 먼저 사과하고, 고객의 입장을 공감해 줄 때, 고객은 마음이 풀리기 시작해요.

빠른 해결과 예상 이상의 배려가 더해지면, 오히려 브랜드에 대한 신뢰가 더 높아지기도 해요. 고객은 결국 '이 브랜드는 나를 존중해 준다'고 느끼고, 다시 찾아오게 돼요.

서비스 회복은 고객의 마음을 다시 여는 대화예요.
실수 속에서도 관계를 다시 시작할 수 있는 기회가 되는 거랍니다!

체크리스트

나는 고객의 감정을 잘 회복할 수 있을까?
아래 항목을 읽고, 현재 나의 태도와 맞는 항목에 체크(✓)해 보세요.
총 몇 개나 체크했는지 마지막에 합산해 보세요.

항목	체크
1. 고객이 불만을 말할 때, '짜증 난다'보다 '기회다'라고 생각한다.	☐
2. 고객이 불쾌해 하면, 말보다 먼저 표정으로 사과하려고 한다.	☐
3. 문제의 원인을 고객 탓보다 서비스 시스템 안에서 찾으려 한다.	☐
4. "규정상 어렵습니다"라는 말 대신 다른 대안을 함께 제시한다.	☐
5. 고객에게 설명할 때는 짧더라도 이해하기 쉽게 설명하려고 노력한다.	☐
6. "죄송합니다"를 말할 때, 감정을 담아 진심이 전해지도록 한다.	☐
7. 고객이 분노한 이유가 '상황'보다 '감정' 때문일 수 있다는 걸 인식하고 있다.	☐

8. 문제가 생기면 먼저 빠르게 인지하고, 사과부터 한다.	☐
9. 사후 보상을 제안할 때, 작더라도 진심 어린 배려를 담으려 한다.	☐
10. 나의 응대가 단순한 일처리가 아닌 '관계를 만드는 일'이라고 생각한다.	☐

체크리스트 결과

● **8~10개 체크**
서비스 회복 마스터형
고객의 감정과 신뢰를 다룰 줄 아는 당신,
이미 회복 전문가의 자질이 충분합니다. 작은 실수도 기회로 바꾸는 힘이 있어요!

● **5~7개 체크**
기본기는 갖춘 예비 실전형
회복의 기초 감각은 충분히 갖췄어요.
공감 표현이나 빠른 대응 등 몇 가지 포인트만 더 연습하면 완벽해질 수 있습니다.

● **0~4개 체크**
회복 훈련이 더 필요합니다.
혹시 아직 고객의 감정보다 문제 해결에만 집중하고 있진 않나요? '문제'보다 '사람'에 집중하는 태도를 천천히 연습해 보세요. 공감은 회복의 시작입니다.

6) 서비스 회복의 성공과 실패 사례

서비스 회복은 단순한 이론이 아니라, 실제 현장에서 고객과의 관계를 되살리고 브랜드 신뢰를 높이는 실전 전략이다.

실제 사례를 보면, 서비스 실패가 오히려 브랜드 충성도를 높이는 기회로 바뀌는 과정을 확인할 수 있다.

반대로, 회복에 실패하면 작은 실수가 큰 위기로 번질 수 있음도 보여준다.

● 서비스 회복 성공 사례

① 대한항공 - 좌석 배정 오류에 대한 현장 직원의 유연한 대응

<사례 요약>

국내선 항공편에서 한 가족이 자녀와 함께 앉기를 요청했지만, 좌석 배정 오류로 자리가 떨어졌다.
탑승 게이트 직원은 상황을 즉시 인지하고, 다른 승객에게 양해를 구해 좌석을 조정해 가족이 함께 앉을 수 있도록 배려했다.
또한 아이에게는 조종사 배지를, 부모에게는 감사 편지와 마일리지 보너스를 제공했다.

<결과>

해당 고객은 블로그에 감사 후기를 올렸고, '대한항공은 가족의 감정을 이해하는 항공사'라는 긍정적 평가와 함께 브랜드 이미지가 크게 향상되었다.

출처: https://namu.wiki/w/%EB%8C%80%ED%95%9C%ED%95%AD%EA%B3%B5

대한항공 여객기

② 쿠팡 - 고객 불만에 대한 신속한 환불 및 후속 보상 시스템

<사례 요약>

한 고객이 쿠팡에서 전자제품을 주문했으나, 배송 중 파손된 상태로 도착했다.
고객은 앱에 사진을 등록했고, 3분 만에 환불 접수가 완료되었다.
별도의 조사 없이, 파손 제품은 고객이 폐기하도록 안내했고, 추가로 5천 원 할인 쿠폰도 자동 지급되었다.

<결과>

쿠팡은 "고객을 먼저 믿는 기업"이라는 이미지를 얻게 되었고, SNS 및 언론에서도 "역대급 환불 시스템"으로 화제가 되며 긍정적 입소문이 퍼졌다.

● 서비스 회복 실패 사례

① 뮤지컬 <미션> - 부실한 공연과 미흡한 사후 대응

<사례 요약>

2011년 세종문화회관에서 공연된 뮤지컬 <미션>은 최고 20만 원대 고가 티켓에도 불구하고, MR(녹음된 반주), 조잡한 무대 연출, 미숙한 배우들의 연기로 관객에게 큰 실망을 안겼다.

관객 항의가 이어졌지만, 제작사는 홈페이지 게시판을 폐쇄하고 일부에게만 리콜을 제공하는 등 소극적으로 대응했다.

<결과>

공연의 질과 대응 모두에서 신뢰를 잃었고, 결국 대표는 투자금 횡령 혐의로 구속되며 브랜드와 회사 모두 큰 타격을 입었다.

② 도요타 - 가속 페달 결함 은폐와 늦은 리콜 조치

<사례 요약>

2010년 도요타 일부 차량에서 가속 페달이 바닥 매트에 걸려 제어가 어려운 결함이 발생했다.

도요타는 초기 대응에서 결함을 부인하고, 책임을 외주업체에 전가하는 등 미흡하게 대처했다.

결국 미국 내에서 수백만 대 규모의 리콜을 실시했지만, 이미 신뢰는 무너진 뒤였다.

<결과>

도요타는 사상 최대 규모의 리콜을 단행했으며, 글로벌 브랜드 이미지와 미국 내 시장 점유율에 심각한 타격을 입었다.

출처: https://pixabay.com/illustrations/toyota-car-logo-1596082/

이처럼 서비스 회복의 성공 여부는 고객의 감정을 얼마나 잘 이해하고 대응했는가에 달려 있다. 회복의 타이밍, 진심의 유무, 대응의 방식이 신뢰 회복의 열쇠다. 작은 실수도 회복이 잘 되면 감동으로, 대처가 미흡하면 불신과 이탈로 이어질 수 있다.

3 블랙컨슈머의 이해와 대응

1) 블랙컨슈머의 정의

블랙컨슈머(Black Consumer)는 정당한 소비자 권리를 넘어서, 고의적으로 혹은 반복적으로 과도한 보상을 요구하거나 기업에 피해를 주는 소비자를 말한다. 이들은 실제로 피해를 입지 않았거나, 작은 문제를 과장하거나 조작해 부당한 이익을 요구한다. 기업이 이에 응하지 않으면, 협박, 악성 리뷰, SNS 폭로 등을 통해 브랜드에 의도적인 피해를 입히기도 한다.

일반 소비자와 블랙컨슈머 비교

구분	일반 소비자	블랙컨슈머
목적	문제 해결	보상 요구, 이익 추구
태도	사실 전달, 대화 가능	감정적 대응, 협박성 발언
빈도	문제 발생 시 한시적	반복적·상습적 불만 제기
특징	대화와 협의를 통한 마무리	합리적 해결 불가, 고발/리뷰 등 위협

블랙컨슈머는 단순한 '까다로운 고객'이 아니다.

고의성과 반복성, 그리고 협박이나 위협성 행동이 특징이며, 기업 입장에서는 단순한 응대 오류보다 훨씬 큰 리스크로 작용할 수 있다.

이러한 블랙컨슈머에 대한 이해는 정당한 소비자와의 구별을 가능하게 하고, 올바른 대응 전략 수립에 중요한 기준이 된다.

PLUS 들여다보기

블랙컨슈머를 어떻게 알아볼까요?

다음과 같은 행동을 보인다면 블랙컨슈머일 가능성이 높아요.
"이 일로 언론사에 제보할 거예요."
"리뷰 다 안 좋게 남길 거예요."
"지난번에도 환불받았어요. 이번엔 더 주세요."
"그런 식이면 본사에 바로 민원 넣을 거예요."

이런 표현이 반복되면, 단순한 불만이 아니라 의도적 요구일 수 있음을 인식하고, 침착하게 기록 중심의 대응이 필요해요.

2) 블랙컨슈머의 특징

블랙컨슈머는 일반적인 불만 고객과는 명확히 다른 행동 특성을 보인다. 그들은 문제 해결을 위한 대화보다, 의도적인 이익 추구와 감정적 압박에 집중하는 경향이 있다.

(1) 보상이 목적이다

일반 소비자는 문제가 해결되면 만족하고 마무리한다.
하지만 블랙컨슈머는 문제 해결보다 '무언가를 얻는 것'을 우선시한다.

"사과 말고 보상을 해주세요."
"지난번에는 상품권 받았는데요?"
→ 보상이 전제가 된 항의가 반복된다.

(2) 감정적으로 대응한다

사실 중심보다는 감정적으로 반응하며, 직원을 위협하거나 심리적으로 압박하려는 행동을 보이기도 한다.

큰 소리로 항의하거나, 눈물을 흘리는 과장된 표현
"내가 얼마나 불쾌했는지 아세요?" 등 감정 자극 중심의 언어 사용

(3) 협박성 발언이나 위협을 사용한다

요구가 받아들여지지 않으면 리뷰, 언론, 본사 민원, SNS 등을 언급하며 기업에 이미지 피해를 주겠다고 위협한다.

"이런 식이면 인터넷에 올릴 거예요."
"기사 제보합니다."
"블로그에 글 올리면 큰일 날 걸요?"

(4) 반복적이고 상습적으로 문제를 제기한다

한 번뿐 아니라, 다양한 상황과 장소에서 불만을 반복적으로 제기하며 보상 루틴을 형성하려는 경향이 있다.

여러 매장에서 동일한 항의를 반복
과거에도 유사한 문제로 보상을 받았던 이력이 있는 경우

(5) 사실과 다른 주장을 하거나 문제를 과장한다

문제를 일부 왜곡하거나 부풀려 말하며, 명확한 증거가 없는 상황에서 일방적인 주장을 펼치는 경우가 많다.

"직원이 욕을 했어요!" (CCTV 확인 시 사실 아님)
"제품 때문에 병원까지 갔어요." (증빙 없음)

이러한 특징들을 정확히 파악하면 일반적인 불만 고객과 블랙컨슈머를 구분할 수 있고, 그에 따른 적절한 대응과 내부 매뉴얼 강화가 가능해진다.

3) 블랙컨슈머의 실제 사례와 유형

블랙컨슈머는 단순히 불만을 제기하는 고객이 아니라, 의도적으로 기업의 허점을 이용하거나 반복적으로 이익을 추구하는 행동을 보이는 소비자다.

실제 현장에서 발견되는 다양한 유형의 사례를 통해, 블랙컨슈머를 어떻게 구분하고 대응할지 알아보자.

(1) 허위 주장형

사실이 아닌 내용으로 문제를 만들고, 보상을 요구하는 유형이다.

한 고객이 음식 배달을 받고 '이물질이 들어 있다'며 환불을 요구했지만,
CCTV 확인 결과 포장을 뜯기 전까지 음식에 손대지 않았던 것이 밝혀졌다.
해당 고객은 여러 배달 업체에서 동일한 방식의 클레임을 반복한 전력이 있었다.

● **허위 주장형 특징**

증거가 부족하거나, 말이 앞뒤가 안 맞는다.

과거에도 비슷한 클레임 이력이 있다.

(2) 과장형

작은 문제를 과도하게 확대하여 과한 보상을 요구하는 유형이다.

카페에서 아이스 음료의 얼음이 다소 적게 들어갔다며
"더웠고 불쾌했다", "이로 인해 기분이 망쳐졌으니 음료 3잔 쿠폰을 달라"고 요구한 고객.
직원이 사과하며 새 음료를 제공했지만, SNS에 불만 글을 올리는 등 과잉 반응을 보였다.

● 과장형 특징

감정 표현이 과도하고, 보상 요구가 상식선을 넘는다.

단순 불만이 아니라 보상을 목적으로 접근한다.

(3) 보상 루틴형

문제 발생 여부와 상관없이 늘 보상을 요구하며 행동 패턴이 반복되는 유형이다.

> 항상 식사 후 "예전보다 맛이 없다", "배탈이 났다"는 이유로 무료 식사권을 요구하는 고객이 있었다.
> 매장 기록을 확인해 보니 한 달에 3~4번씩 유사한 항의를 반복하고 있었다.

● 보상 루틴형 특징

특정 상황에서 반복적, 습관적으로 클레임을 한다.

고객관리 시스템(CRM) 확인 시 다수의 이력이 발견된다.

(4) 협박형

원하는 요구가 받아들여지지 않으면 SNS, 본사 민원, 언론 등을 언급하며 위협하는 유형이다.

> 구매한 옷의 사이즈가 작다는 이유로 환불을 요청했으나, 교환 규정상 불가하다는 답변을 들은 고객이
> "이 내용 캡처해서 커뮤니티에 올릴 거다", "본사로 민원 넣고 기사화할 거다"고 협박했다.

● 협박형 특징

문제 해결보다 브랜드 이미지에 타격을 주겠다는 의도가 명확하다.

감정보다 공격적인 목적이 드러난다.

(5) 가짜 피해자형

직접 피해자가 아님에도 대신 항의하거나, 다른 사람의 문제를 이용해 이익을 취하려는 유형이다.

가족 중 누군가가 이용한 서비스에 대해 제3자가 "우리 가족이 피해를 봤다"며 보상을 요구하고, 정작 본인은 서비스를 직접 경험하지 않았음에도 기업을 비난하고 리뷰를 올렸다.

● 가짜 피해자형 특징

실제 피해자와 관계가 불명확하거나, 정보가 부정확하다.

대리 요구로 인해 정당한 응대가 어렵다.

PLUS 들여다보기

블랙컨슈머가 생기는 이유에 대해 알아볼까요?

블랙컨슈머는 단순히 까다로운 성격 때문이 아니라, 소비 환경의 변화와 사회 분위기 속에서 점점 더 늘어나고 있어요.

1. 소비자 권리에 대한 과도한 기대
'소비자가 왕'이라는 인식이 자리 잡으면서, 일부는 정당한 권리를 넘어 무리한 요구도 당연하다고 생각해요.

2. 비대면·온라인 환경의 확산
리뷰, SNS, 앱 등을 통해 직접 대면하지 않고도 쉽게 불만을 표출할 수 있고, 익명성이 높아지며 감정적 표현도 거칠어졌어요.

3. 기업의 선 보상 관행
문제를 키우지 않기 위해 보상부터 해주는 기업 문화가 오히려 '항의하면 뭔가 얻을 수 있다'는 인식을 만들기도 해요.

블랙컨슈머는 개인의 문제라기보다, 시스템과 문화가 만든 소비 행태이기도 해요.
그래서 기업은 감정적으로 대응하기보다, 제도적 대응 기준과 원칙을 마련해야 해요.

4) 블랙컨슈머 대응 전략

블랙컨슈머는 단순히 감정적인 고객이 아니라, 고의적 · 상습적으로 이익을 추구하는 소비자이기 때문에 감정적 대응보다는 침착하고 원칙 있는 태도가 필요하다.

기업은 직원이 당황하지 않고, 감정에 휘둘리지 않으면서도 고객 응대 기준을 지킬 수 있는 전략을 갖추고 있어야 한다.

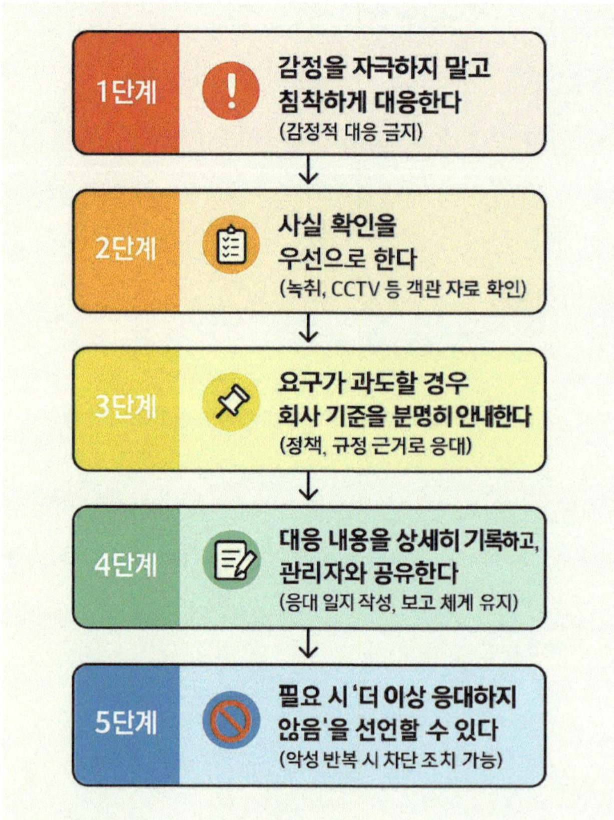

블랙컨슈머 대응 전략

❶ 1단계: 감정을 자극하지 말고 침착하게 대응한다.

블랙컨슈머는 일부러 감정을 흔들어 직원이 실수하도록 유도하기도 한다.

큰 소리나 위협적인 태도에도 감정을 드러내지 않고 일관되게 대응하는 태도가 중요하다.

"그렇게 말씀하시면 곤란합니다."

"말씀 주신 내용 확인해 보겠습니다. 잠시만요."

❷ 2단계: 사실 확인을 우선으로 한다.

무조건 사과하거나 보상을 약속하기 전에, 객관적인 정보와 증거부터 확인한다.

사진, CCTV, 구매 내역, 통화 이력 등 기록 가능한 모든 자료 확보가 기본이다.

"먼저 어떤 상황이셨는지 정확히 확인해 보겠습니다."

❸ 3단계: 요구가 과도할 경우, 회사 기준을 분명히 안내한다.

블랙컨슈머는 '규정'이나 '보상 기준'을 무시하고 과한 보상을 요구하는 경우가 많다.

이때는 회사의 정해진 보상 범위와 절차를 정확히 설명하고, 명확히 선을 그어야 한다.

"해당 보상은 회사 기준상 제공이 어렵습니다. 다만 안내 가능한 범위는 말씀드릴 수 있습니다."

❹ 4단계: 대응 내용을 상세히 기록하고, 관리자와 공유한다.

블랙컨슈머의 대응에는 항상 기록이 가장 강력한 보호 장치다. 직원이 응대한 내용, 고객의 주장, 사용된 언어, 감정적 표현 등은 응대 후 즉시 사내 시스템이나 보고서에 정리해야 한다.

기록은 이후 법적 대응이나 악성 리뷰 대응 시 결정적 자료가 된다.

❺ 5단계: 필요시 '더 이상 응대하지 않음'을 선언할 수 있다.

지속적인 협박, 욕설, 모욕 등은 직원의 인격권 침해에 해당된다.

이럴 경우, 일정 경고 이후 응대를 중단하거나 관리자에게 이관하는 절차도 필요하다.

"이 대화는 더 이상 계속할 수 없습니다. 고객님의 말씀은 정리하여 관리자에게 전달하겠습니다."

PLUS 들여다보기

직원 보호에 대해 알아볼까요?

블랙컨슈머 대응에서 가장 중요한 것은 직원을 보호하는 기업 문화예요.
모든 책임을 직원 개인에게 넘기기보다는, 사내 매뉴얼, 관리자 지원, 기록 시스템, 법적 대응 체계를 함께 마련해야 현장에서 직원이 안심하고 일할 수 있어요.

Check Point!

① 서비스 실패는 고객의 감정에 큰 상처를 남긴다.

서비스 실패란 고객이 기대한 서비스 결과나 과정을 만족하지 못했을 때 발생한다. 실수 자체보다, 불친절한 태도, 무성의한 응대, 설명 부족 등이 고객의 감정을 더 크게 상하게 만든다. 이 감정은 브랜드 신뢰와 충성도에 부정적 영향을 준다.

② 서비스 회복은 감정을 회복하는 5단계 과정으로 진행된다.

잘 듣기 → 공감하기 → 설명하기 → 해결하기 → 보상하기의 5단계로 운영된다. 단순한 문제 해결이 아니라, 고객의 마음을 다시 여는 진심 어린 태도와 구체적인 조치가 핵심이다.

③ 블랙컨슈머는 고의성과 반복성을 보이는 악성 소비자다.

블랙컨슈머는 단순한 불만 고객과 달리 피해를 과장하거나 조작해 과도한 보상을 요구하고, 협박성 행동을 반복한다. 기업은 이를 정확히 구별하여 기록 중심의 침착한 대응 전략이 필요하다.

제 8 장

고객의 소리를 반영하는 서비스

학습목표

1. 고객의 소리(Voice Of Customer)의 정의를 이해하고, 중요성에 대해 인식할 수 있다.
2. 고객의 소리를 수집할 수 있는 방법을 파악할 수 있다.

친구들과 함께 찾은 유명 셰프의 수제 버거 가게. 주문한 메뉴가 계속 나오질 않자 누군가가 말했다. "야, 이거 리뷰에 쓰자!" 오늘날 고객은 불편을 느끼는 순간, 음식점 문을 나서기도 전에 평가를 시작한다. 단 몇 번의 터치로 감정은 기록되고, 그 후기는 리뷰 플랫폼과 SNS를 타고 수많은 사람에게 퍼져나간다. 고객이 남긴 별점 하나, 리뷰 한 줄이 수제 버거 가게로 향하던 또 다른 고객의 선택을 바꾸기도 한다.

고객이 서비스를 경험하고 남기는 의견, 즉 '고객의 소리(Voice of Customer, VOC)'는 고객의 단순한 감정 반응이 아니다. 기업의 입장에서는 '현재 우리 서비스 수준을 읽어내는 가장 빠르고 강력한 정보'로써 활용된다.

유명 커피 브랜드인 스타벅스는 '주문하기까지 대기 시간이 너무 길다'라는 고객의 리뷰가 쌓이자, 모바일 선주문 기능인 '사이렌 오더 시스템'을 도입해 이 문제를 해결했다.

글로벌 호텔 체인인 메리어트 인터내셔널은 '프런트 응대가 느리다'는 고객의 소리를 반영해 체크인 시스템을 강화하기도 했다. 'Marriott Bonvoy' 앱을 통해 프런트 데스크를 거치지 않고도 스마트폰이 객실 키로 기능하는 '모바일 키' 서비스를 5,500개 이상의 호텔에서 이용할 수 있도록 한 것이다.

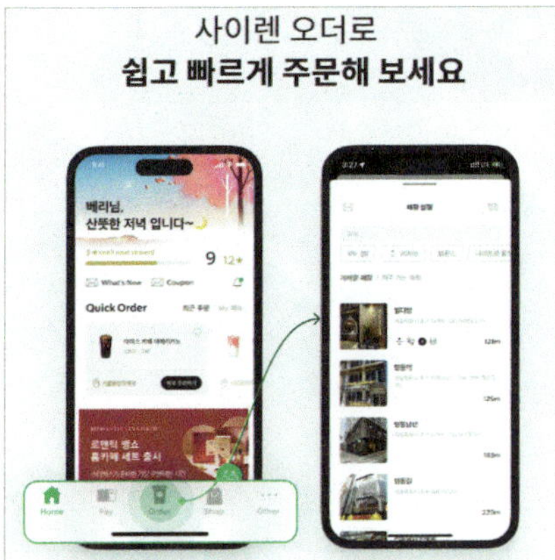

출처: https://www.starbucks.co.kr/whats_new/newsView.do?seq=5179 (스타벅스 홈페이지)

스타벅스 '사이렌 오더 시스템'

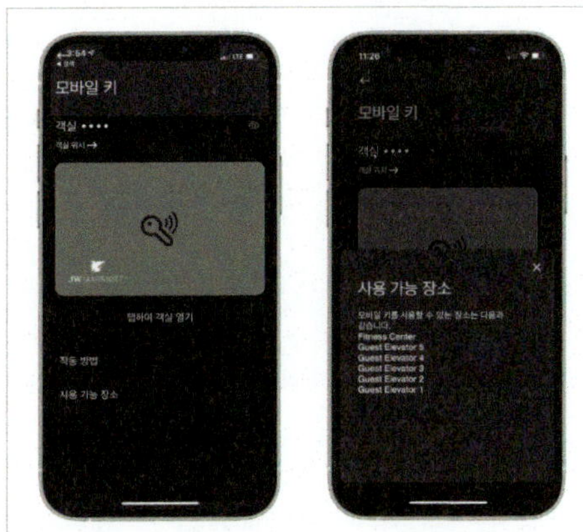

출처: 메리어트본보이 공식 앱

메리어트 '메리어트본보이 모바일 체크인 시스템'

이처럼 고객의 소리는 없었던 서비스를 새로 만들기도 하고, 기존의 서비스를 바꾸기도 한다. 이 장에서는 이러한 고객의 소리가 실제로는 어떻게 수집되고, 어떤 방식으로 분석되며, 어떤 서비스 변화를 만들어내는지 살펴보자.

1 고객의 소리

1) 고객의 소리의 정의

고객의 소리(VOC, Voice of Customer)란 고객이 제품이나 서비스를 경험한 후 느낀 감정이나 생각, 기대, 불만, 제안, 칭찬 등을 표현한 모든 의견을 포괄하는 개념이다. 전화나 이메일, 설문지를 통해 고객의 피드백을 직접적으로 알아내는 것뿐 아니라, 고객이 자발적으로 작성한 온라인 리뷰나 SNS 게시글, 블로그 후기와 같은 피드백도 모두 VOC에 포함된다.

고객의 소리는 고객의 경험을 바탕으로 한 솔직한 반응으로, 기업 입장에서는 서비스 품질을 진단하고 서비스 개선의 방향을 찾는 데 있어 매우 중요한 정보 자원이 된다. 특히 고객과 기업 간의 인식 차이, 즉 고객이 기대하는 바와 실제로 제공된 서비스 간의 간극을 파악하고 해소하는 데에 결정적인 역할을 한다. 때문에 이를 단순한 불만 제기나 칭찬의 표현으로 치부해서는 안 된다.

오늘날의 서비스 환경은 과거보다 훨씬 복잡하고 개인화되어 있으며, 고객의 기대 수준 또한 끊임없이 진화하고 있다. 따라서 기업이 지속가능한 성장을 위해 반드시 확보해야 할 것이 바로 고객의 소리를 관리하는 역량이다.

2) 고객의 소리 관리 트렌드

고객의 소리는 고객 중심 경영의 출발점이자, 서비스 품질 개선, 클레임 예방, 고객 충성도 향상의 주요 동력이 되고 있다. 최근 고객의 소리 관리의 주요 트렌드는 다음과 같다.

(1) 실시간 모니터링의 확대

고객 반응을 수집하는 속도와 분석하는 속도가 동시에 빨라지고 있다. 과거에는 월 단위 수집과 분석이 일반적이었지만, 지금은 실시간으로 고객의 소리를 볼 수 있는 대시보드와 AI 기반 빅데이터 분석 툴이 도입되며 고객이 의견을 남기면 '즉시 대응'이 가능한 구조로 전환되고 있다. 일반적으로 기업에서는 최대 48시간 이내에 고객에게 피드백을 해야 하는 관리 원칙을 가지고 있다. 하지만 최근에는 시간과 상관없이 24시간 365일 고객의 소리를 듣고 피드백하는 자동화 챗봇 시스템을 구축하는 기업이 늘어나고 있다.

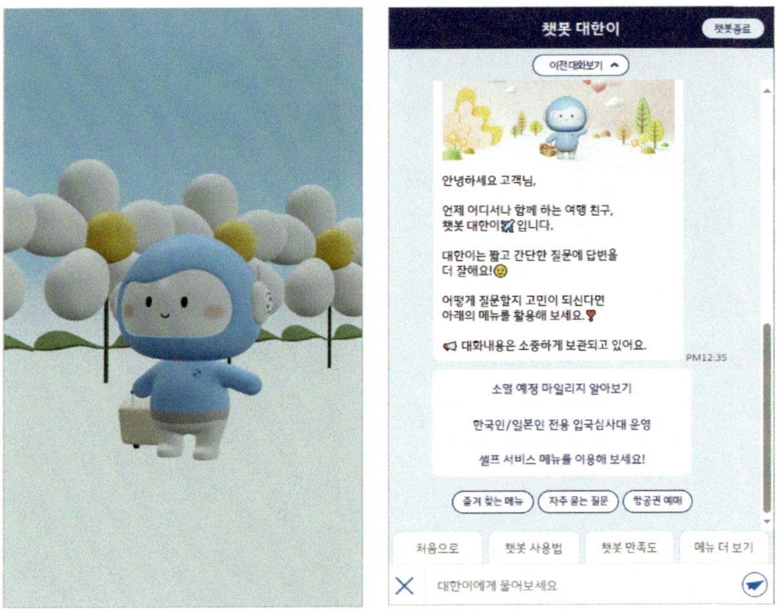

출처: https://www.koreanair.com/(대한항공 홈페이지)

대한항공 챗봇 '대한이'

(2) 유명 인플루언서의 리뷰 활용 증가

고객의 소리는 더 이상 전통적인 설문조사나 고객 만족도 체크리스트에만 국한되지 않는다. 최근에는 SNS 댓글, 블로그 후기, 유튜브 영상 속 자막 등 비정형 데이터를 기반으로 한 분석 기술이 빠르게 확대되고 있다.

이러한 비정형 데이터는 인플루언서의 리뷰나 콘텐츠에서도 중요한 단서를 제공한다. 예를 들어, 유명 인플루언서가 특정 브랜드에 대해 긍정적인 평가를 남기거나, 반대로 고객 서비스에 대해 비판적인 코멘트를 하는 경우, 그 파급력은 전통적인 고객 불만 접수 채널보다 훨씬 빠르고 광범위하다.

기업은 이러한 콘텐츠를 모니터링하고 분석함으로써 고객 인식의 변화, 브랜드 평판의 흐름, 그리고 잠재적인 위기 요소를 조기에 파악할 수 있다. 실제로 어느 패션 기업은 인플루언서의 상품 언급 빈도와 톤을 VOC 관리 시스템과 연동하여 실시간 확인하는 방식으로 상품 개선을 실행하고 있다.

패션 인플루언서의 리뷰 콘텐츠

뷰티 인플루언서의 실시간(라이브 방송) 피드백

한국섬유산업연합회(KOFOTI)에서 2023년에 시행한 설문 결과에 따르면 소셜미디어(SNS) 인플루언서의 계정을 구독하는 10명 가운데 7명은 이를 통해 음식, 여행, 옷 등의 상품을 구매하는 것으로 조사됐다. 인플루언서 계정을 구독한 653명을 대상으로 특정 제품을 구매한 경험에 대해 조사한 결과 73%가 계정을 보고 상품을 산다고 답했다.

이같이 특정 유명 인플루언서의 의견이 중요하다라는 소비자 트렌드를 반영해 SNS에서 인플루언서 계정과 협업해 마케팅 전략을 펴기도 한다. 실제로 최근 패션 플랫폼 무신사에서는 '짱구대디'가 협업한 컬렉션을 선보여 일부 제품은 무신사 랭킹 최상위권에 오르기도 했다.

출처: https://www.musinsa.com/search/goods?keyword=%EC%A7%B1%EA%B5%AC%EB%8C%80%EB%94%94&keywordType=keyword&gf=A(무신사 홈페이지)

무신사 유명 컨텐츠 크리에이터 '짱구대디' 콜라보

결국 고객의 소리는 온라인상의 자유로운 텍스트, 감정적 표현, 문화적 맥락 속에서도 활발히 생성되고 있으며, 이처럼 비정형 데이터를 포괄적으로 수용하고 분석하는 능력은 기업의 고객 중심 전략에서 필수적인 선택이 되고 있다.

(3) 체험단(서포터즈)을 통한 고객의 소리 수집

과거에는 고객의 소리를 분석한다고 해도, 대부분은 문제가 생긴 이후에야 그 내용을 보고하고 대응하는 수준에 머물렀다. 예를 들어, 누군가가 "배송이 너무 늦어요"라고 불평해야만 기업이 '배송 문제'를 인식하고 움직였던 것이다. 하지만 요즘은 달라졌다. 고객 문의나 불만이 생기기 전에 미리 그 조짐을 파악하고, 선제적으로 대응하려는 노력이 활발하다. 특정 상품을 구매한 고객들이 일정 기간이 지나면 비슷한 불편을 겪는다는 패턴이 보인다면, 기업은 그 문제를 미리 예측해서 대응 방법을 준비해 놓는 것이다.

실제로, 롯데칠성음료는 브랜드가 신제품을 출시할 때, 먼저 대학생 서포터즈를 모집해 제품을 체험해 보게 하고, SNS나 설문을 통해 피드백을 받는다. 이렇게 모인 피드백은 일종의 '미리 받는 VOC'로 활용돼서, 정식 출시 전에 문제점을 고치거나 설명서를 보완하는 데 큰 도움이 된다.

또, 국내 화장품 브랜드인 아모레 퍼시픽은 제품 출시 전 체험단을 발족해 사전 테스트와 피드백을 유도함으로써 VOC 데이터를 조기 확보하는 전략을 병행한다. 체험단은 관련 제품을 사용해 보고 SNS에 후기를 작성하거나 궁금한 점이나 불편한 점을 직접 보고함으로써, 브랜드는 정식 론칭 전에 고객 반응을 검토하고 리스크 요소를 줄이고 있다.

PLUS 들여다보기

롯데칠성 주니어 마케터 Krusher

롯데칠성음료는 다양한 음료 제품을 출시하면서 대학생을 대상으로 한 체험단 프로그램을 운영해 왔어요. 이러한 프로그램은 신제품 출시 전후에 대학생들이 제품을 직접 체험하고, 피드백을 제공하며, 마케팅 활동에 참여하는 형태로 진행되죠!

● 주요 활동 내용

- 제품 체험 및 리뷰 작성: 신제품을 직접 사용해 보고, 맛, 패키지, 브랜드 이미지 등에 대한 솔직한 후기를 작성해요.
- 콘텐츠 제작 및 홍보: SNS를 활용하여 제품을 홍보하는 콘텐츠를 제작하고 공유해요.
- 마케팅 아이디어 제안: 제품 개선이나 마케팅 전략에 대한 아이디어를 제안해서 기업의 실제 전략에 반영시켜요.

● 활동 혜택

- 제품 제공: 신제품을 무료로 체험할 수 있는 기회를 제공받아요.
- 활동비 및 시상: 우수 활동자에게는 활동비나 상품이 제공되기도 해요.
- 수료증 발급: 활동 종료 후 수료증이 발급되어 향후 경력에 활용할 수 있어요.

이러한 체험단 프로그램은 실무 경험을 쌓을 수 있는 좋은 기회를 제공하며, 기업 입장에서도 젊은 소비자들의 생생한 의견을 반영할 수 있는 장점이 있어요. 뿐만 아니라 기업에서 안내하는 체험단 모집 공고를 주기적으로 확인하면, 참여할 수 있는 기회를 얻을 수 있을 거예요!

이처럼 VOC는 단순히 고객의 불만을 처리하는 것이 아니라, 더 나아가 브랜드를 개선하고 발전시키는 방향으로 진화하고 있다. 소비자들을 브랜드에 참여시키는 것은, 단순한 고객의 의견 수렴을 넘어서 브랜드와 고객이 함께 만들어가는 과정이라고 할 수 있다.

2 고객의 소리의 중요성

고객의 소리는 단순한 의견이 아니라, 기업이 더 나은 서비스를 만들기 위해 반드시 들어야 할 가장 현실적인 조언이다. 만약 고객의 소리를 무시하거나 귀 기울이지 않는다면, 고객은 말 없이 떠나버릴 수도 있다. 그래서 피드백은 서비스 품질을 높이고, 고객 만족을 유지하며, 브랜드에 대한 신뢰를 쌓는 출발점이 된다.

1) 서비스 품질 향상에 기여

고객이 남긴 피드백은 “이건 좀 불편했어요”, “이건 개선됐으면 좋겠어요”라는 실제 경험에서 나온 솔직한 신호이다. 이 피드백을 잘 수집하고 분석하면, 서비스 과정에서 놓쳤던 문제를 발견할 수 있고, 그 문제를 고침으로써 서비스의 완성도와 전문성이 높아진다. 예를 들어, 반복적으로 “응대가 느려요”라는 피드백이 들어온다면, 인력 배치나 업무 프로세스를 조정함으로써 서비스 전체의 흐름을 더 매끄럽게 만들 수 있다.

2) 고객 만족도 제고

고객이 기대한 수준의 서비스, 혹은 그 이상을 제공하면 자연스럽게 고객의 만족감도 올라간다. “내 말을 들어줬네!”, “정말 신경 쓰는구나.” 이런 감정을 느낀 고객은 서비스에 대해 더 좋은 기억을 갖게 되고, 다음에도 다시 찾을 가능성이 높아진다. 게다가 만족한 고객은 친구나 가족에게 좋은 후기를 공유하면서 새로운 고객을 데려오는 역할도 하게 된다.

3) 브랜드 충성도 강화

고객의 피드백이 실제 서비스 개선에 반영되었을 때, 고객은 '내 의견이 무시되지 않았구나'라는 안도를 느낀다. 특히 서비스에 문제가 있었던 경우에도 그 문제를 빠르게 인정하고 적극적으로 해결해 주면, 오히려 고객은 그 기업에 대해 더 깊은 믿음을 갖게 되는 경우도 많다. 이런 과정을 통해 고객은 단순한 '이용자'에서 '지속적으로 선택하고 응원하는 팬'으로 발전한다. 이것이 바로 브랜드 충성도다.

고객의 소리의 중요성

서비스 품질 향상	고객의 불편사항을 파악하여 즉시 개선 가능
고객 만족도 제고	고객의 기대에 부합하는 서비스 제공 가능
브랜드 충성도 강화	피드백 반영 경험이 신뢰를 형성

PLUS 들여다보기

국내 대표 호텔 신라호텔의 VOC 관리 프로세스

호텔신라는 고객중심경영의 시작이 고객의 소리(VOC, Voice of Customer)에 대한 확인 및 경청에서 시작된다는 원칙을 갖고 있어요. 고객의 의견과 불만, 건의사항을 확인하고 서비스 품질을 개선하기 위해 VOC 전용 홈페이지, 사회망 서비스(SNS), 스마트폰 애플리케이션, 영업점 내 고객상담실 등의 다양한 온·오프라인 채널을 운영하고 있다고 해요.

고객의 소리(VOC) 채널

구분		VOC 수집 방법
오프라인	전화	호텔신라 콜센터 전화로 접수된 VOC 수집 및 분석
	코멘트 카드	호텔 및 면세점 내 비치된 코멘트 카드를 통해 접수된 VOC 수집 및 분석
	구두	호텔 및 면세점 내 고객접점 부서에 구두로 접수된 VOC 수집 및 분석
	서면	편지, 내용증명을 통한 VOC 수집 및 분석
	설문	제품 구매 및 서비스 이용 고객 대상 만족도 조사를 통한 VOC 수집, 분석
온라인	홈페이지	홈페이지 내 1:1 게시판 또는 고객의 소리를 통해 접수된 VOC 수집 및 분석
	이메일	웹메일 또는 대표메일을 통해 접수된 VOC 수집 및 분석
	QR코드	호텔 및 면세점 내 비치된 QR코드를 통해 접수된 VOC 수집 및 분석
	SRN	온라인 매체, 포털 기사, SNS를 통한 온라인 동향 수집 및 분석

2023년 호텔신라에 접수된 총 VOC는 61,545건이라고 해요. 전체 VOC는 직원서비스 17,124건, 시설 15,631건, 운영·시스템 15,142건, 상품 11,428건, 기타 2,220건으로 구성되어 있어요. 호텔신라는 접수된 VOC를 면밀히 분석하여 고객의 불만을 해결하기 위해 최선을 다하였으며 접수된 VOC에 대해서는 100% 조치하여 고객에게 회신하였다고 합니다~!
VOC에 대한 조치와 회신 후에도 호텔신라는 해당 VOC 내용을 자산화하여 개선을 위해 활용하고 있어요. 호텔신라는 체계적인 VOC 관리를 통해 고객 불만을 최소화하여 고객 만족을 실현하고 있답니다.

2023년 VOC 접수 및 처리 내역

구분	직원서비스	시설	운영·시스템	상품	기타	처리율	회신율
단위			건			%	
VOC	17,124	15,631	15,142	11,428	2,220	100.0	100.0

VOC 운영 프로세스

수집		등록		배정		조치		회신		완료 및 자산화
고객의 소리 접수 (모든 VOC 채널)	▶	VOC 내용 확인 및 등록 (당일)	▶	원인부서 알림 (3시간 이내)	▶	조치 및 개선책 확정	▶	고객 회신	▶	VOC 종료 (내부조치 완료) 및 분석을 통한 개선 사례 자산화

3 고객의 소리 분류 체계

그렇다면 고객의 소리는 어떤 유형으로 분류할 수 있는지 알아보자. 고객의 소리에 대한 효과적인 대응과 체계적인 분석을 위해서는 고객의 소리를 구조화된 분류 체계로 정리하는 것이 필수이다. 일반적으로 고객의 소리는 다음과 같은 5가지 유형으로 분류된다.

1) 목적에 따른 분류

(1) 칭찬 : 긍정적 경험에 대한 감정적 감사의 표현

칭찬은 고객이 긍정적인 경험을 했을 때 자발적으로 표현하는 유형이다. 예를 들어, 직원의 친절함, 빠른 대응, 깔끔한 시설 등에 대해 "기대 이상이었다", "감동했다"는 표현이 나타난다.

이러한 VOC는 단순히 기분 좋은 피드백이 아니라, 고객이 중요하게 여기는 '서비스 포인트'를 파악하는 데 유용하다. 이는 기업 입장에서 단순한 '기분 좋은 말'을 넘어, 무엇이 고객을 만족시켰는지를 알려주는 명확한 지표가 된다. 또한 내부 직원에게는 동기부여와 자긍심을 심어주는 중요한 동력이다.

- "상담원이 너무 친절했어요. 감사합니다."
  "세심하게 자동차 점검해 주신 정성에 감동받았어요."

(2) 불만 : 불편을 알리고 문제 해결을 요청하는 표현

불만은 고객이 불편하거나 기대에 미치지 못한 서비스를 경험했을 때 나타나는 직접적인 항의이다. "대기 시간이 너무 길었다", "청소 상태가 미흡했다"와 같은 불만은 즉각적인 대응이 필요한 항목이다. 불만이 반복되면 단순한 우연이 아닌 시스템상의 결함일 가능성이 있으므로 원인을 철저히 분석해야 한다.

이는 단순한 불평이 아니라, 서비스 품질을 향상시킬 수 있는 매우 중요한 경고 신호이다. 대부분의 고객은 불만이 클수록 말하기보다는 조용히 이탈하는 경향이 있기 때문에, 직접적인 불만 표현은 오히려 개선을 바라는 적극적인 참여의 형태로 볼 수 있다.

- "배송이 너무 늦었어요."
  "직원이 무례하게 응대했어요."

(3) 제안 : 서비스에 대한 개선점을 제시하거나 새로운 아이디어를 공유하는 표현

제안은 고객이 자신의 경험을 바탕으로 '이렇게 하면 더 나을 것 같다'고 제시하는 유형이다. 이는 고객이 기업에 대해 애정을 갖고 있다는 표시이기도 하며, 서비스 개선 아이디어의 보고라고 할 수 있다.

적절한 제안은 상품 기획, 앱 기능 개발, 프로세스 재설계 등 다양한 서비스 영역에 적용될 수 있다. 제안은 고객이 서비스를 경험하면서 느낀 개선 가능성이나 새로운 아이디어를 건네는 피드백이므로 단순히 불편함의 지적을 넘어서, 서비스를 더 나은 방향으로 이끌 수 있는 창의적 의견으로 기능할 수 있다. 해당 브랜드를 자주 이용하거나, 오랫동안 이용해 온 마니아층의 고객일수록 더 나은 서비스를 기대하며 제안을 남긴다.

- "환경 보호되는 제품으로 과대포장이 없었으면 좋겠어요."
  "결제 단계에서 간편결제 버튼이 더 눈에 잘 띄었으면 좋겠어요."

(4) 문의 : 서비스 정보를 요청하거나 궁금한 점을 확인하는 표현

문의는 고객이 필요한 정보를 얻기 위해 기업에 직접 질문하는 형태이다. 이는 제품이나 서비스 자체에 대한 불만은 아니지만, 정보 전달의 명확성이 부족하다는 신호로 해석할 수 있다. 자주 반복되는 문의는 FAQ 개편, 안내문 보완, 챗봇 학습 데이터 보충 등으로 개선이 가능하다. 문의는 서비스 과정의 정보 제공 단계가 얼마나 명확한지를 보여주는 지표가 되기 때문에, 경우에 따라 고객의 구매 의사결정에 직접적인 영향을 줄 수도 있다.

- "이 상품은 반품 환불이 언제까지 가능한가요?"
  "포인트 적립은 어떻게 하나요?"

(5) 외부 VOC

이 유형은 SNS, 포털 리뷰, 블로그 후기 등 외부 채널을 통해 발생한 고객의 소리이다. 공식 채널에서 수집된 게 아닌 만큼 고객은 훨씬 솔직하고 직설적인 피드백을 제공한다. 특히 이 피드백은 불특정 다수에게 영향을 미치므로 실시간 모니터링과 대응이 중요하다.

- 한 소비자가 SNS에 "신메뉴가 광고 사진과 너무 다르다"고 게시하자, 해시태그를 통해 순식간에 바이럴되었다. 이후 본사는 메뉴 표기 가이드라인을 재정비하고 전국 매장 교육을 재실시함으로써 평판 악화를 방지할 수 있었다.

목적에 따른 VOC 분류

분류	정의	대표 사례
칭찬	긍정 경험에 대한 감사 표현	"직원이 너무 친절했어요."
불만	불쾌한 경험에 대한 항의	"체크인이 너무 오래 걸렸어요."
제안	서비스 개선 아이디어 제시	"앱에서 예약 확인 기능이 필요해요."
문의	정보 부족으로 인한 질문	"수영장은 몇 시까지 이용 가능한가요?"
외부 VOC	SNS, 영상 리뷰 등의 피드백	블로그 및 유투브 리뷰, 인스타 댓글 등

2) 시점에 따른 분류

고객의 소리를 이해할 때 중요한 또 하나의 기준은, 고객이 언제 그 목소리를 남기는가이다. 고객경험은 시간의 흐름을 따라 전개되기 때문에, 고객의 소리도 서비스의 어느 단계에서 발생했는지에 따라 그 내용과 의미가 다르게 해석될 수 있다.

(1) 서비스를 받기 전, 고객의 소리

서비스를 받기 전에 고객이 남긴 의견은, 서비스에 대한 기대감이나 요구사항을 미리 전달하는 형태이다. 이것은 고객이 기업에 '내가 원하는 서비스를 이렇게 준비해 달라'고 신호를 보내는 것으로 이해할 수도 있다. 이 피드백을 잘 활용하면, 문제가 생기기 전에 예방할 수 있다.

- "예약할 때 알레르기 정보도 입력할 수 있나요?"
  "웨이팅 지금부터 얼마나 걸려요?"

(2) 서비스를 받는 중, 고객의 소리

서비스가 진행되는 도중, 고객이 실시간으로 전달하는 피드백이다. 이 피드백은 가장 민감하고 즉각적인 대응이 필요한 유형이다. 고객은 지금 서비스의 질을 판단하고 있으며, 경우에 따라 서비스의 중단이나 불만 제기로 바로 이어질 수 있다.

- "주문한 메뉴 아직 안 나왔어요?"
  "와이파이가 안 터져요. 다른 자리로 옮기고 싶어요."

(3) 서비스가 끝난 후, 고객의 소리

고객이 서비스를 경험하고 난 뒤, 그 전체적인 인상과 평가를 남기는 피드백이다. 이 피드백은 향후 그 매장이나 브랜드를 다시 이용할 것인지를 나타내는 추천도와 연결된다. 때문에 기업의 브랜드에 대한 고객의 신뢰도나 서비스 품질을 강력하게 평가하는 지표로 활용한다. 또한 서비스가 끝난 후의 고객의 소리는 종종 고객이 곱씹은 감정을 담고 있기 때문에, 긍정적이든 부정적이든 기업에 매우 직접적인 영향을 미치기도 한다.

- "매장은 예뻤지만 응대가 아쉬웠어요."
  "다시 오고 싶은 곳이에요. 친구들한테 추천했어요."

실습 내가 서비스를 이용한 후 남겼던 VOC를 소개해 봅시다.

지금까지 내가 '서비스'라고 인식했던 것에 체크해 보세요. (복수 선택 가능)

내가 이용한 서비스 업체는?	
언제 이용했나요?	
어떤 상품이나 서비스를 이용했나요?	
내가 남긴 VOC 유형은 무엇인가요?	칭찬, 불만, 제안, 문의
내가 남긴 VOC의 시점은 언제인가요?	서비스 전, 서비스 중, 서비스 후
내가 남긴 VOC 내용은 무엇인가요?	
답변은 어떤 내용이었나요?	

4 고객의 소리 수집 방법

그렇다면 어떻게 해야 고객의 목소리를 놓치지 않고 들을 수 있을까? 서비스업에서는 다양한 채널과 기법을 통합적으로 활용하여, 고객의 목소리를 체계적이고 심층적으로 파악하고 있다. 대표적인 고객의 소리 수집 방법은 다음과 같다.

1) 설문조사

설문조사는 고객 만족도를 정량적 지표로 측정할 수 있는 가장 전통적이고 신뢰성 높은 방법이다. 구조화된 질문지를 통해 고객의 경험, 만족도, 개선 요구사항을 수집할 수 있으며, 통계적 분석이 용이하다.

- **특징**: 다양한 항목을 체계적으로 파악할 수 있다.
- **장점**: 수치화 가능한 결과를 제공하여 비교 · 추적이 가능하다.
- **단점**: 고객이 성의 없이 응답하거나, 응답률이 낮을 수 있다.

(1) 설문조사 수단 및 채널

설문은 다양한 방식으로 진행될 수 있으며, 고객군과 조사 환경에 따라 적절한 채널을 선택하는 것이 중요하다.

- **모바일 앱 설문**: 체크아웃, 결제, 예약 완료 등 고객 여정의 마무리 지점에서 앱 알림으로 설문을 유도한다. 응답률이 높고 실시간 수집이 가능하며 최근 가장 많이 사용하는 방식이다.

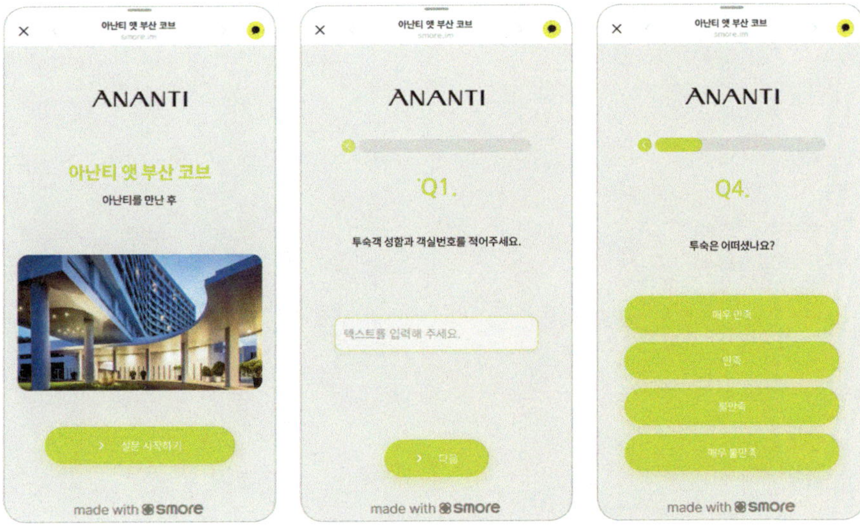

국내 리조트 아난티 모바일 설문조사

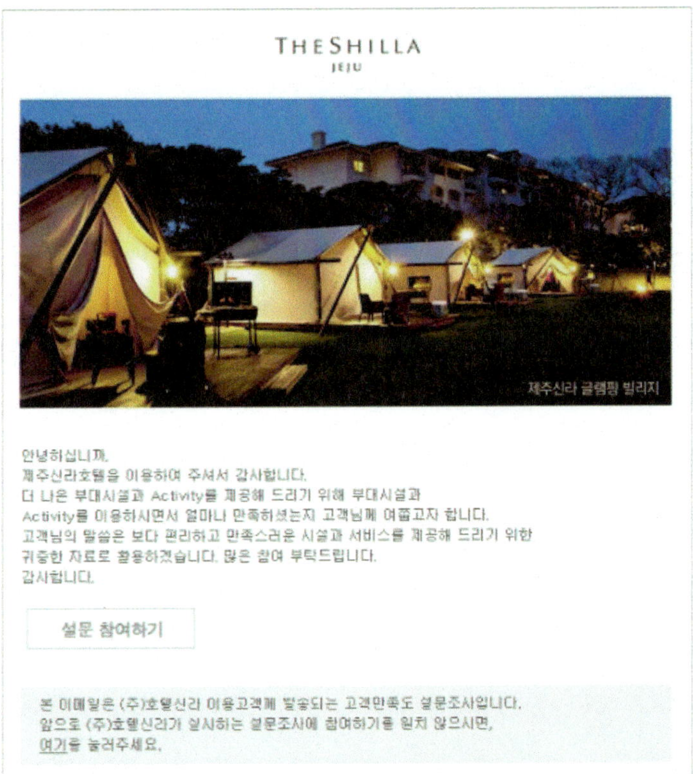

국내 호텔 신라호텔 이메일 설문조사

호텔업 고객 설문조사 워크시트

RESERVAION 예약	Exellent				Poor
· 예약 업무처리 능력 ___ Working process ability	5	4	3	2	1
· 직원 서비스 ___ Staff service	5	4	3	2	1
· 예약 편리성 ___ Booking convenience	5	4	3	2	1
ARRIVAL&CHECK-IN 도착&체크인	**Exellent**				**Poor**
· 주차장 청결 & 편의성 ___ Cleanliness and Convenience of Parking lot	5	4	3	2	1
· 체크인 신속성 ___ Quickness of Check-in	5	4	3	2	1
· 직원의 서비스 ___ Staff service	5	4	3	2	1
ROOMS 객실	**Exellent**				**Poor**
· 객실청소 및 정리정돈 ___ Room cleanliness and Organiztion	5	4	3	2	1
· 침대·침구의 안락함 ___ Comfortablenss of Bed	5	4	3	2	1
· 객실 비품 상태 ___ Condition of Amenities	5	4	3	2	1
RESTAURANT 레스토랑	**Exellent**				**Poor**
· 식음료의 질과 맛 ___ Quality and Taste of Food and Beverage	5	4	3	2	1
· 가격 만족도 ___ Price	5	4	3	2	1
· 직원 서비스 ___ Staff service	5	4	3	2	1
※ 이용하신 식음업장 F&B Restaurant you visited	Restaurant ☐	Lounge ☐		Grill&BBQ ☐	Banquet ☐

ADDITIONAL COMMENTS 추가의견

실습 나만의 고객 설문조사 만들기(https://form.naver.com)

① 오른쪽 QR코드를 스캔하세요. (휴대폰의 카메라 앱을 켜서 스캔)

② 네이버 '나만의 고객 설문조사 만들기' 페이지에 접속하여 원하는 설문 형태를 골라봅시다. (객관식+주관식 추천)

③ '호텔업 고객 설문조사 워크시트'를 참고하여 내용을 작성합니다.

④ 설문지가 완성되었다면 링크를 복사하여 친구에게 문자메시지를 보냅니다.

⑤ 상대방이 링크에 접속하여 설문지 입력을 끝내면 '참여한 설문' 페이지로 접속하여 응답 결과를 확인합니다.

⑥ 최소 세 사람 이상의 응답 결과를 확인하고 객관식 답변 및 주관식 의견을 모아 정리해 봅시다.

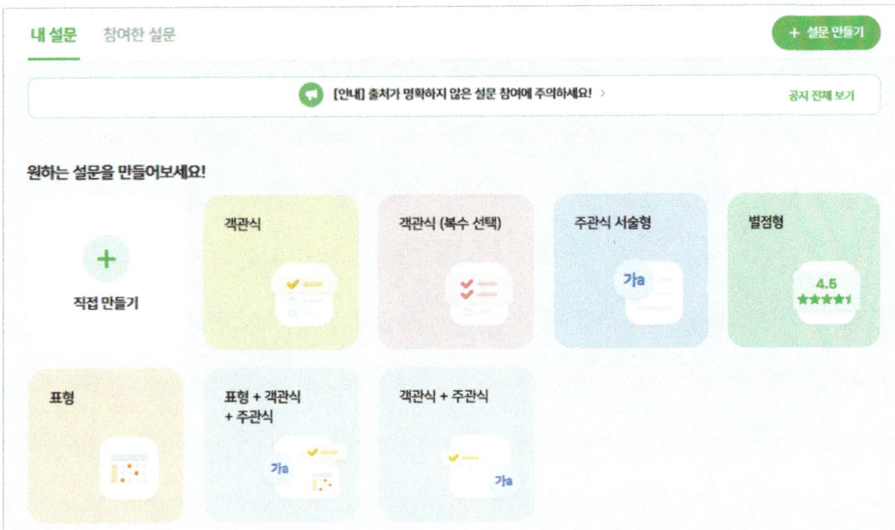

실습 나만의 고객 설문조사 QR코드 만들기(https://qr.naver.com/create)

① 오른쪽 QR코드를 스캔하세요. (휴대폰의 카메라 앱을 켜서 스캔)
② 네이버 '나만의 QR코드 만들기' 페이지에 접속하여 원하는 QR코드 디자인을 골라봅시다. (객관식+주관식 추천)
③ QR코드의 제목을 작성하고, 고객 설문조사 링크를 추가하여 저장합니다.
④ 최종 생성된 QR코드 이미지를 휴대폰에 다운로드합니다.
⑤ 친구에게 QR코드를 보여주거나, 공유하기 기능을 통해 전달해 봅니다.

2) 온라인 리뷰 수집

온라인 리뷰 분석은 고객이 자발적으로 남긴 평가를 통해 자연스럽고 솔직한 피드백을 수집하는 방법이다. 특히 리뷰는 사용자의 실제 경험에 기반해 작성되기 때문에, 우리가 설문조사나 만족도 평가에서는 잘 드러나지 않는 '진짜 감정'과 '현장의 문제점'이 고스란히 담겨 있다.

- **특징**: 리뷰 플랫폼(Tripadvisor, 구글 리뷰 등)이나 OTA(온라인 여행사) 사이트에서 수집 가능하다.
- **장점**: 고객의 진정성 있는 감정을 파악할 수 있으며, 방대한 데이터 분석이 가능하다.

- **단점**: 과장되거나 감정적인 리뷰도 섞여 있어 신뢰도 선별이 필요하다.

온라인 리뷰는 일종의 '고객 반응의 생중계'라고도 할 수 있다. 이러한 리뷰를 어떻게 모으고 관리하는지는, 기업이 고객의 목소리를 제대로 듣고 있는지를 보여주는 중요한 지표가 된다. 온라인 리뷰는 아래와 같은 방법으로 수집된다.

- Tripadvisor는 온라인 리뷰를 통해 리뷰를 분석하여 체크인 대기시간 문제를 인식하고, 이후 모바일 체크인 시스템을 강화하였다.

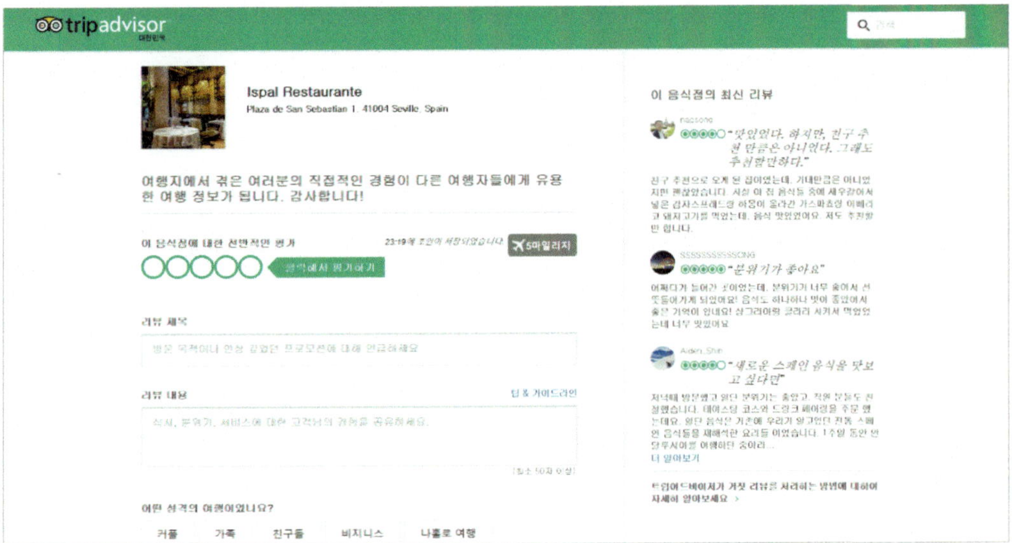

Tripadvisor 리뷰 조사

3) SNS 모니터링

SNS 모니터링은 인스타그램, 트위터, 페이스북 등 소셜미디어에서 고객의 반응을 실시간으로 추적·분석하는 방법이다. 고객들은 SNS를 통해 자신의 경험을 빠르고 자유롭게 공유하기 때문에, 트렌드를 민감하게 포착할 수 있다.

- **특징**: 해시태그(#), 멘션(@), 키워드 분석을 통해 관련 대화를 수집한다.
- **장점**: 신속한 이슈 감지, 감성 분석(Sentiment Analysis)이 가능하다.

- **단점**: 방대한 양의 데이터 중 의미 있는 정보 선별이 필요하다.

- 스타벅스 코리아는 인스타그램과 트위터 모니터링을 통해 매장별 서비스 피드백을 실시간으로 수집하고, 프로모션 반응이나 불만사항을 조기에 대응하고 있다.

4) 미스터리 쇼핑

미스터리 쇼핑은 전문가가 고객을 가장하여 서비스를 체험하고, 사전에 정해진 평가 기준에 따라 서비스 품질을 평가하는 방법이다.

이는 내부 직원 평가나 고객 설문과는 달리, 제3자의 객관적 시선으로 서비스 강점과 문제점을 도출할 수 있다.

- **특징**: 특정 상황(예: 클레임 발생, 프로모션 반응 등)을 설정해 평가가 가능하다.
- **장점**: 전문가를 통해 실제 현장 상황을 정밀하게 분석할 수 있다.
- **단점**: 비용이 상대적으로 높고, 평가자의 주관이 개입될 수 있다.

- Four Seasons 호텔 그룹은 정기적으로 미스터리 쇼퍼를 고용하여 프런트 응대, 객실 점검, 레스토랑 서비스 수준을 점검하고, 이를 토대로 전 지점의 서비스 매뉴얼을 업그레이드하고 있다.

고객의 소리 수집 방법

설문조사	체계적이고 수치화 가능	체크아웃 설문지, 이메일 피드백
온라인 리뷰 분석	고객의 자발적 의견 수집	Tripadvisor, 구글 리뷰 분석
SNS 모니터링	실시간 감정 트렌드 포착	인스타그램, 트위터
미스터리 쇼핑	실제 체험 기반 평가	전문 평가원이 객실 체험 후 보고

그렇다면 실제로 고객 피드백을 반영해 변화를 만든 사례에는 어떤 것들이 있을까?

5 고객의 의견이 바꾼 실제 사례

1) 호텔앤드리조트: Hilton Worldwide

고객 리뷰에서 자주 언급된 '체크인 대기 시간' 문제를 해결하기 위해 모바일 체크인을 도입하였다. 미스터리 쇼핑을 통해 프런트 직원의 응대 속도와 태도를 점검하고, 이에 따른 교육을 강화하였다.

2) 항공업계: Southwest Airlines

고객 불만 중 '탑승구 혼잡'에 대한 의견을 반영하여 A/B/C 그룹 보딩 시스템을 도입하였다. 도입 이후 고객 만족도가 12% 상승하였으며, 탑승 소요 시간도 18% 단축되었다.

3) 외식 및 카페업계: Starbucks

모바일 앱 리뷰에서 '대기 시간'과 '주문 오류' 문제가 지속적으로 지적되었다. 이를 개선하기 위해 모바일 선주문 시스템을 확대하고, 픽업 전용 존을 설치하였다.

PLUS 들여다보기

고객의 소리를 무시한 '월미도 바가지 횟집' 불매 운동

"9만 원짜리 회 맞나요?"

인천 월미도에서 회를 포장한 후기가 한 온라인 커뮤니티에 올라왔어요.
작성자 A씨는 "서울 집에 와서 포장해 온 회를 열어보니 말이 안 나왔다"며 월미도 'OO횟집'에서 구매한 회 세트 사진들을 올렸죠. 식당에서 구매한 회 세트 구성은 해산물 한 팩, 회 한 팩, 상추·깻잎 한 팩으로 단출했어요.

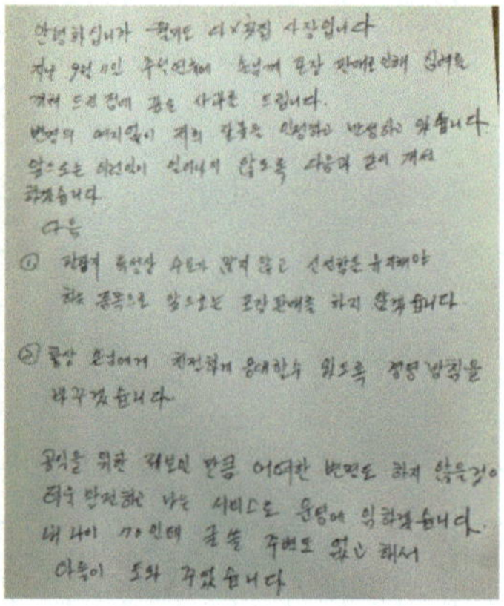

출처: https://www.sedaily.com/NewsView/26B2L81OHP

고객의 소리를 무시한 '월미도 00횟집' 사례

A씨는 식당에 전화한 뒤 "회 한 팩이 9만 원짜리가 맞냐"고 몇 번을 물었지만 "맞다"는 답을 들었다고 해요. 또 가게 측이 "바쁘다"라며 전화를 끊는 바람에 자정이 넘어서야 사장과 전화 연결이 됐다며 횟집이 불친절한 응대로 일관했다고 주장했죠. A씨는 "원래 이렇게 나가는데 아줌마만 그런다"라며 횟집 사장이 자신을 유난스러운 고객으로 취급했다고 해요. 고객의 불만을 철저히 무시한 횟집 사장에게 화가 난 A씨가 "온라인에 이 사실을 알리겠다"라고 하니 사장은 "5,000명이 아니라 1만 명이 봐도 상관없다"며 무시했어요.

하지만 네티즌들을 통해 그 횟집에 대한 논란이 대거 확산되고 불매 운동으로까지 번지자, 이후 자신을 월미도 OO횟집 아들이라고 밝힌 B씨가 사과문을 작성하게 돼요. 하지만 이미 마음이 돌아선 고객들은 여전히 그 횟집을 외면하는 중이라고 합니다.

고객의 작은 소리라도 귀 기울이려고 노력하는 다른 여러 기업과는 결말이 다를 수밖에 없는 특별한 교훈을 남겨주는 사례예요~!

PLUS 들여다보기

Southwest Airlines의 보딩 시스템 개선 사례

항공기를 탑승하는 순간은 여행의 첫인상이자, 서비스 품질을 직접적으로 체감하는 시간이죠. 미국 저가 항공사인 Southwest Airlines는 기존의 자유석 방식으로 운영하면서, 고객이 먼저 줄을 서야 하는 불편함과 혼잡, 불공정한 상황에 대한 불만을 지속적으로 받고 있었어요.

고객의 목소리를 듣고 어떻게 바꿨을까요?
Southwest는 피드백을 기반으로 A/B/C 그룹 보딩 시스템을 도입했습니다. 이 시스템은 고객이 온라인 체크인을 한 시간 순서에 따라 자동으로 보딩 그룹(A, B, C)과 번호가 부여되는 방식입니다. 각 그룹은 순차적으로 탑승하며, 공항에서는 해당 그룹만 대기하도록 동선도 개선했습니다.

이 사례가 주는 의미는 무엇일까요?
고객 피드백은 단지 '문제 제기'가 아니라 '서비스 설계'의 실마리일 수 있습니다. Southwest는 탑승이라는 짧은 순간을 개선했을 뿐이지만, 고객경험 전체에 긍정적인 영향을 주었습니다. 이처럼 작은 개선이 브랜드 신뢰도와 충성도로 연결된다는 점에서 매우 중요한 사례입니다.

Check Point!

① 고객의 소리는 고객의 기대와 경험이 담긴 소중한 신호이다.

고객의 소리는 단순한 불만이나 요청사항이 아니라, 고객이 우리 서비스에 대해 느끼는 기대, 감정, 만족 혹은 아쉬움이 담긴 중요한 신호이다. 단어 하나, 말투 하나에도 고객의 감정이 스며 있을 수 있으며, 이를 민감하게 받아들이는 태도야말로 서비스의 본질에 가장 가깝다.

② 고객의 소리는 서비스 개선의 출발점이 된다.

고객의 목소리는 우리가 미처 인지하지 못한 불편을 발견하게 해주고, 서비스 운영에 숨겨진 사각지대를 밝혀주는 역할을 한다. 단 한 명의 목소리라도 경청하고 반영하려는 자세가 결국 고객 중심 서비스를 실현하는 첫걸음이 된다.

③ 고객의 소리는 분류하고 해석해야 의미가 깊어진다.

서비스 현장에서 고객의 소리는 칭찬, 불만, 제안, 문의 등 다양한 형태로 나타나며, 이를 정확히 분류하고 해석하는 과정이 필요하다. 감정적인 표현 속에서도 고객이 정말로 바라는 점이 무엇인지 파악하려는 노력은, 고객과의 신뢰를 쌓는 핵심 역량이 된다.

제 9 장

직원 역량 강화

학습목표

1. 서비스 직원의 역량 강화를 위해 필요한 요소를 통합적으로 파악할 수 있다.
2. 다양한 기업의 사례를 통해 직원 역량 강화 전략이 서비스 품질에 어떤 영향을 미치는지 설명할 수 있다.

서비스는 결국 사람이 만든다. 고객은 상품이나 시설보다 사람을 통해 더 많은 인상을 받는다. 특히 서비스 산업에서는 직원의 태도와 행동이 곧 브랜드를 대표한다. 대부분의 고객들은 직원과 마주하는 순간, 서비스의 수준을 어느 정도 직감할 수 있다. 때로는 직원의 말투, 목소리, 표정, 눈빛, 제스처와 같은 여러 언어적 요소를 통해 신뢰와 진정성을 판단하기도 한다.

이처럼 서비스의 시작과 끝은 결국 '사람'에게 달려 있다. 아무리 훌륭한 시스템과 시설을 갖추고 있어도, 이를 전달하는 사람이 미흡하면 전체 서비스 경험은 실망으로 바뀔 수 있다. 서비스 산업에서 직원의 역량은 단순한 개인의 능력을 넘어, 조직의 성과와 직결되는 핵심 요소라고 할 수 있다. 현장 직원이 얼마나 숙련되어 있고, 친절하며, 조직의 방향성과 고객의 기대를 잘 이해하고 있는지가 서비스 품질에 많은 영향을 미친다. 이 때문에 필요한 것이 바로 '직원 역량 강화' 전략이다.

그러나 직원의 역량은 하루아침에 확보되는 것이 아니다. 명확한 직무를 제시하고, 적절한 채용 과정을 통해 직원으로 선발하며, 채용 후에는 체계적인 교육이 뒤따라야 한다. 이와 함께, 직원이 만족하며 일할 수 있는 근무 환경도 뒷받침되어야 한다. 직원이 충분한 지지와 배려를 받지 못하면, 고객에게도 최상의 서비스를 제공하기 어렵다. 특히 감정노동이 많은 환경일수록 더욱 그렇다. 고객 앞에서 웃고 있는 직원이 실제로는 극심한 스트레스를 받고 있다면, 그 미소는 오래가지 않는다.

일하기 좋은 건강한 조직문화도 중요하다. 수평적인 소통, 공정한 평가, 서로를 존중하는 분위기가 형성되어야 한다. 이러한 문화 속에서 직원은 자율성과 책임감을 함께 느낀다. 결과적으로 고객에게도 자연스럽고 일관된 서비스를 제공하게 된다.

이 장에서는 서비스 산업에서 직원의 역량을 강화하기 위한 다양한 방법을 제시한다. 직무에 대한 구조적 이해를 시작으로, 채용과 교육은 어떠한 방식으로 진행되는지 파악해 볼 것이다. 이어서 직원들의 만족도를 높이고, 고객응대 업무로 인한 감정노동을 관리할 수 있는 방안과, 일하기 좋은 조직문화 조성 방법까지 확장하여 살펴보자. 더불어 다양한 업종의 사례를 통해 현장에서 실무적으로 어떻게 실행되고 있는지도 이해할 수 있을 것이다.

1 서비스 직무

서비스 산업은 유형의 제품이 아닌 무형의 가치, 즉 고객의 경험을 중심으로 작동한다. 이러한 무형의 서비스가 잘 작동하기 위해서는 직원들이 맡은 역할이 보다 명확히 구분되어야 한다. 이를 위해 서비스 직무는 크게 프런트오피스(Front Office), 미들오피스(Middle Office), 백오피스(Back Office) 등의 3가지로 분류되고 있다. 서비스 직무의 구분은 단순한 위치의 문제가 아니다. 고객이 만족하는 경험 설계에 있어 각 단계에서 어떤 역할과 책임이 작동하는지를 파악하기 위한 구조적 도식이다. 특히 최근에는 서비스 운영의 복잡성이 증가함에 따라 이 세 영역 간의 유기적 연결과 조율이 조직 경쟁력의 핵심으로 떠오르고 있다.

1) 서비스 직무별 역할

(1) 프런트오피스(Front Office)

프런트오피스는 고객과 직접 대면하며 실시간으로 서비스를 제공하는 최전선의 직무를 말한다. 프런트오피스 직원은 고객과의 일차 접점에서 응대, 안내, 클레임 처리를 담당한다. 이들은 단순 정보 제공자가 아니라 서비스 현장의 문제 해결자이자 고객과의 관계 형성자 역할을 한다. 때문에 프런트오피스에서는 좋은 인상을 남기는 것을 중요한 업무로 다루고 있다.

❶ 역할

- 고객 응대 및 문의 대응
- 예약 확인 및 절차 안내
- 상품 · 서비스 판매 및 권유
- 클레임 접수 및 초기 대응

- 고객 피드백 수집 및 전달

❷ 직무(예시)

- 호텔 프런트 데스크, 리셉션
- 항공사 체크인 카운터, 게이트 직원
- 뷰티, 패션 매장의 판매 직원
- 콜센터 상담원, 고객센터 직원
- 병원 접수 및 안내 창구

❸ 요구 역량

- 상품 지식력
- 커뮤니케이션 능력
- 친화력
- 빠른 상황 판단 및 문제 해결 능력
- 감정 노동 등의 스트레스 관리 능력

PLUS 들여다보기

당황한 고객이 재방문할 수 있었던 이유
(서울 5성급 호텔의 프런트오피스 직무 사례)

서울의 한 5성급 A호텔에서는 최근 외국인 고객 한 명이 체크인을 위해 프런트 데스크를 찾았어요. 그런데 결제 과정에서 고객의 신용카드가 정상적으로 인식되지 않는 문제가 발생했죠. 보통 이런 경우 고객은 당황하거나 불쾌한 반응을 보이기 쉽고, 체크인 지연이 이어지면 전체 서비스에 대한 신뢰까지 흔들릴 수 있어요.

하지만 이 호텔의 프런트 직원은 당황하지 않았어요. 먼저 고객이 편하게 대화할 수 있는 언어를 파악한 뒤, 능숙하게 해당 외국어로 상황을 설명하기 시작했어요. 결제 시스템에 문제가 있는 게 아니라, 카드사에서 해외 결제를 제한하고 있다는 점을 친절하게 안내했죠. 고객이 이해하지 못하는 경우에 대비해, 직원은 스마트폰 번역기와 호텔 안내 책자를 함께 활용하면서 설명을 이어갔어요.

그 다음에는 호텔 내에 마련된 환전 서비스를 빠르게 연결해 줬어요. 고객이 바로 외화를 환전해 현금으로 결제할 수 있도록 도왔고, 별도의 수수료 면제 혜택도 적용해 고객의 불편을 최소화했어요. 덕분에 고객은 예상보다 짧은 시간 안에 체크인을 마칠 수 있었고, 호텔 측의 신속하고 배려 있는 대응에 깊은 인상을 받았다고 해요.

이후 고객은 체크아웃 시 "서비스에 감동했다"며 감사의 말을 남기고 돌아갔고, 실제로 한 달 뒤 다시 서울을 방문했을 때 같은 호텔을 재예약했다고 해요.

이 사례는 프런트오피스의 직무가 단순히 안내와 예약을 처리하는 업무가 아니라, 고객과의 감정적 연결을 형성하고 브랜드에 대한 신뢰를 만들어내는 접점이라는 사실을 잘 보여줘요. 특히 예상치 못한 상황에서도 유연하게 대처하고, 고객의 불편을 공감하며 돕는 직원의 자세는 단기적 문제 해결을 넘어 장기적 고객 관계 형성으로 이어질 수 있음을 보여주는 좋은 예예요.

(2) 미들오피스(Middle Office)

미들오피스는 고객과 직접적으로 접촉하지는 않지만, 프런트오피스의 서비스 실행을 실질적으로 가능하게 만드는 지원형 직무로 정의된다. 백오피스 직원은 예약, 데이터 관리, 결제 시스템 운영, 재고 관리 등 지원 업무를 맡아 서비스의 정확성과 안정성을 보장한다. 고객이 직접 만나지 않더라도 이들의 오류는 전체 경험에 큰 영향을 미친다. 항공이나 호텔업에서는 예약, 객실 판매 기획, 품질 모니터링 부서 등이 이에 해당한다.

❶ 역할

- 서비스 프로세스 운영 설계 및 모니터링
- 예약 · 배정 시스템 운영 및 최적화
- 고객 정보 관리 및 분석
- 프런트의 클레임 대응 지원
- 품질 기준 및 VOC 프로세스 유지

❷ 직무(예시)

- 호텔 객실 예약실
- 항공사 노선 스케줄 운영팀
- 유통 본사의 판매기획팀
- 회원관리팀
- VOC 전담 부서 및 운영센터

❸ 요구 역량

- 업무 조정 및 타 부서 협업 능력
- 일정 및 자원 관리능력
- 정보 분석력 및 시스템 활용 능력
- 데이터 정확성에 대한 감수성

PLUS 들여다보기

바쁜 출근 길, 품절 없이 카페를 운영할 수 있었던 이유
(대형 프랜차이즈 카페 매장의 미들오피스 사례)

출근 시간대, 서울 시내 중심가의 대형 프랜차이즈 카페 매장

오전 8시가 되자 줄이 길게 늘어섰어요. 특히 많은 고객이 평소처럼 인기 메뉴인 '헤이즐넛 크림 콜드브루'와 '햄치즈 베이글'을 찾았죠. 그런데 놀랍게도, 이날은 오전 10시가 넘었는데도 품절 표시가 없었어요. 고객은 "오늘은 메뉴가 다 있어서 기분 좋다"고 말했죠. 사실 이 뒤에는 미들오피스인 운영지원팀의 재고·물류 예측 시스템이 조용히 작동하고 있었어요.

해당 카페 브랜드의 운영지원팀은 일별 판매량, 날씨, 요일, 인근 행사 일정 등을 반영한 수요 예측 시스템을 운영 중이에요. 특히 출근길 방문객이 급증하는 특정 상권 매장에서는, 과거 주문 데이터를 분석해 요일별·시간대별 인기 품목 수요를 사전에 예측하고 있어요.
이날 운영지원팀은 해당 매장에 헤이즐넛 시럽과 베이글 재고를 기준치보다 20% 상향해 공급하도록 시스템을 조정했어요. 또, 배달 주문 비중이 높은 날일 것으로 예상되자, 포장 자재와 컵 뚜껑, 종이백 등의 소모품도 함께 추가 배정했죠.

현장 직원들은 따로 요청하지 않았지만, 그날 아침 매장에는 필요한 수량이 이미 준비돼 있었고, 바쁜 시간대에도 품절 안내 없이 고객 응대에 집중할 수 있었어요. 결과적으로 대기 시간도 줄었고, 고객 만족도도 높았죠. 매장 매니저는 "요즘은 예전처럼 '없어요'라는 말을 거의 안 해요. 재고를 확인하고 수요를 예측해 먼저 알아서 채워주거든요"라고 말했어요.

이 사례는 카페 업계에서 미들오피스가 재고 회전율과 고객 만족도를 동시에 관리하는 구조를 잘 보여줘요. 고객은 단지 커피를 편하게 마셨을 뿐이지만, 그 뒤에는 미들오피스 역할을 하는 운영지원팀이 '오늘 몇 잔 팔릴지를 미리 예측하고 움직인' 전략이 있었던 거예요. 미들오피스는 이렇게 프런트 매장이 끊기지 않고 운영될 수 있도록, 고객 접점에 앞서 움직이며 상황을 제어하는 조정자예요. 그리고 그들의 준비 덕분에, 고객의 아침은 불편 없이 시작될 수 있었어요.

(3) 백오피스(Back Office)

백오피스는 '서비스 제공을 위한 조직의 뼈대'로 표현한다. 고객 접점이 없고 내부 직원에 대한 지원직으로, 서비스 운영에 필요한 기반과 자원을 제공하는 역할을 한다. 조직의 인사, 회계, 총무, IT 등 행정 및 시스템 전반을 담당하며, 프런트오피스와 미들오피스의 원활한 수행을 가능케 한다.

❶ 역할

- 인사관리(HR), 급여, 복리후생, 채용
- 교육체계 수립 및 법정교육 운영
- 예산관리 및 회계업무
- 시설 · 안전 · 보안관리
- 전산 인프라 운영 및 데이터베이스 유지

❷ 직무(예시)

- 인사팀, 조직문화팀
- 회계팀, 경리팀
- 시설관리팀, 안전팀
- 정보전산팀, 시스템관리팀

❸ 요구 역량

- 법 · 제도에 대한 이해
- 시스템 기획 및 운영 역량
- 기밀성 유지 및 윤리의식
- 내부고객(직원) 만족 마인드

PLUS 들여다보기

전 세계 어디서든 똑같이 친절한 이유
(글로벌 호텔 브랜드의 백오피스 사례)

해외 출장 중이던 한 고객은, 변두리에 있는 낯선 소도시에 도착하자마자 편안한 숙소를 찾아요. 여러 숙소 리스트가 검색되었지만 이전에 다른 도시에서 투숙해 봤던 글로벌 호텔 브랜드 H 체인을 찾게 돼요.

역시나 체크인 절차는 매끄러웠고, 프런트 직원은 고객의 피로를 배려해 조용한 객실로 업그레이드를 제안했어요. 이후 고객은 로비에서 커피를 마시며 직원과 간단한 대화를 나눴고, 지역 관광지에 대해 자연스럽고도 정확한 정보를 받을 수 있었죠. 전반적으로 '현지 직원 같지 않게 응대가 아주 세련됐다'는 인상을 받았다고 해요.

이 인상적인 경험은 단지 한 직원의 센스에서 비롯된 것이 아니었어요. 그 이면에는 글로벌 본사 HR팀이 구축한 통합 교육 시스템이 작동하고 있었어요. 호텔 H는 전 세계 100여 개 국가에 걸쳐 수천 명의 직원을 두고 있어요. 지역별 언어, 문화, 업무 환경이 달라도 고객 응대의 품질을 균일하게 유지하기 위해, 본사에서는 온라인 기반의 역량 교육 플랫폼을 개발했어요.

이 플랫폼은 단순히 신규 입사자 교육에만 머무르지 않아요. 신입·승진·전문가 트랙으로 나누어 각 직무 단계별로 필요한 콘텐츠가 체계적으로 구성돼 있어요. 예를 들어, 프런트 직원은 예약 시스템 사용법이나 클레임 응대법을, 객실 담당자는 청결 기준이나 안전 지침을 학습하게 돼요. 현장에서는 스마트폰이나 PC로도 학습이 가능하고, 일정 기준을 충족하면 디지털 배지가 자동 발급돼 승진이나 보상 체계에도 반영돼요.

이 시스템은 단지 교육이라는 기능을 넘어서, 직원 역량과 조직 품질을 장기적으로 관리하는 백오피스의 핵심 인프라예요. 고객은 단지 한 명의 숙련된 직원에게 감동을 받았지만, 그 직원이 그 자리에 있기까지는 본사의 전략적 관리가 축적되어 있었던 거죠.

이처럼 백오피스는 고객을 직접 만나진 않지만, 고객이 믿고 다시 찾아오게 만드는 기반을 조용히 다지고 있는 조직이에요. 특히 글로벌 브랜드일수록, 지역 간 격차를 줄이고 고객경험을 일관되게 유지하기 위해 이처럼 디지털 기반 교육 인프라를 전략적으로 활용하고 있어요.

이처럼 프런트오피스 - 미들오피스 - 백오피스는 각각의 독립된 기능이 아니라, 고객경험을 완성하기 위한 하나의 흐름이다. 고객은 프런트에서 서비스를 시작하지만, 그 이면에는 예약 시스템, 정산 절차, 직원 교육 등 수많은 백그라운드가 작동하고 있다. 이들의 협업이 끊기거나 불균형해지면 전체 서비스 품질에 영향을 미치게 된다.

서비스 직무별 역할

역할 구분	주요 활동	고객에게 주는 가치
프런트오피스	실시간 응대, 안내, 클레임 처리	신뢰, 안정감
미들오피스	예약, 운영 조율, 리스크 지원	정확성, 편리함
백오피스	인력·재정·시스템 관리, 품질 유지 관리	일관성, 책임감

서비스 조직에서는 직무 간 이동이 활발히 이루어진다. 조직 내부의 '잡포스팅(Job posting)'공고를 통해 공식적으로 공석인 직무로 이동하거나, 본인이 직무 변경을 신청하는 '직무 전환 제도'에 따라 프런트에서 미들로, 미들에서 백오피스로 이동하는 경우도 많다. 이를 통해 조직 전체의 이해도와 연계성을 높이며, 서비스 품질의 일관성을 유지하는 것도 매우 중요한 기업의 서비스 관리 전략이다.

2 채용과 교육의 기본

1) 채용

서비스 조직의 인재 육성은 채용에서부터 시작된다. 아무리 훌륭한 교육과 매뉴얼이 준비되어 있더라도, 기본적인 고객 중심 태도가 없는 지원자를 선발했다면 교육 효과는 한계에 부딪힌다. 서비스 마인드는 단기간에 외워서 흉내 낼 수 있는 기술이 아니라, 상대방을 배려하고 공감하려는 내면의 태도와 일상적인 감정 조절 습관에서 비롯되기 때문이다.

이러한 이유로 최근 기업들은 '스킬보다 태도'를 우선하는 방향으로 채용 전략을 재편하고 있다. 과거에는 학력, 경력, 자격증과 같은 '스펙'이 주요 평가 요소였다면, 이제는 감정관리 능력, 공감력, 협업 태도, 회복탄력성과 같은 행동 기반 역량이 중심이 되고 있다. 이러한 변화는 특히 고객 접점에서 일어나는 '예측 불가한 상황'을 유연하게 대처할 수 있는 인재를 확보하려는 기업의 전략적 판단에 기반한다.

이에 따라 지원자의 태도와 반응을 직접적으로 관찰할 수 있는 상황형 면접이 점점 확대되고 있다. 예를 들어, 호텔 체인 L사는 신입사원 채용 면접에서 다음과 같은 질문을 제시한다.

"고객이 화를 내며 항의하는 상황에서 가장 먼저 무엇을 하시겠습니까?"
"동료 직원이 고객 앞에서 무례한 언행을 할 경우, 어떻게 대처하시겠습니까?"
"서비스 중 실수를 했을 때 본인의 감정을 어떻게 조절하십니까?"

이러한 문항을 통해 지원자의 감정관리 습관, 공감능력, 책임감, 대화방식 등을 다면적으로 파악한다. 단순히 '정답'을 말하는 게 중요한 게 아니라, 자신의 경험에 비추어 논리적이고 현실적인 판단을 보이는 태도가 핵심 평가 요소가 된다.

서비스 기업의 주요 요구 역량 및 면접 평가 기준

요구 역량	면접 평가 기준 (예시)
감정 조절력	고객 응대 중 감정적으로 대응하지 않고 침착하게 대응할 수 있는가?
공감 능력	고객의 입장을 이해하고 적절히 반응할 수 있는가?
고객 지향성	고객 만족을 우선순위로 두는 태도가 몸에 배어 있는가?
회복탄력성	어려운 고객이나 상황에서도 위축되지 않고 유연하게 회복할 수 있는가?
협업 태도	다른 사람과의 협업에도 적극적인가?

때문에 많은 기업이 '역량 기반 면접(BEI: Behavioral Event Interview)'을 활용해 지원자의 성향과 대처 방식을 파악하고 있다. '과거에 ~했던 경험을 말해달라'는 방식으로 질문함으로써, 실제 행동의 패턴을 살피는 방식이다. 이는 단순히 좋은 태도를 연기하는 것이 아닌, 지속적인 인격적 성향이 드러나는 상황을 기반으로 평가할 수 있다는 장점이 있다.

특히 리조트 업계, 항공업, 프리미엄 멤버십 운영 부서 등 고난도 서비스를 요구하는 조직일수록, 지원자의 '정서 지능'을 채용의 핵심으로 본다. 이는 고객이 제공자에게 기대하는 것이 단순한 응대가 아니라 '신뢰와 안정감'이기 때문이다. 감정을 통제하고 상대 감정을 읽을 수 있는 능력은, 교육으로는 극복하기 어려운 천성적 자질과 훈련이 결합된 영역이다.

2) 교육

채용은 시작일 뿐, 직원의 역량을 실제 행동으로 연결하는 핵심은 '교육'이다. 특히 서비스 직무는 고객과 직접 마주하는 위치에 있는 만큼, 이론적 지식보다는 몸에 익힌 태도와 순간 판단력이 중요하게 작용한다. 따라서 서비스 기업의 교육은 단기간에 끝나는 강의가 아니라, 지속적이고 점진적인 교육 과정으로 설계되어야 한다.

서비스 산업에서 일반적으로 적용되는 교육과정은 온보딩 교육, 현장 실습(OJT), 멘토링 및 피드백 등의 3단계로 나뉜다. 이 세 가지는 각기 목적과 방식이 다르지만, 유기적으로 연결되어 직원의 태도, 대응력, 문제 해결 능력을 점차 고도화시킨다.

(1) 온보딩 교육

온보딩 교육은 조직의 '첫인상'을 만드는 교육이다. 이는 채용 직후 가장 먼저 제공되는 교육으로, 신규 직원이 조직의 기본적인 가치와 규범을 이해하고 업무에 필요한 전반적인 기본기를 습득하게 한다. 이 단계에서 직원은 단지 '일의 방식'뿐만 아니라, 조직이 추구하는 서비스 정신과 태도, 언어, 분위기 등을 체득하게 된다. 즉, 단순한 업무 설명이 아니라 '조직 문화와 정서'를 전달하는 과정이라 할 수 있다.

❶ 온보딩 교육 항목

- 기업의 미션, 비전, 핵심 가치 이해
- 서비스 철학(고객 지향 마인드, 태도의 중요성 등)
- 고객 응대 기본 매너(인사, 미소, 눈맞춤, 언어 습관 등)
- 유니폼 착용법과 용모 규정
- 행동 규범 및 윤리 기준
- 법정 의무 교육(직장 내 괴롭힘 및 성희롱 예방 등)
- 컴플레인 초기 대응 매뉴얼
- 직무별 기본 업무 구조 및 조직도 이해

❷ 온보딩 교육의 중요성

서비스 직무에서는 첫 접점의 인상 하나가 고객에게 오랫동안 남는다. 온보딩은 바로 그 '첫인상'을 좌우하는 기준선을 잡는 과정이다. 아무리 능력 있는 직원이라 해도, 첫 시작부터 조직의 언어와 태도를 공유하지 못하면 서비스 품질의 균질성을 해칠 수 있다.

국내 프리미엄 리조트 K사는 온보딩 기간 동안 전 직원에게 '우리 브랜드만의 손 인사 각도'를 수십 번 연습하게 하며, 손의 위치와 눈빛까지 세밀하게 코칭한다. 이는 고객이 '단일한 브랜드 경험'을 느낄 수 있게 만드는 전략이다.

(2) 현장 실습(OJT)

현장 실습을 의미하는 OJT(On-the-Job Training)는 선배 직원이나 팀장과 함께 현장에서 실무를 경험하며 배우는 실습 단계이다. '서비스 감각'을 몸에 익히는 반복 훈련이 이 과정에서 진행된다. 특히 매뉴얼에서 배우기 어려운 고객의 반응, 상황의 흐름, 즉각적 판단을 체득할 수 있도록 설계된다. 특히 돌발 상황, 감정 노동, 의사소통 실수 등을 현장에서 직접 겪어보며 해결력을 높이는 훈련이 핵심이다.

❶ 현장 실습(OJT) 항목

- 고객 응대 시뮬레이션 및 실제 응대 진행
- 현장 장비 및 시스템 사용법 실습
- 문제 상황 발생 시 대처법 체득
- 고객 유형별 반응 훈련(불만, 무관심, 고정고객 등)
- 선배 직원의 응대 방법 실시간 관찰 및 피드백
- 작은 실수도 기록하고 공유하는 에러노트 활용

❷ OJT의 중요성

OJT는 이론적으로 배운 교육 내용이 실제 고객 앞에서 어떻게 작동되는지를 점검하는 과정이다. 예컨대, '불만 고객에게는 공감적 언어를 사용하라'는 이론은, 실제로 고객이 감정적으로 격앙되어 있는 상황에서는 매우 다르게 작용한다. 따라서 직원은 선배의 대응 방식을 관찰하고, 자신이 해본 후 피드백을 받는 반복 구조를 통해 감각을 기르게 된다.

(3) 멘토링 및 피드백

OJT 이후 단순히 현장을 돌며 익히는 것만으로는 부족하다. '제대로 하고 있는지', '다른 방식이 더 효과적이었는지'에 대한 지속적인 피드백이 제공되어야만 태도가 정제된다. 이에 따라 많은 기업들은 멘토링 제도를 활용하여, 신입 직원이 심리적 안정감을 갖고 성장을 지속할 수 있도록 한다. 멘토링은 서비스 내공을 쌓는 내면의 성장이라고도 할 수 있다.

❶ 멘토링 및 피드백 항목

- 하루 또는 주간 단위 응대 피드백 시트 작성 및 점검
- 선배 직원이 동행하거나 CCTV 영상을 함께 보며 피드백
- 고객 응대 중 본인이 놓친 점을 자가 피드백
- 동일 상황에 대한 '대안 응대법' 토론
- 롤플레잉을 통한 대처법 재훈련

❷ 멘토링 중요성

서비스 조직은 고객 앞에 혼자 서는 순간이 많다. 그럴수록 직원은 내면의 기준을 명확히 갖고 있어야 한다. 피드백 없는 OJT는 일회성 체험에 그칠 수 있으며, 멘토링이 함께 동반될 때 실제 행동의 정교화와 감정 조절 역량의 향상이 이루어진다.

예를 들어, 국내 G호텔은 직원 응대 상황을 1주일 단위로 분석해 매주 '칭찬 사례'와 '개선 피드백'을 제공하며, 고객 만족도를 상승시킨 직원은 멘토 직원으로 성장하는 구조를 운영 중이다. 이는 피드백이 단지 '지적'이 아니라 승인과 성장의 언어가 될 수 있음을 보여준다.

3 직원 만족 관리

1) 직원 만족도

서비스 산업에서는 고객 만족이 최우선 과제이지만, 이를 실현하는 주체는 바로 조직의 '직원'이다. 이때 직원은 단순히 업무 수행자가 아니라 기업의 '내부고객'으로 간주된다. 내부고객의 만족이 외부고객 만족으로 이어지는 선순환 구조를 만들기 위해서는, 먼저 직원의 동기, 감정, 환경이 얼마나 충족되고 있는지를 점검하는 것이 필수적이다.

실제 여러 연구들은 직원의 근무 만족도가 높을수록 서비스 품질이 향상되며, 고객 충성도 또한 증가한다는 연구 결과를 제시한다. 예컨대, 미국의 사우스웨스트 항공은 직원 만족도를 내부 경영의 목표로 설정하고 이를 지속적으로 모니터링함으로써 고객 만족도와 수익성 모두를 동시에 달성한 대표 사례로 꼽힌다.

PLUS 들여다보기

호텔신라 '조직 건강도 진단 모델'

호텔신라는 매년 삼성 글로벌리서치에서 실시하는 삼성문화지수(SCI, Samsung Culture Index) 진단을 통해 직원의 만족도 상태를 평가하고 있어요. 각 부서 내 리더들에게 종합적인 피드백을 제공하고, 강점과 개선 영역을 강조하고, 이에 따른 실행 계획을 개발하죠. 건전한 조직문화 육성을 위해서는 이처럼 현황을 정확하게 진단하고 개선점을 인식해야 해요!

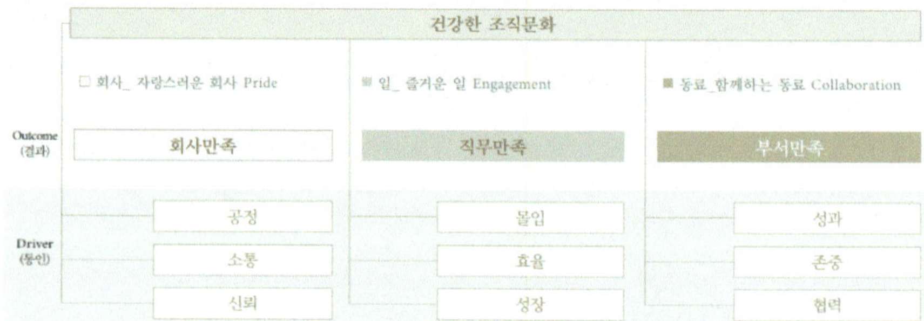

직원 만족은 서비스 품질의 출발점이다. 고객과 직접 마주하는 직원의 심리적 만족도가 낮다면, 서비스 품질은 불안정해질 수밖에 없다. 특히 호텔 · 리조트 등 고강도의 감정노동이 수반되는 조직일수록, 직원 만족을 단순히 '급여'나 '복지'로만 설명할 수 없다.

이러한 관점에서, 조직 심리학자인 허즈버그(Frederick Herzberg)는 직원 만족을 설명하며 동기–위생 이론(Motivation–Hygiene Theory)을 제시했다. 이 이론은 단순한 '만족–불만족'의 직선적 구조를 넘어서, 두 가지 차원의 요인을 독립적으로 관리해야 진정한 만족을 이끌어낼 수 있다는 점을 강조한다.

- **동기요인**(Motivators): 자기성장, 인정, 도전적 업무, 성취감 등
- **위생요인**(Hygiene factors): 급여, 복지, 직무 안정성, 물리적 근무환경 등

스타벅스 코리아는 직원 만족을 위한 동기–위생 요인을 균형 있게 관리하는 대표적 기업이다. 파트너라는 호칭, 바리스타 챔피언십 대회, 고객 사연 공유 캠페인은 동기요

인을 강화하고, 자율 스케줄링, 사내 음료 쿠폰, 커뮤니티 라운지 제공은 위생요인을 안정화하는 장치다. 이러한 시스템 덕분에 스타벅스는 높은 서비스 품질을 유지하면서도 낮은 이직률을 기록하고 있다. 또 기업에서는 이러한 내용을 설문조사로 구성하여 직원들에게 직접 묻고 반응을 확인하여 직원 만족도 관리를 할 수 있다.

서비스 기업 직원 만족도 설문 항목

설문 분야(6개)	측정지표(18개)	설문 문항(25개)
개인직무	업무부담 외 2개	업무량 부담 외 4개
직무환경	업무협조, 교육과 훈련	부서내/외부 업무협조 외 3개
인사/복리후생	급여수준 외 3개	급여수준 외 3개
조직문화	조직 목표/비전 외 4개	경영목표에 대한 이해 외 6개
조직신뢰	경영진 신뢰, 직속상사 신뢰	경영진과 직속상사 리더십 신뢰
조직몰입	직원사기, 조직애착	직원으로서의 자부심 외 2개

NO	질문 내용	매우 그렇다	그렇다	보통	아니다	절대 아니다
1	나는 우리 회사에서 전반적으로 업무량이 많은 편이다.	⑤	④	③	②	①
2	우리 부서 내 개인별 업무 분담은 효과적으로 조정되고 있다.	⑤	④	③	②	①
3	나는 업무 수행에 필요한 권한을 충분히 보장받고 있다.	⑤	④	③	②	①
4	현재 직무는 나의 적성에 잘 맞는다.	⑤	④	③	②	①
5	나는 현재의 업무를 계속 담당하고 싶다.	⑤	④	③	②	①
6	부서 내 동료들은 서로 간의 업무에 관심을 가지고 도와준다.	⑤	④	③	②	①
7	나는 업무수행 시 타 부서의 협조를 충분히 지원받고 있다.	⑤	④	③	②	①
8	회사에서 운영하는 교육 및 훈련과정은 업무에 도움이 되도록 지속적으로 개선되고 있다.	⑤	④	③	②	①
9	나는 회사로부터 교육훈련의 기회를 충분히 제공받고 있다.	⑤	④	③	②	①
10	본인 업무평가에 기준하여 나의 급여수준은 만족할 만하다.	⑤	④	③	②	①
11	우리 회사의 인사제도는 전반적으로 공정하게 이루어지고 있다.	⑤	④	③	②	①

12	우리 회사는 개인의 능력을 최대한 존중하여 직무를 맡긴다.	⑤	④	③	②	①
13	우리 회사는 직원의 복리후생 증진을 위해 적극 노력한다.	⑤	④	③	②	①
14	나는 회사의 경영목표를 정확하게 이해하고 있다.	⑤	④	③	②	①
15	나는 회사의 향후 비전이 매우 희망적이라고 생각한다.	⑤	④	③	②	①
16	우리 회사의 비전에 맞는 인재상이 제대로 정립되어 있다.	⑤	④	③	②	①
17	우리 회사는 직원의 건의사항을 해결하기 위해 적극 노력한다.	⑤	④	③	②	①
18	나는 회사의 경영혁신 활동에 적극적으로 참여한다.	⑤	④	③	②	①
19	우리 회사는 나의 생각과 의견을 자유롭게 말할 수 있다.	⑤	④	③	②	①
20	업무상 실수나 실패에 대해 주위로부터 격려를 많이 받는다.	⑤	④	③	②	①
21	나는 경영진의 리더십을 높이 평가한다.	⑤	④	③	②	①
22	나는 직속상사의 리더십을 높이 평가한다.	⑤	④	③	②	①
23	나는 평소 우리 회사 직원으로서 자부심을 느낀다.	⑤	④	③	②	①
24	나는 회사의 발전을 위해 진심으로 책임감을 느끼며 일한다.	⑤	④	③	②	①
25	나는 당분간 이직할 의사가 없다.	⑤	④	③	②	①

2) 내부 마케팅

과거의 내부 마케팅은 연말 파티나 간헐적 포상 프로그램 등 단기 이벤트 중심의 복지 제공에 그치는 경우가 많았다. 그러나 최근에는 내부 마케팅이 '전략적 인적자원 관리(Strategic HRM)'의 핵심 축으로 인식되며 중장기적 조직 성과에 기여하는 방향으로 진화하고 있다.

내부 마케팅의 핵심은 직원에게 기업의 가치를 '고객처럼' 전달하고, 그들이 자발적으로 브랜드를 내재화하도록 유도하는 것이다. 다시 말해, 직원 스스로가 자사의 서비스와 문화에 '감동'하고, 고객에게 그 감동을 전파하는 구조를 만들어내는 것이다. 이를 위해 사용되는 주요 전략은 다음과 같다.

(1) 물리적 복지 환경 개선

직원 휴게 공간 확장, 식음료 제공, 피로 회복을 위한 리프레시 공간 등

출처: https://www.woowayouths.com/story/work/view/5/28?sch_text=&sch_type=&sch_order_by=story_rgst_ymdt&sch_tag=&previous_page=all 우아한 청년들 홈페이지1

출처: https://www.woowayouths.com/story/work/view/5/36?sch_text=&sch_type=&sch_order_by=story_rgst_ymdt&sch_tag=&previous_page=all 우아한 청년들 홈페이지2

'우아한 청년들'의 리프레시 데이 및 공간 사례

(2) 정서적 지지 체계 확립

관리자와의 수평적 소통, 동료 간 피드백 문화, 심리적 안전감 제공 등

(3) 성과 인정과 보상 구조

업무 성과에 대한 적절한 피드백, 사내 인증 시스템, 포상 제도 등

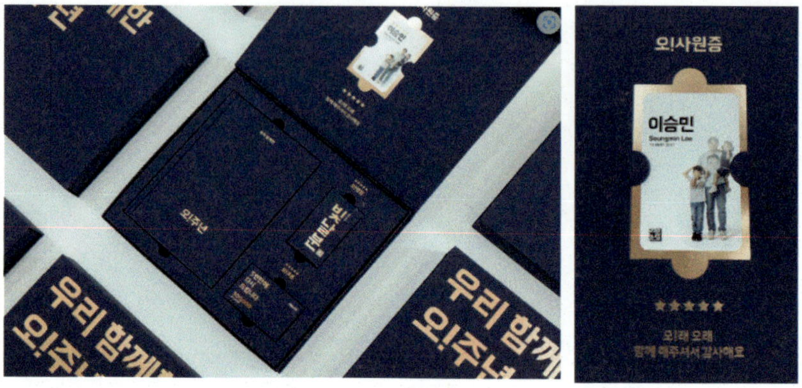

출처: https://www.woowayouths.com/story/work/view/4/21?sch_text=&sch_type=work&sch_order_by=story_rgst_ymdt&sch_tag=&previous_page=all 우아한 청년들 홈페이지

'우아한 청년들'의 오!주년 재직 축하 기념 사례

내부 마케팅 요소와 기대 효과

내부 마케팅 요소	적용 방법	기대 효과
복지	탄력 근무제, 휴게 공간, 건강 증진 프로그램	소진감 완화, 근속률 향상
소통	제안함, 정기 간담회, 관리자 코칭 프로그램	신뢰 형성, 조직 몰입도 증가
인정	우수사원 표창, 고객 피드백 기반 인센티브	자부심 증대, 성과 향상 동기 부여

● 내부 마케팅 사례 1. Four Seasons Hotels & Resorts

이 호텔 체인은 '직원 만족이 고객 만족의 출발점'이라는 철학 아래 운영된다. 모든 지점은 최소한 연 2회 정기 간담회를 개최하며, 경영진과 직원 간 수평적 소통을 유도한다. 또한 전 직원을 대상으로 '개선 아이디어 공모전'을 시행해 우수 제안에 대해 포상하고 실제 매장 운영에 반영한다. 이를 통해 직원들은 자신의 의견이 실제 변화로 이어진다는 점에서 높은 자부심을 느끼며, 이직률은 업계 평균보다 30% 이상 낮은 수준을 유지하고 있다.

● 내부 마케팅 사례 2. 국내 항공사 A사

A사는 신입 승무원 교육 시 '내부고객 존중'을 핵심 항목으로 다룬다. 내부 마케팅을 통해 동료 간 상호존중, 상사와의 공감 소통, 감정 공유 문화를 강조하며, 이를 KPI 일

부로 반영한다. 또한 사내 익명 게시판과 감사 릴레이 제도를 운영하여 감사 표현을 장려하고, 이는 자연스럽게 팀워크 강화로 이어지고 있다.

최근에는 '조직 심리학'의 관점에서 내부 마케팅을 재조명하는 흐름도 등장했다. 정체성 이론에 따르면, 조직 구성원이 자신을 '이 조직의 일부'로 느낄 때, 자발적인 몰입과 헌신이 발생한다. 따라서 단순한 물리적 보상보다 감정적 소속감을 유도하는 커뮤니케이션 전략이 중요하다. 직원 인터뷰 영상, 사내 뉴스레터, 브랜드 가치를 공유하는 사내 캠페인은 이러한 목적을 효과적으로 달성하는 수단이다.

결론적으로, 내부 마케팅은 단기적 직원 만족을 넘어서 기업 문화와 브랜드 철학의 내면화로 이어지는 중장기 전략이다. 이것이 성공적으로 정착될 때, 직원은 단순한 근로자가 아니라 브랜드의 '전도사'로서 고객에게 진심 어린 서비스를 전달하게 된다.

4 감정노동 관리

1) 감정노동 정의

감정노동(Emotional Labor)은 고객을 응대하는 과정에서, 자신의 감정을 통제하고 조직이 요구하는 감정 상태를 '표현'하는 것을 말한다. 예를 들어, 기분이 나빠도 웃는 얼굴로 응대하거나, 화가 나도 차분한 말투를 유지해야 할 때, 우리는 감정노동을 수행하고 있는 것이다.

이 개념은 "감정을 상품처럼 사용하는 노동"이라고도 불린다. 특히 호텔, 리조트, 항공, 콜센터, 의료 서비스처럼 감정 접점이 잦은 산업일수록 이 문제가 심각하게 나타난다.

서비스 산업에서 감정노동은 필수불가결한 요소이지만, 동시에 관리되지 않으면 서비스 품질 하락과 조직 갈등의 원인이 된다. 고객을 상대하면서 감정 표현을 조절해야 하는 업무는 직무 스트레스를 유발하고, 장기적으로는 직원의 소진(burnout)이나 이직으로 이어질 수 있다. 특히 '감정 규제'라는 개념은 현대 서비스 인력 관리에서 중요한 키워드가 되었으며, 이에 따라 정부 차원에서도 「감정노동자 보호법」(산업안전보건법 개정)이 제정되어 법적 장치가 마련되었다.

PLUS 들여다보기

감정노동자 보호법

- 「산업안전보건법」 제41조(고객의 폭언 등으로 인한 건강장해 예방조치 등)(2018년 10월 시행)

주요 내용

- 고객 폭언 대응 매뉴얼 의무화
- 감정노동자에 대한 교육, 상담 제공 의무
- 고객 응대 거부권 명시(폭언, 위협 시)
- 사업주의 보호 조치 미이행 시 과태료 부과

감정노동자 보호법을 쉽게 말하면, 호텔 프런트 직원이 고객의 폭언에 대해 응대를 중단하고, 관리자가 즉시 개입해야 할 법적 근거예요.

감정노동은 단순한 직무 스트레스가 아니다. 고객 중심의 서비스가 강조되는 시대일수록, 직원은 자신의 감정을 억누르고 고객에게 일관된 친절을 제공해야 한다. 이는 서비스 산업 전반에서 '보이지 않는 감정 자본'을 지속적으로 소진하는 결과로 이어진다. 감정노동의 문제는 아래와 같다.

(1) **정서적 고갈**: 하루 종일 웃으며 고객을 응대한 뒤, 퇴근하면 무기력함과 공허함을 느낌

(2) **공감 능력 저하**: 반복되는 억제 속에 진짜 감정을 못 느끼게 됨

(3) **자존감 하락**: 감정을 숨기며 받는 무례함이 자기 부정으로 연결됨

(4) **이직률 상승**: 감정노동 직무의 평균 이직률은 일반 직무 대비 2배 이상임

감정노동이 초래하는 문제들

조직적 수준	개인적 수준
• 높은 결근율	• 일련의 비특이적 증상들이 나타남 – 두통, 위장장애, 피로감, 어지럼증, 어깨 결림
• 높은 이직률	• 일련의 정신적 증상들 – 압박감, 불안, 우울, 집중력 장애, 화를 잘 냄, 수면 장애(불면, 자고 나도 개운치 않음)
• 낮은 수행성과 생산성	• 동기화 및 직무 만족 수준이 낮음, 사기저하
• 비효과적이거나 모순적인 경영방식	• 헌신감이나 충성심을 느끼지 못함
• 불만족스러운 노사관계	• 지각, 조퇴, 결근 등이 나타남
• 불량한 안전 기록	• 질병이나 사고에서 회복 및 작업복귀 지연
• 보험창구와 책임요율 증가	• 시간 때우기 경향이 나타남
• 소비자 불만족 증가	• 알코올/약물 남용문제
• 조기 퇴직과 질병퇴직 증가	• 부부간 및 인간관계의 어려움

2) 감정노동 관리 방법

많은 서비스 기업들은 감정노동을 단순히 개인의 인내력이나 친절함으로 극복해야 할 문제가 아니라, 관리 가능한 조직 리스크로 인식하고 있다.

고객 응대 과정에서 발생하는 감정적 소진, 공감 피로, 스트레스 누적은 직원의 이직률을 높이고, 조직 생산성을 떨어뜨리며, 서비스 품질에도 직결되기 때문이다. 이에 따라 감정노동은 개인의 성향 문제가 아닌, 조직이 체계적으로 예방하고 개입해야 하는 관리 항목으로 자리 잡고 있다.

기업별 감정노동 관리 활동

구분	활동 내용	대표 기업 사례
예방	감정노동 교육, 스트레스 진단, 고객 유형 분석 교육	롯데시네마, 교보문고
대응	심리상담 서비스, 갈등 상황 매뉴얼, 관리자 개입 체계화	스타벅스, 신세계백화점
회복 및 보상	리프레시 제도, 순환 근무, 감정노동수당, 정서적 피드백 시스템 운영	제주신라호텔, 배달의민족

● 기업별 감정노동 관리 사례 1. 교보문고 감정노동 대응 프로그램

교보문고는 대형 서점 특성상 고객 문의와 불만이 빈번하다는 점에서, 직원의 감정 관리를 핵심 인사 전략으로 설정했다. 모든 신입직원은 감정노동 예방 교육을 이수해야 하며, 월 1회 이상 '응대 피드백 워크숍'을 통해 클레임 사례를 공유하고 해결방안을 모색한다. 또한 고객 폭언이나 위협 발생 시 즉시 관리자 개입이 가능한 '핫라인 제도'를 운영하여 현장 직원의 보호 체계를 강화했다.

● 기업별 감정노동 관리 사례 2. 스타벅스 코리아

스타벅스는 '파트너'라는 용어를 통해 직원의 주체성과 소속감을 강조하며, 감정노동 문제를 예방하는 체계를 적극 운영 중이다. 전담 조직인 '파트너 케어팀'은 매장 간 순환 배치, 스트레스 상담, 심리치료 프로그램을 제공하고, 정기 워크숍에서는 갈등 시뮬레이션과 고객 유형별 대응법을 훈련한다. 자가진단 앱을 통해 스트레스 수준을 측정하고, 상담을 예약하거나 동료 간 피드백을 제공하는 시스템 또한 운영 중이다. 그 결과, 감정노동으로 인한 갈등 사례와 고객 응대 오류가 감소하였고, 이직률은 커피 프랜차이즈 업계 평균 대비 낮은 수준을 유지하고 있다. 이는 감정노동을 단순 직무 스트레스가 아닌 관리 가능한 조직 리스크로 인식하고, 예방–대응–회복까지 전 주기를 체계화한 전략적 접근의 결과라 할 수 있다.

● 기업별 감정노동 관리 사례 3. 배달의민족 파트너 정서지원 시스템

배달의민족은 라이더와 점주, 고객 간 갈등을 줄이기 위해 '감정 피로 리포트' 시스템을 도입했다. 라이더가 일과 중 겪은 스트레스 상황을 앱에서 익명 보고할 수 있으며, 누적 수치가 일정 기준을 초과하면 자동으로 정서 지원 메시지와 심리상담 서비스가 안내된다. 또한 월 1회 '감정 리프레시 데이'를 운영하여 라이더에게 유급 휴식을 제공하는 방식으로, 이직률과 사고 발생률을 낮추는 데 기여했다.

고객의 만족을 끌어내기 위해 감정노동은 피할 수 없는 과정이지만, 그 부담을 개인에게만 전가해서는 안 된다. 조직은 감정노동을 직원 보호와 서비스 품질 사이의 균형점으로 인식하고, 제도적 · 정서적 · 교육적 장치를 통해 지속적인 관리와 회복을 설계해야 한다. 감정노동 관리란 단순히 직원의 고충을 덜어주는 것이 아니라, 서비스 조직의 건강성과 지속가능성을 유지하기 위한 필수 경영 전략이다.

실습 감정노동 평가지

[KOSHA GUIDE H-67-2022] 한국인 직무스트레스 측정도구(KOSS®19)

한국인 직무스트레스 측정도구(KOSS®19)

1. 아래 사항을 직접 기입해 주시기 바랍니다.

성명		연령	________세
성별	☐ 남자 ☐ 여자	부서	

2. 아래의 설문은 귀하의 직무 수행과정에서의 직무스트레스 수준을 평가하기 위한 것입니다. 최근 한 달 동안의 느낌과 경험을 토대로 응답하여 주시기 바랍니다.

구분	내용	전혀 그렇지 않다	약간 그렇지 않다	약간 그렇다	매우 그렇다
물리 환경	1. 내 일은 위험해서 사고를 당할 가능성이 있다.	1	2	3	4
	2. 나는 불편한 자세로 오랫동안 일을 해야 한다.	1	2	3	4
직무 요구	3. 나는 일이 많아 항상 시간에 쫓긴다.	1	2	3	4
	4. 업무량이 현저하게 증가하였다.	1	2	3	4
	5. 직장의 생산성 향상이나 목표달성을 위한 강요나 압박을 받는다.	1	2	3	4
직무 자율	6. 직장의 업무수행과정에서 스스로 결정할 권한이 주어진다.	4	3	2	1
	7. 나의 업무량과 작업스케줄을 스스로 조절할 수 있다.	4	3	2	1
관계 갈등	8. 나의 상사는 업무를 수행하는 데 도움을 준다.	4	3	2	1
	9. 나의 동료는 업무를 수행하는 데 도움을 준다.	4	3	2	1
직무 불안정	10. 직장사정이 불안하여 미래가 불확실하다.	1	2	3	4
	11. 나의 근무조건이나 상황에 바람직하지 못한 변화(예, 구조조정)가 있었거나 있을 것으로 예상된다.	1	2	3	4

구분	내용	전혀 그렇지 않다	약간 그렇지 않다	약간 그렇다	매우 그렇다
조직 체계	12. 우리 직장은 근무평가, 인사 등 정책결정과정이 공정하고 합리적이다.	4	3	2	1
	13. 업무수행에 필요한 인원, 공간, 시설, 장비, 훈련 등의 지원이 잘 이루어지고 있다.	4	3	2	1
	14. 업무수행과정에 나의 생각을 반영할 수 있는 기회의 통로가 있다.	4	3	2	1
보상 부적절	15. 우리 직장의 경영방침과 구성원들은 근로자들이 안전하고 건강한 직장생활을 할 수 있도록 도움을 준다.	4	3	2	1
	16. 나의 노력과 업적을 고려할 때 급여/수입은 적절하다.	4	3	2	1
	17. 내가 쏟는 노력과 업적을 고려할 때, 나는 직장에서 제대로 존중과 신임을 받고 있다.	4	3	2	1
일-삶의 균형	18. 나의 일과 삶은 적절히 균형을 이루고 있다.	4	3	2	1
	19. 나의 일은 나의 생활을 윤택하게 해준다.	4	3	2	1

[KOSHA GUIDE H-67-2022] 한국인 직무스트레스 측정도구(KOSS®19) 참고치

요인	성별	정상범위		위험범위	
물리환경	남자	2	6	7	8
	여자	2	5	6	8
직무요구	남자	3	7	8	12
	여자	3	9	10	12
직무자율	남자	2	4	5	8
	여자	2	6	7	8

요인	성별	정상범위		위험범위	
관계갈등	남자	2	4	5	8
	여자	2	6	7	8
직무불안정	남자	2	5	6	8
	여자	2	4	5	8
조직체계	남자	4	9	10	16
	여자	4	10	11	16
보상부적절	남자	2	5	6	8
	여자	2	4	5	8
일-삶의 균형	남자	2	5	6	8
	여자	2	5	6	8

5 조직문화 관리

1) 조직문화 유형

조직문화는 단순한 사내 분위기가 아니라, 구성원들의 행동, 가치관, 의사결정 방식을 규정하는 '보이지 않는 시스템'이다. 특히 서비스 산업에서는 구성원 개개인의 역량이 곧 서비스 품질로 직결되기 때문에, 조직문화는 그 어떤 전략보다 강력한 성과 요인이 된다. 조직문화는 그 특성에 따라 크게 수평적 조직문화와 위계적 조직문화로 구분할 수 있다.

(1) 수평적 조직문화

수평적 조직문화는 직급 간의 장벽을 낮추고, 모든 구성원이 동등한 주체로서 참여하고 의견을 제시할 수 있는 구조를 말한다. 이러한 문화는 '개방성', '참여', '자율', '상호 존중'의 가치를 핵심으로 하며, 특히 창의성과 빠른 변화 대응이 필요한 조직에서 채택하는 경우가 많다. 수평 문화의 대표적 특징은 다음과 같다.

- **직급 구분 최소화**: '~님' 호칭 사용, 대표도 별도 사무실 없이 오픈 오피스에 근무
- **아이디어 개방**: 누구나 자유롭게 제안할 수 있는 회의 구조
- **피드백 중심**: 상호 피드백이 정례화되어 있으며, 실수에 대한 공유와 학습이 장려됨
- **자율 책임제**: 근무 시간, 방식 등을 개인 책임하에 자율 운영 가능

● 수평적 조직문화 사례1. 무신사의 수평조직

무신사는 모든 사내 회의에 직급 표기를 하지 않으며, 누구든 자유롭게 발언할 수 있는 구조를 정착시켰다. 대표와 신입사원이 동일 테이블에서 토론하며, 아이디어의 질이 직급보다 더 중요한 평가 요소가 된다. 또한 '무신사 피드백 챌린지'를 통해 직무와 관계없는 팀끼리도 서로의 업무를 경험하고 피드백을 주는 활동을 정기적으로 시행한다. 이는 조직 내 협업 능력을 향상시키고, 직원 간 이해와 유대감을 높이는 데 기여한다.

● 수평적 조직문화 사례2. 야놀자의 '실패 수집소' 프로그램

야놀자는 분기마다 '실패 수집소'라는 이름의 사내 세미나를 개최하여, 각 팀에서 발생한 실수와 실패 사례를 발표하고 그로부터 배운 점을 공유한다. 이 프로그램은 구성원에게 실수에 대한 두려움을 줄이고, 문제 해결력과 학습 민첩성을 키우는 데 목적이 있다. 실제로 이 문화를 통해 야놀자는 서비스 개선 속도가 업계 평균보다 빠르다는 평가를 받고 있다.

● 수평적 조직문화 사례3. 삼성에버랜드의 호칭

모든 구성원이 '프로'

2019년 입사한 김프로는 청바지를 입고 출근하고, 부서에 모든 분들을 직급, 연차에 상관없이 '프로'라는 호칭으로 부릅니다. 수평적인 소통을 위해 2019년부터 전사원의 호칭을 모두가 전문가로 일한다는 의미에서 '프로'로 통일하였습니다. 또한, 구성원의 개성과 취향을 존중하고 창의적인 조직 문화 구축을 위해 자유로운 복장으로 일하고 있습니다.

(2) 위계적 조직문화

위계적 조직문화는 직급과 권한에 따라 명확한 지시체계와 보고 라인을 유지하는 문화이다. 주로 대규모 조직이나 공공기관, 전통 제조업 등에서 흔히 볼 수 있으며, 안정성과 예측 가능성을 중시한다. 이 문화는 효율적인 업무 분담과 통제를 통해 일관된 품질을 유지하는 데 강점을 지닌다. 위계 문화의 특징은 다음과 같다

- **명확한 권한 구분**: 직급에 따른 역할과 책임이 철저히 구분됨
- **상하 간 보고 체계**: 상급자의 승인 없이는 업무 결정이 불가능한 구조
- **규범 중심**: 조직 내 규정, 지침, 행동 매뉴얼이 엄격히 적용됨
- **안정보장**: 변화보다는 안정성과 반복 가능한 시스템에 집중

- **위계적 조직문화 사례1. 항공 안전을 위한 대한항공의 위계 유지**

대한항공은 글로벌 항공사로서 안전과 표준화된 품질 유지가 최우선 가치이기 때문에 위계적 문화가 강하게 작동한다. 조종사, 승무원, 지상직 등 각 부서의 역할이 명확하며, 고객 응대 매뉴얼도 세부적으로 규정되어 있다.

- **위계적 조직문화 사례2. 의료 안전성을 위한 서울대학교병원의 조직문화**

서울대학교병원은 의료 서비스의 안전성과 신속한 책임 의사결정을 위해 위계적 구조를 유지하고 있다. 의사, 간호사, 행정 인력 간의 역할과 권한이 명확히 구분되어 있으며, 응급 상황에서의 빠른 명령 전달과 실행이 가능하도록 설계되어 있다.

조직문화 장단점 비교표

구분	수평적 조직문화	위계적 조직문화
의사결정 구조	분산형: 팀원 전원이 의견 개진 가능	집중형: 상급자의 결재를 중심으로 진행
창의성	자유로운 제안과 실험 장려	표준화 중시, 창의성은 다소 제한될 수 있음
업무 속도	자율적 실행으로 속도 빠름	보고, 승인 절차로 속도는 다소 느릴 수 있음
책임 소재	자율과 책임이 동시에 부여됨	명확한 책임 구분으로 문제 발생 시 대응 용이
갈등 해결	팀 간 협업과 토론을 통해 자율 조정	상급자의 중재에 의존
적합 조직 유형	스타트업, IT기업, 연구소	대기업, 공공기관, 병원, 항공 등

(3) 최근 기업의 조직문화 관리 트렌드

MZ세대는 수평성과 유연성을 중시하는 경향이 강하다. 이들은 상사의 지시보다 '이 일이 왜 중요한가'를 이해하는 데 집중하며, 정기적인 피드백, 공정한 평가, 일-생활 균형 등을 조직문화의 핵심으로 여긴다.

따라서 이 세대와 함께 성장하기 위해 기업의 조직문화 역시 변화하고 있다. '최근에는 위계적 · 수평적 조직문화의 장점을 절충한 '하이브리드 조직문화'가 대두되고 있다. 핵심 전략 부서는 자율성과 창의성을 발휘할 수 있는 수평적 문화를 적용하고, 규율과 안전이 필요한 부서는 위계 구조를 유지하는 방식이다.

● 유연한 하이브리드 조직문화 사례

삼성전자 서비스 부문은 고객 응대 파트에는 수평 문화를 도입해 고객 문제 해결을 위한 실시간 피드백 회의를 운영하지만, 정비·보안·품질 파트는 위계 기반의 표준 운영 절차를 철저히 적용한다. 이처럼 상황에 따라 유연하게 조직문화를 혼합하는 방식은 실제 성과 측면에서도 긍정적 평가를 받고 있다.

이상에서 살펴본 바와 같이, 서비스 품질은 고객이 아니라 직원으로부터 시작된다. 고객 만족을 달성하기 위해서는 직원 만족이 선행되어야 하며, 이는 채용-교육-내부 마케팅-감정노동 관리-조직문화로 이어지는 전 과정에서 전략적으로 설계되어야 한다. 궁극적으로 서비스 산업에서의 경쟁력은 뛰어난 마케팅보다, 탁월한 인재 관리에서 비롯된다. 내부고객을 존중하고 성장시킬 수 있는 기업만이 외부고객에게 진정성 있는 서비스를 제공할 수 있다.

Check Point!

① 좋은 채용은 곧 서비스 역량의 시작이다.

직무 스킬보다 서비스 마인드와 정서적 적합성을 갖춘 인재를 선발하는 것이 중요하다. 감정 조절력, 공감 능력, 고객 중심 사고는 교육보다 채용 단계에서의 선별이 더 결정적일 수 있다.

② 교육과 관리 시스템은 직원을 '현장 전문가'로 성장시킨다.

온보딩부터 OJT, 피드백, 감정노동 회복까지 이어지는 체계적인 교육과 보호는 직원의 대응력과 몰입도를 높인다. 서비스 마인드는 훈련과 실전 반복을 통해 체화되는 것이며, 직원 만족과 정서적 안정은 그 성장을 유지시켜 주는 기반이다.

③ 조직문화는 역량이 지속되는 토대를 만든다.

공정한 소통, 인정받는 분위기, 감정노동을 존중하는 가치 중심의 문화는 직원이 자율적으로 성장하고 행동하게 만든다. 직원이 신뢰받고 보호받는 조직에서만, 서비스는 고객에게까지 따뜻하게 확장된다.

제 10 장

미래의 서비스 역량 강화

학습목표

1. 서비스 역량을 강화하기 위해 3가지 차원의 능력을 파악할 수 있다.
2. 3가지 차원의 능력을 강화하기 위해 실천요소를 적용할 수 있다.

나에게 어떤 강점이 있고, 무엇이 부족한지 생각해 본 적이 있는가? 서비스 직무는 단순한 기술이나 외형보다 그 안에서 작동하는 '사고방식'과 '태도'가 더 큰 영향을 미친다. 고객을 마주하는 순간, 내가 보여주는 말투와 반응이 곧 서비스가 된다. 이제는 타인의 기대에 맞추는 사람이 아니라, 스스로 준비하고 선택할 수 있는 사람이 되어야 한다. 이 장에서는 나의 핵심 역량을 진단하고, 실제 상황에서 그것을 키워가는 방법을 찾아본다.

1 관계를 맺는 힘

서비스는 결국 '사람과 사람 사이의 일'이다. 말 한마디, 눈빛 하나, 태도에서 고객은 나를 기억하게 된다. 단지 전달만 잘하는 것이 아니라, 상대방의 기분을 읽고, 그에 맞게 표현하고 반응하는 능력이 더 중요해지고 있다. 서비스 현장에서 진짜 중요한 역량은, 누군가와 관계를 맺고 유지하는 힘이다. 이제부터 우리는 그 관계의 시작점인 소통과 공감에 대해 함께 살펴보려 한다. 그것이 바로 서비스 인재로서의 첫걸음이다.

1) 커뮤니케이션 역량

서비스 상황에서의 커뮤니케이션 능력이란, 단순히 말을 잘하거나 정보를 빠르게 전달하는 능력만을 의미하지 않는다. 고객의 말과 감정을 경청하고, 상황에 알맞게 표현하며, 정중하고 신뢰감 있는 태도로 소통하는 전반적인 상호작용의 역량을 말한다. 좋은 커뮤니케이션은 고객에게 신뢰를 주고, 서비스 전체의 인상을 결정짓는 중요한 요소이다.

아래 항목 중 나에게 해당하는 것을 체크해 보자.

- 나는 상대방의 말을 끝까지 잘 듣는 편이다. ☞
- 상황에 따라 말투와 표현을 조절할 수 있다. ☞
- 처음 만난 사람과도 어색하지 않게 대화를 이어갈 수 있다. ☞
- 내가 말한 내용이 잘 전달되지 않거나 오해를 살 때가 있다. ☞
- 말보다 표정이나 태도가 더 중요하다는 것을 인식하고 있다. ☞

☞ 3개 이상 '그렇다'에 해당한다면, 기본적인 커뮤니케이션 감각을 가지고 있다.
☞ 2개 이하라면, 지금부터 이 역량을 차근히 키워보자.

커뮤니케이션 역량은 단순한 말하기 기술이 아니라, 상대방의 말과 감정을 이해하고 적절하게 반응하는 종합적인 능력이다. 이를 위해서는 다음의 다섯 가지 핵심 능력이 함께 작동해야 한다.

(1) 경청력

상대방의 말을 끊지 않고 끝까지 주의 깊게 듣는 능력이다. 말의 내용뿐 아니라 그 안에 담긴 감정과 상황까지 이해하려는 태도가 포함된다. 예를 들어, 친구가 힘든 이야기를 할 때 말을 자르지 않고 고개를 끄덕이며 들어주는 것이 경청력이다.

(2) 공감 표현력

상대방의 감정에 따뜻하게 반응하며 감정을 안정시키는 능력이다. 예를 들어, "그럴

수 있겠어요" 또는 "그 상황이면 누구라도 속상했을 거예요"와 같은 말은 상대방이 존중받고 있다고 느끼게 한다.

(3) 비언어 표현력

표정, 눈맞춤, 몸짓 등 말이 아닌 방식으로 신뢰와 관심을 전달하는 능력이다. 예를 들어, 밝은 미소나 고개를 끄덕이는 행동은 말보다 먼저 상대방에게 긍정적인 인상을 줄 수 있다.

(4) 정중한 말투 사용 능력

존댓말, 부드러운 어휘 선택, 말 속도 조절 등 상대방을 배려하는 언어 사용 태도이다. 예를 들어, "이거 해요." 대신 "이 부분 도와드릴까요?"와 같이 말하는 것이 정중한 말투이다.

(5) 명확한 전달력

말의 핵심을 정리하여 상대방이 이해하기 쉽게 전하는 능력이다. 예를 들어, 회의나 발표에서 요점을 먼저 말하고 구체적인 설명을 덧붙이는 방식은 전달력을 높여준다.

이 다섯 가지 능력은 실제 서비스 현장에서 함께 작동하며, 고객과 긍정적인 관계를 형성하는 데 중요한 역할을 한다. 따라서 커뮤니케이션은 단순한 대화를 넘어, 상대의 감정과 상황을 함께 읽고 반응하는 복합적인 서비스 역량이다.

일상에서의 커뮤니케이션 훈련

● **하루 1회 경청 훈련하기**
친구 또는 교수님과의 대화에서 끼어들지 않고 끝까지 듣고, 마지막에 "내가 들은 건 이런 뜻이 맞나요?"라고 다시 정리해 보는 연습을 한다.

● **비언어 표현 자가 모니터링**
영상 발표나 조별 토론 중 자신의 눈맞춤, 표정, 자세, 손짓을 스마트폰으로 촬영해 보고, 체크리스트로 점검한다. (예: 눈길을 자주 피했는가? 웃고 있었는가?)

● **예의 바른 말투로 바꾸기 연습**
일상에서 자주 쓰는 직설적 표현을 정중한 말로 바꾸어 말해본다.
예) "그거 틀렸어요" > "혹시 이렇게 해보시는 건 어떨까요?"

● **스몰토크(Small talk) 주제 노트 만들기**
처음 만난 고객과의 대화를 상상하며 계절, 음식, 행사 등 안전한 스몰토크 주제를 10개 정리해 보고 친구와 모의 대화를 해본다.

● **칭찬 카드 또는 감사 메시지 실천**
학기 중에 한 명 이상에게 '고마웠던 말 한마디'를 직접 전해보는 활동을 한다. 글 또는 말로 전달하는 방식 모두 가능하다.

2) 감정공감 능력

서비스 상황에서의 감정공감 능력이란, 고객의 말과 행동 속에 담긴 감정을 인식하여, 이를 따뜻하고 적절하게 반응하는 능력을 의미한다. 불만, 당황, 기대감, 감사 등 고객이 겪는 다양한 감정에 대해 무시하거나 단순 응답하는 것을 넘어서, 정서적으로 공감하고 안정감을 주는 태도가 필요하다.

감정공감은 단순한 친절보다 더 깊은 신뢰를 만들며, 고객의 기억 속에 남는 서비스의 감성 품질을 결정짓는 핵심 요소이다.

아래 항목 중 나에게 해당하는 것을 체크해 보자.

- 고객이나 친구가 힘든 이야기를 하면 "그럴 수 있겠다"고 먼저 반응한다. ☞
- 감정 표현이 서툰 사람에게도 기분을 살펴보려 노력하는 편이다. ☞
- 상대방의 표정이나 말투를 보고 기분을 알아차리는 편이다. ☞
- 고객의 불편에 대해 바로 사과하고, 감정 표현을 덧붙이려 한다. ☞
- '무뚝뚝하다'는 말을 들어본 적이 있다. ☞

☞ 3개 이상 '그렇다'에 해당한다면, 공감 능력의 기본을 갖추고 있다.
☞ 2개 이하라면, 감정에 민감하게 반응하는 훈련이 필요하다.

감정 공감 능력은 상대방의 감정을 제대로 이해하고, 진심으로 반응하는 능력이다. 단순한 동의나 위로를 넘어서, 말과 행동에서 마음이 전해지는 것이 핵심이다. 이를 위해서는 다음의 다섯 가지 핵심 역량이 함께 작동해야 한다.

(1) 감정 인식력

상대방의 표정, 말투, 말의 흐름 속에서 감정을 눈치채는 관찰력이다. 예를 들어, 친구가 말은 웃고 있었지만 목소리가 떨리고 눈을 피할 때, 그 감정의 변화를 느낄 수 있는 감각이 감정 인식력이다.

(2) 정서적 공감력

상대방의 감정을 마치 자신의 일처럼 받아들이는 마음의 여유이다. 예를 들어, "그 말 듣고 정말 속상했겠다"라고 진심으로 느끼며 반응하는 것이 정서적 공감력이다.

(3) 공감 표현력

상대방의 감정을 구체적인 말로 표현하는 능력이다. 예를 들어, "많이 힘드셨겠어요", "그 상황이면 누구라도 불안했을 것 같아요"와 같은 말은 상대방에게 위로와 이해를 전달하는 표현이다.

(4) 감정 절제력

상대방의 감정에 휘말리지 않고, 자신의 감정을 조절하며 대화를 이어갈 수 있는 능력이다. 예를 들어, 상대가 화를 내더라도 함께 감정적으로 반응하지 않고 차분하게 대응하는 것이 감정 절제력이다.

(5) 진심 어린 태도

형식적인 위로나 말이 아닌, 상대방의 감정을 진심으로 받아들이고 반응하려는 태도이다. 예를 들어, 고객의 불편함에 "죄송합니다"라고 말할 때, 표정과 눈빛까지 진심이 담겨야 공감이 전달된다.

이러한 역량은 서로 분리되어 있지 않으며, 일상 속에서 반복되는 대화와 경험을 통해 함께 성장하는 특성이 있다. 감정 공감 능력은 머리로 이해하는 기술이 아니라, 마음에서 시작되어 말과 행동으로 드러나는 인간적인 역량이다.

일상에서의 감정 공감 훈련

- **감정일기 쓰기**
하루 중 기억에 남는 대화에서 '상대방은 어떤 기분이었을까?'를 추측하고 내 반응을 돌아보는 일기를 작성해 본다.

- **감정 문장 사전 만들기**
"많이 놀라셨겠어요.", "기분 상하셨을 수 있겠네요." 등 자주 쓰이는 감정 공감 문장을 정리하고 말로 연습해 본다.

- **불만 응대 영상 분석하기**
서비스 기업의 불만 응대 사례를 찾아보고, 어떤 말과 태도가 신뢰를 주었는지 찾아보고 토론해 본다.

- **역할극 실습**
친구와 짝을 지어 '불편한 고객 – 서비스 제공자' 역할극을 하며, 공감 표현의 말투와 태도를 점검해 본다.

- **감정 체크 질문 연습**
대화 중 "혹시 많이 불편하셨나요?", "이 상황이 많이 당황스러우셨죠?"와 같이 감정을 물어보는 질문을 연습한다.

2 상황을 해결하는 힘

서비스 현장은 늘 계획대로만 흘러가지 않는다. 고객의 요구가 예상과 다르거나, 예기치 않은 문제가 생길 때가 많다. 이럴 때 중요한 것은 완벽한 매뉴얼이 아니라, 그 상황을 어떻게 파악하고, 어떻게 풀어갈지를 판단하는 능력이다. 문제를 두려워하지 않고 차분하게 대응하며, 상황을 고객의 입장에서 다시 바라볼 수 있는 사람이 진짜 서비스 인재이다. 지금부터 우리는 '문제를 문제답게 해결하는 힘'에 대해 함께 배워보자.

1) 문제 해결 능력

서비스 현장에서의 문제 해결 능력이란, 예상치 못한 상황이나 고객의 불만이 발생했을 때 상황을 빠르게 인식하고, 침착하게 대처하며, 적절한 해결책을 제시하는 능력을 말한다. 서비스 직무는 매뉴얼대로만 진행되지 않는다. 고객마다 상황과 기대가 다르고, 때로는 돌발적인 요청이나 감정적인 반응이 나타나기도 한다. 이때 당황하지 않고 문제의 핵심을 파악하고, 회사 방침과 고객 만족 사이에서 최선의 방법을 판단할 수 있는 사고력과 유연성이 요구된다. 문제 해결 능력은 고객 만족을 넘어, 서비스 제공자의 전문성과 신뢰감을 보여주는 핵심 역량이다.

아래 문장을 읽고, 나에게 해당하는지를 스스로 판단해 보자.

- 갑작스러운 상황이 생겨도 당황하지 않고 차분하게 대응하려고 노력한다. ☞
- 누군가가 화를 내면 감정적으로 반응하기보다 상황의 원인을 먼저 파악하려 한다. ☞
- 문제가 생겼을 때, '누가 잘못했는가'보다 '어떻게 해결할 수 있을까'를 먼저 생각하는 편이다. ☞
- 고객이나 친구가 불편을 말할 때, "제가 방법을 찾아보겠습니다"라고 먼저 말하는 편이다. ☞
- 문제 상황에서 다른 사람의 말도 들어보고 해결책을 함께 찾으려는 태도를 가진다. ☞

☞ 3개 이상 '그렇다'에 해당한다면, 문제 해결의 기본 감각을 갖추고 있다.
☞ 2개 이하라면, 문제를 인식하고 대처하는 훈련이 더욱 필요하다.

문제 해결 능력은 단순히 상황을 피하는 것이 아니라, 문제의 본질을 파악하고 효과적으로 대응하는 역량이다. 이를 위해서는 다음과 같은 다섯 가지 핵심 역량이 함께 작동해야 한다.

(1) 상황 인식력

문제가 발생했을 때, 당황하거나 감정에 휘둘리지 않고 상황의 핵심을 빠르게 파악하는 능력이다. 예를 들어, 조별 과제 중 의견 충돌이 일어났다면, '누가 감정적으로 반응했는가'보다는 '역할 분담이 명확하지 않았던 점'에 주목하는 것이 상황 인식력이다.

(2) 분석력

겉으로 드러난 현상에만 주목하지 않고, 문제의 근본 원인을 파악하려는 태도이다. 예를 들어, 수업에 자주 지각하는 이유가 단순히 늦잠 때문이 아니라 통학 버스의 혼잡 시간대 때문이라는 점을 발견하는 것이 분석력이다.

(3) 판단력과 융통성

여러 가지 해결방안 중에서 가장 적절한 선택을 내릴 수 있는 능력이며, 동시에 상황에 따라 유연하게 조율할 수 있는 태도이다. 예를 들어, 팀원의 아르바이트 일정에 맞춰 발표 시간을 조정하는 것은 실용적인 판단력과 융통성을 보여주는 사례이다.

(4) 의사소통 능력

문제를 해결하는 과정에서 관련된 사람들과 상황을 명확히 공유하고, 오해 없이 소통할 수 있는 능력이다. 예를 들어, "지금 상황이 이러하니 이렇게 조정해 보면 어떨까요?"와 같은 말로 서로의 입장을 전달하고 협력하는 것이 효과적인 의사소통이다.

(5) 실행력

아이디어를 실제 행동으로 옮기고, 끝까지 책임지는 자세이다. 예를 들어, "다음부터는 과제를 미리 시작하자"고 말한 뒤, 실제로 첫 회의를 주도하고 자료 조사를 시작하는 것이 실행력이다.

이 다섯 가지 역량이 유기적으로 작동할 때, 문제 해결은 단순한 대응을 넘어서 신뢰를 회복하고 성장할 수 있는 기회가 된다. 문제를 회피하지 않고 마주하는 태도는 서비스 인재가 갖추어야 할 핵심 자질이다.

일상에서의 문제 해결 능력 훈련

● 일상 속 불편함 기록하기

작은 문제를 그냥 넘기지 않고 기록하는 습관을 들여보자. 예를 들어, 조별과제 일정이 어긋났을 때, 버스가 늦었을 때, 친구와 의사소통이 어긋났을 때 등 하루에 한 가지 '문제 상황'을 메모하고, 그 원인과 나의 대응을 간단히 정리해 본다. 반복되면 문제를 분석하는 힘이 생기고, 다음에는 더 나은 대처가 가능해진다.

● 해결 아이디어 메모 습관

교내 시설, 앱, 학과 공지 등 불편한 점이 느껴졌다면 "어떻게 개선할 수 있을까?"를 한 줄이라도 적어본다. 예) "학식 줄이 너무 길다" → "시간대별 인원 예측해 앱으로 분산 안내해 주면 좋을 것 같다" 이런 훈련은 문제를 '불평'이 아닌 '개선'의 시선으로 바라보게 해준다.

● 서비스 실패 사례 분석하기

뉴스나 인터넷에 나오는 서비스 실패 사례를 찾아보고, '왜 문제가 되었는지', '어떻게 대응했는지', '내가 담당자였다면?'을 생각해 본다. 예) 항공사 오버부킹, 카페 응대 태도 논란 등 실제 사례를 분석하면 현실감 있게 문제 해결 감각이 향상된다.

● 친구와 '문제 해결 대화 연습'하기

친구와 번갈아 역할극을 하며 돌발 상황을 연기해 본다. 예: "고객이 갑자기 항의한다", "음식이 늦게 나왔다" 등의 문제를 듣고, 당황하지 않고 차분하게 말하는 연습 + 해결책을 제안하는 연습을 함께 한다. 서로 피드백을 주고받으면 효과가 더욱 커진다.

● 내가 먼저 제안하는 습관

어떤 상황이든 '그래서 어떻게 하면 좋을까?'를 먼저 떠올리고 말로 표현해 보는 습관을 기르자. 예) 회의 중 침묵이 흐를 때 "이건 이런 방식으로 해보면 어떨까요?" 한마디를 꺼내는 것. 작은 제안도 반복되면 자기 주도적 해결력으로 이어진다.

2) 서비스 회복 역량

아무리 훌륭한 서비스라 하더라도, 때로는 실수가 발생할 수 있다. 문제가 발생했을 때 고객의 불만을 외면하거나, 책임을 회피하면 신뢰는 빠르게 무너진다. 이때 필요한 것이 바로 '서비스 회복'이다. 서비스 회복 역량이란, 실수나 실패가 발생한 상황에서 고객의 감정을 다독이고 신뢰를 다시 회복할 수 있는 능력을 의미한다. 단순히 사과하거나 보상을 제공하는 수준을 넘어서, 진심 어린 태도와 책임감 있는 행동을 통해 고객의 감정에 공감하고 상황을 다시 긍정적으로 전환시키는 능력이 핵심이다. 이 역량은 위기 상황을 오히려 '신뢰 강화의 기회'로 바꾸는 중요한 힘이다.

아래 문장을 읽고, 나에게 해당하는지를 스스로 판단해 보자.

- 내가 실수했을 때 먼저 사과하고 책임지는 편이다. ☞
- 불편을 겪은 상대에게 "죄송합니다"뿐 아니라, "어떤 점이 가장 불편하셨나요?"라고 물어본 적이 있다. ☞
- 문제 상황에서 고객의 감정을 먼저 이해하려고 노력한다. ☞
- 서비스 실수나 오해가 발생했을 때, 상황을 피하지 않고 해결책을 찾으려 한다. ☞
- 사과는 말보다 태도와 진심이 중요하다고 생각한다. ☞

☞ 3개 이상 '그렇다'에 해당한다면, 서비스 회복의 기본 감각을 가지고 있다.
☞ 2개 이하라면, 회복 상황에서의 반응 훈련이 필요하다.

서비스 회복 역량은 고객이 불편을 겪은 상황에서 문제를 해결하고, 오히려 신뢰를 회복하는 능력이다. 단순히 실수를 인정하는 것을 넘어, 감정과 관계까지 회복하는 태도가 중요하다. 이를 위해서는 다음의 다섯 가지 능력이 함께 요구된다.

(1) 상황 인식력

문제가 발생한 지점을 빠르게 파악하고, 실수나 오류의 원인을 정확히 짚어내는 능력이다. 예를 들어, 음식이 잘못 나간 상황에서 단순히 "주문이 바뀌었네요"라고 넘기기보다, "주문이 전달되는 과정에서 착오가 있었던 것 같습니다"라고 원인을 명확히 인식하고 설명하는 태도가 필요하다.

(2) 감정 공감 표현력

고객의 불편한 감정을 진심으로 이해하고, 단순한 사과를 넘어서 감정에 공감하는 표현을 전하는 능력이다. 예를 들어, "많이 불편하셨을 텐데 정말 죄송합니다", "이런 상황이라면 저라도 당황했을 거예요"와 같은 말이 진심을 전달하는 표현이다.

(3) 책임 있는 태도

문제의 책임을 회피하지 않고, 솔직하게 인정하며 신뢰를 회복하려는 자세이다. 예를 들어, "저희의 실수로 불편을 드려 정말 죄송합니다. 제가 직접 처리하겠습니다"와 같이 명확히 책임지는 표현이 필요하다.

(4) 해결 제안 능력

단순히 사과에 그치지 않고, 상황에 맞는 현실적인 대안을 제시하고 고객이 받아들일 수 있도록 설명하는 능력이다. 예를 들어, 잘못 제공된 서비스에 대해 교환이나 보상, 재방문 혜택 등을 명확히 안내하는 것이 이에 해당한다.

사과의 표현력을 넓히는 연습

"죄송합니다" 한마디로 끝내기보다는, 감정을 담은 문장을 연습해 보자. 예를 들어 "기다리게 해서 정말 죄송합니다", "불편을 드려 유감입니다. 어떤 점이 가장 불편하셨을까요?"처럼 상황을 인정하고 감정을 함께 표현하는 말들을 일상에서 자주 사용해 본다. 이런 훈련은 단순한 사과에서 벗어나, 진심이 느껴지는 응대로 이어진다.

● 감정-회복 기록장 만들기

하루 중 누군가와 오해가 있었던 상황이나 내가 실수했던 순간을 간단히 기록해 보자. "어떤 감정이었나?", "어떻게 반응했나?", "다시 돌아간다면 뭐라고 말하고 싶나?" 이 과정을 반복하면 서비스 회복의 '순간 감각'이 훈련된다.

● **일상 속 실수 상황, 회복 시나리오로 바꾸기**
작은 실수나 어색한 상황을 마주했을 때, 그 상황을 "어떻게 회복할 수 있을까?" 시나리오로 정리해 본다. 예) "단체 채팅방에 잘못된 정보를 올렸다" > "사과 + 정확한 정보 재전달 + 다음부터 확인하겠다는 다짐 메시지"

● **회복 영상/사례 분석하기**
항공사·호텔·카페 등에서 실제 일어난 고객 불만 사례나 사과 영상을 찾아보고, "어디까지가 공감이고, 어디서부터가 형식적인 사과였는가?"를 분석해 본다. 좋은 사례는 모델로 삼고, 아쉬운 응대는 개선 방향을 적어보는 활동으로 연결한다.

● **친구와 다투었을 때 '사과의 3단계' 적용**
무조건 사과보다는 예를 들어, "내 말투가 너무 직설적이었던 것 같아, 미안해.", "기분 상했을 텐데 이해해줘. 다음엔 더 조심할게."와 같은 3단계 사과방법을 적용해 본다. ① 상황 인정 → ② 감정 공감 표현 → ③ 해결 제안

● **감정 정리와 회복 언어 포스트잇**
내가 자주 실수하거나 감정이 상했던 상황을 떠올리고, 그때 쓰면 좋았을 말 한마디를 포스트잇에 적어 책상에 붙여두자. 예) "그건 제 불찰입니다. 알려주셔서 감사합니다."눈에 보이는 위치에 두고 반복 노출하면 말버릇처럼 자리 잡는다.

3 시대에 맞게 움직이는 힘

1) 고객 지향 마인드

빠르게 변하는 시대 속에서 서비스 인재에게 필요한 역량 중 하나는 '고객 지향 마인드'이다. 고객 지향 마인드란, 조직 중심이 아닌 고객의 관점에서 문제를 바라보고, 고객의 기대를 앞서 읽으며 행동하려는 태도를 말한다. 단순히 고객의 요청을 수동적으로 따르는 것이 아니라, 고객의 숨은 니즈를 발견하고 선제적으로 움직이는 감각이 중요하다. 이러한 마인드는 '고객 만족'을 넘어서, '고객 감동'으로 이어지며 브랜드 신뢰와 재이용 의도를 높이는 핵심 요소로 작용한다.

아래 문장을 읽고, 나에게 해당하는지를 스스로 판단해 보자.

- 서비스를 제공할 때 '내가 편한 방식'보다 '고객이 편한 방식'을 먼저 생각한다. ☞
- 고객의 말에 숨어 있는 니즈나 감정을 알아채려고 노력한다. ☞
- '이 정도면 괜찮겠지'라는 생각보다 '고객 입장에서는 어땠을까?'를 떠올려본다.☞
- 고객이 말하지 않아도 필요한 것을 미리 준비해 보려 한 적이 있다. ☞
- 고객의 불편을 줄이기 위해 내 일의 방식을 유연하게 조정한 경험이 있다. ☞

☞ 3개 이상 '그렇다'에 해당한다면, 고객 중심 사고의 기반이 잘 형성되어 있다.
☞ 2개 이하라면, 고객의 시선에서 상황을 바라보는 연습이 필요하다.

고객 지향 마인드는 '생각의 전환'에서 시작된다. 내가 제공하는 서비스의 중심을 '나'가 아닌 '고객'으로 옮기는 것이 출발점이다. 다음과 같은 다섯 가지 구체적인 태도가 함께 작동할 때, 고객 지향적 사고는 실제 서비스 역량으로 이어질 수 있다.

(1) 상황 인식력

문제가 발생한 지점을 빠르게 파악하고, 실수나 오류의 원인을 정확히 짚어내는 능력이다. 예를 들어, 음식이 잘못 제공된 상황에서 단순히 "주문이 바뀌었네요"라고 넘기기보다, "주문이 전달되는 과정에서 착오가 있었던 것 같습니다"라고 설명하는 태도가 이에 해당한다.

(2) 감정 공감 표현력

고객의 불편한 감정을 진심으로 이해하고, 단순한 사과를 넘어서 감정에 공감하는 표현을 전하는 능력이다. 예를 들어, "많이 불편하셨을 텐데 정말 죄송합니다" 또는 "그 상황이라면 저라도 당황했을 거예요"와 같은 말은 공감을 효과적으로 전달하는 표현이다.

(3) 책임 있는 태도

문제의 책임을 회피하지 않고, 솔직하게 인정하며 신뢰를 회복하려는 자세이다. 예를 들어, "저희의 실수로 불편을 드려 정말 죄송합니다. 제가 직접 처리하겠습니다"와 같은 표현은 책임감을 보여주는 행동이다.

(4) 해결 제안 능력

단순히 사과에 그치지 않고, 상황에 맞는 실질적인 대안을 제시하고 고객이 수용할 수 있도록 안내하는 능력이다. 예를 들어, 잘못 제공된 서비스에 대해 교환, 환불, 재방문 혜택 등을 명확히 안내하는 것이 이에 해당한다.

(5) 신뢰 회복 커뮤니케이션

문제 해결 이후에도 고객이 만족할 수 있도록 후속 피드백과 정중한 마무리를 실천하는 능력이다. 실제 고객의 마음을 회복할 수 있도록 다양한 방법들을 고민해야 한다.

- **사후 안내 메시지 발송**
  문제 해결 후, 고객에게 문자나 이메일로 처리 결과를 알리고 추가 불편이 없는지 확인한다.
- **재방문 혜택 제공**
  쿠폰, 포인트, 소정의 사은품 등으로 다시 방문할 수 있는 긍정적 계기를 만든다.
- **응대 만족도 조사**
  고객에게 해결 과정에 대한 간단한 만족도 설문을 보내고, 개선 자료로 활용한다.

이처럼 신뢰 회복은 말보다 작은 행동과 후속 조치로 실천될 때 진정성이 전달된다. 이외에도 고객의 마음을 회복할 수 있는 다양한 고민을 기업의 입장에서 해야 한다.

일상에서의 고객 지향 마인드 훈련

- **고객의 입장에서 말 바꾸기 연습**
  일상에서 사용하는 표현을 고객의 입장에서 다시 생각하며 바꿔보는 연습을 한다.
  "시간이 없어서 못 했어요" 대신 "기다리시게 해서 죄송합니다. 빠르게 처리하겠습니다"처럼 말하는 습관을 길러본다.
- **불편한 경험 되돌아보기**
  최근 경험한 불친절한 서비스나 불편했던 순간을 떠올리고, 그 상황에서 자신이 서비스 제공자였다면 어떻게 응대했을지 시나리오를 작성해 본다.
  무뚝뚝한 응대가 불쾌했다면, "안내가 부족했죠, 도와드릴게요"처럼 따뜻한 대안을 고민해 본다.

● **한발 먼저 움직이는 실험**
누군가가 요청하기 전에 먼저 필요한 것을 준비하거나 도와주는 연습을 해본다.
친구가 발표 자료를 찾기 전에 미리 정리해 주거나, 필요한 물건을 말하기 전에 챙겨주는 행동을 실천한다.

● **관찰 노트 만들기**
카페, 매장 등에서 이루어지는 서비스 장면을 관찰하며 고객 입장에서 어떤 점이 좋았는지 기록해 본다.
직원이 메뉴를 쉽게 설명해 주었거나, 고객을 먼저 반겨주는 장면이 있었다면 그런 장면을 적어두고 스스로 참고한다.

● **고객 중심 말 습관 포스트잇**
고객 입장에서 들었을 때 기분이 좋아지는 말들을 포스트잇에 적어 책상이나 거울 앞에 붙여둔다.
"무엇을 도와드릴까요?", "이 방법이 더 편하실 수 있어요" 같은 문장을 눈에 익히면 실제 말할 때도 자연스럽게 표현할 수 있다.

2) 디지털 이해 및 응용력

현대 서비스 환경에서는 디지털 기술에 대한 이해와 활용 능력이 필수적이다. 단순히 기술을 '쓸 줄 아는 것'을 넘어서, 디지털 도구를 고객의 관점에서 어떻게 적용하고 응용할 수 있을지를 고민하는 태도가 중요하다. 특히 비대면 서비스, 자동화 시스템, 챗봇 응대 등 다양한 형태의 디지털 접점에서, 고객의 경험을 부드럽게 연결해 주는 역량이 요구된다.

아래 문장을 읽고, 나에게 해당하는지를 스스로 판단해 보자.

- 새로운 앱이나 프로그램을 배울 때 두려움보다 호기심이 앞선다. ☞
- 고객 입장에서 디지털 시스템이 불편한 점을 생각해 본 적이 있다. ☞
- QR 결제, 키오스크, 챗봇 등을 능숙하게 활용할 수 있다. ☞
- 디지털 오류 상황에서도 당황하지 않고 안내 방법을 생각해 본 적이 있다. ☞
- 디지털 도구를 활용해 더 편리한 방법을 제안해 본 적이 있다. ☞

☞ 3개 이상 '그렇다'에 해당한다면, 디지털 환경에 대한 감각과 적응력이 잘 형성되어 있다.
☞ 2개 이하라면, 디지털 도구에 대한 친숙도와 실전 감각을 키우는 연습이 필요하다.

디지털 도구를 활용하는 것은 단순히 기계 조작이 아니라, 고객경험을 향상시키기 위한 전략적 선택이다. 다음의 다섯 가지 능력이 함께 작동할 때, 디지털 환경에서도 고객 중심 서비스가 가능해진다.

(1) 디지털 도구 활용 능력

키오스크, 예약 시스템, 챗봇 등 다양한 디지털 도구를 상황에 맞게 활용할 수 있는 능력이다. 식당에서 QR 주문 시스템을 빠르게 안내하거나, 고객이 앱 사용에 어려움을 겪을 때 직접 시연해 주는 응대가 이에 해당한다.

(2) 디지털 친화 태도

새로운 기술이나 시스템을 거부하지 않고, 익히려는 개방적 태도이다. 업데이트된 시스템이 도입되었을 때, 불편해 하기보다 먼저 시도해 보려는 자세가 중요하다.

(3) 사용자 관점에서의 문제 인식력

기술적 완성도보다 '사용자가 얼마나 쉽게 쓸 수 있는가'를 기준으로 불편 요소를 발견하고 개선점을 제안할 수 있는 능력이다. 고객이 키오스크 앞에서 머뭇거리면, 설계나 버튼 배치가 직관적이지 않았다는 것을 알아채는 감각이다.

(4) 디지털 커뮤니케이션 감각

온라인에서의 말투, 응답 속도, 이모티콘 사용 등 디지털 특유의 소통 방식에 대한 감각이다. 온라인 상담 시 말투가 지나치게 딱딱하거나 지연될 경우, 고객 만족도가 낮아진다는 점을 인식하고 유연하게 조절하는 능력이다.

(5) 디지털 고객경험 설계력

앱, 웹, 메시지 등 디지털 채널을 고객경험 흐름 속에서 자연스럽게 연결할 수 있는 감각이다. 예를 들어, 예약 완료 후 확인 메시지 → 도착 안내 → 만족도 조사까지 고객 여정을 디지털로 설계하는 흐름을 이해하는 능력이다.

일상에서의 디지털 이해 및 응용력 훈련

● **익숙한 디지털 도구 바꿔보기**
평소 쓰는 앱이나 기능을 잠시 멈추고, 유사한 새로운 앱을 시도해 보며 다른 인터페이스를 경험한다. 이를 통해 사용자 경험의 차이를 느끼고, 고객 관점의 불편 요소를 발견하는 감각을 기를 수 있다.

● **가족이나 친구에게 기술 알려주기**
QR코드 결제, 화상회의 앱 등 디지털 기능을 어려워하는 사람에게 직접 설명해 보며, 고객이 느낄 수 있는 막힘을 실감해 본다. 상대방의 눈높이에 맞춰 설명하는 경험이 실전 감각을 키운다.

● **비대면 서비스 이용 후 피드백 메모하기**
키오스크, 챗봇, 셀프 체크인 등을 이용한 뒤, "무엇이 편했는가, 불편했는가"를 간단히 기록해 본다. 이런 메모는 고객 관점에서 디지털 환경을 이해하는 데 도움이 된다.

● **챗GPT, AI 도구 활용해 보기**
생성형 AI, 번역기, 자동응답 시스템 등 다양한 디지털 도구를 직접 사용하며, 서비스에 어떻게 적용할 수 있을지를 고민한다. 단순한 이용을 넘어서, 서비스 효율성과 고객경험 향상을 함께 고려한다.

● **디지털 언어 감각 키우기**
카카오톡, 이메일, 문자 등에서 사용하는 문장의 길이, 말투, 이모티콘 사용 등을 분석해 보며 어떤 방식이 고객에게 친절하게 느껴지는지 비교해 본다.

Check Point!

① 관계를 맺는 힘 – 고객과 신뢰를 쌓는 감성 소통의 역량이다.

고객의 말에 귀 기울이고, 감정을 공감하며 진심으로 응대할 수 있는 능력이 서비스의 기본이다. 기술보다 먼저 마음을 얻는 태도, 따뜻한 말과 표정, 공감 표현력은 관계 형성의 핵심이다.

② 상황을 해결하는 힘 – 문제를 정확히 파악하고 책임 있게 대응하는 역량이다.

실수나 예기치 못한 상황이 발생했을 때, 빠르게 원인을 분석하고 적극적으로 해결하려는 자세가 필요하다. 상황 인식력, 감정 조절, 실행력은 신뢰를 다시 세우는 힘이 된다.

③ 시대에 맞게 움직이는 힘 – 디지털 변화에 유연하게 적응하고 활용하는 역량이다.

고객 접점이 디지털화되는 시대에는 기술을 능숙하게 다루는 동시에, 그 안에서도 고객의 편의와 감정을 고려하는 '디지털 감성력'이 중요하다.

Reference

- 김난도 외(2024). 트렌드 코리아.
- 김효선 저(2018). 고객응대의 기술.
- 정진경 저(2022). 서비스 마인드와 커뮤니케이션.
- 조영대(2020). 서비스경영. 한올출판사.
- 차석빈(2023). 서비스경영. ㈜백산출판사.
- Berger, J.(2013). Contagious: Why Things Catch On.
- Katz, E. & Lazarsfeld, P.F.(1955). Personal Influence.
- KT경제경영연구소(2023). MZ세대의 디지털 소비행태 분석.
- Lovelock, C. & Wirtz, J.(2016). Services Marketing: People, Technology, Strategy.
- Meyer, C. & Schwager, A.(2007). "Understanding Customer Experience". Harvard Business Review.
- MBTI 성격유형 이론(Myers-Briggs Type Indicator).
- Myers, I. B. & Briggs, K. C.(2020). MBTI Manual(개정판).
- Oliver, R.L.(1980). "A cognitive model of the antecedents and consequences of satisfaction decisions". Journal of Marketing Research.
- Pine, B.J. & Gilmore, J.H.(1999). The Experience Economy.
- Schmitt, B.(1999). "Experiential Marketing". Journal of Marketing Management.

저자 소개

문희정

경희대학교 일반대학원 관광학박사
한양대학교 국제관광대학원 관광학석사

현) 한라대학교 호텔항공외식경영학과 조교수
　 한라대학교 교수학습지원센터장

전) 장안대학교 항공관광과 조교수
　 두원공과대학교 항공서비스과 조교수
　 (주)대한항공 객실승무원

이수정

경희대학교 관광대학원 관광학석사

현) 에듀스토리 대표
　 두드림컨설팅 소장

전) 삼성CS아카데미 선임강사
　 인천국제공항 고객경험관리(CX) 전문교수
　 한국방문위원회 글로벌매너 자문위원

김정은

경희대학교 일반대학원 관광학박사
경희대학교 관광대학원 관광학석사

현) 한라대학교 호텔항공외식경영학과 조교수
　 (사)한국관광레저학회 대학생학술부위원장

전) 한국호텔관광외식경영학회 이사
　 중국동방항공유한공사 객실승무부 사무장

박은혜

연세대학교 교육대학원 교육공학석사 과정

현) 국내 대기업 호텔앤드리조트 HR지원팀 과장
　 한국HR협회(KHR) 저자위원

전) ㈜휘닉스중앙 인사팀 과장
　 ㈜삼성CS아카데미 CS컨설팅본부 컨텐츠R&D 팀장
　 중앙선거관리위원회 위촉 교수
　 한국생산성본부 SMAT(서비스경영능력자격)
　 교육개발 PM

저자와의
합의하에
인지첩부
생략

쉽게 배우는 서비스 경영

2025년 8월 25일 초판 1쇄 인쇄
2025년 8월 30일 초판 1쇄 발행

지은이 문희정 · 김정은 · 이수정 · 박은혜
펴낸이 진성원
펴낸곳 (주)백산출판사
교 정 성인숙
본문디자인 신화정
표지디자인 오정은

등 록 2017년 5월 29일 제406-2017-000058호
주 소 경기도 파주시 회동길 370(백산빌딩 3층)
전 화 02-914-1621(代)
팩 스 031-955-9911
이메일 edit@ibaeksan.kr
홈페이지 www.ibaeksan.kr

ISBN 979-11-7385-062-2 93320
값 27,000원